重构教育图景

AIGC助力
教育变革与思维创新

彭国超　余厚强　甘春梅　陈　涛　冯小东　张　庆　著

SPM 南方传媒

全国优秀出版社
全国百佳图书出版单位

广东教育出版社

·广 州·

图书在版编目（CIP）数据

重构教育图景：AIGC助力教育变革与思维创新/彭

国超等著 . -- 广州：广东教育出版社，2024. 8.

ISBN 978-7-5548-6085-4

Ⅰ . G511-39

中国国家版本馆 CIP 数据核字第 2024DB7475 号

重 构 教 育 图 景：A I G C 助 力 教 育 变 革 与 思 维 创 新

CHONGGOU JIAOYU TUJING：AIGC ZHULI JIAOYU BIANGE YU SIWEI CHUANGXIN

出 版 人：朱文清

策 划 人：卞晓琰　李世豪

责任编辑：李誉昌　马文亮　李彩莲　梁　宜

责任技编：谢　莹

装帧设计：彭　力

责任校对：王惠贤

出版发行：广东教育出版社

　　　　　（广州市环市东路472号12-15楼　邮政编码：510075）

销售热线：020-87615809

网　　址：http://www.gjs.cn

E-mail：gjs-quality@nfcb.com.cn

经　　销：广东新华发行集团股份有限公司

印　　刷：广州市岭美文化科技有限公司

　　　　　（广州市荔湾区花地大道南海南工商贸易区A幢）

规　　格：787 mm × 1092 mm　1/16

印　　张：17.75

字　　数：355千

版　　次：2024年8月第1版

　　　　　2024年8月第1次印刷

定　　价：86.00元

如发现因印装质量问题影响阅读，请与本社联系调换（电话：020-87613102）

以2022年11月30日ChatGPT上线为标志的AIGC（生成式人工智能）开启了人工智能的创新发展新篇章。2024年以来，Sora颠覆存在、Suno变革音乐、GPT-4o集成多模态，教育领域也面临前所未有的变革与挑战。《重构教育图景：AIGC助力教育变革与思维创新》一书，对这一重要变革进行了深刻探讨与研究。作者凭借其在教育与智能领域的丰富经验，在书中为我们展现了一幅全新的教育图景，揭示了AIGC深刻影响和重塑教育的方方面面。

从学术视角看，该书为我们提供了一个系统而深入的研究框架，探索了AIGC在教育中的多种应用场景。书中详细论述了AIGC的发展历史和技术原理，结合大量的实证研究和案例分析，展示了AIGC如何在教育内容生成、教学方法创新、个性化学习路径设计等方面发挥重要作用。

书中强调AIGC不仅仅是一种技术工具，更是一种全新的教育理念和方法论。通过对比传统教育模式和基于AIGC的创新教育模式，书中阐明了后者在提升教学效率、促进学生自主学习和培养学生创新能力等方面的巨大潜力。这些学术探讨不仅丰富了教育技术研究的理论体系，也为未来的研究指明了方向。

从应用视角看，该书展现了AIGC在实际教学中的广泛应用和深远影响。作者通过翔实的案例和数据，分析了AIGC在不同教育阶段和不同学科领域的具体应用效果。例如，在基础教育阶段，AIGC可以帮助教师生成个性化的教学内容，满足学生多样化的学习需求；在高等教育和职业教育阶段，AIGC则能够辅助专业课程的开发和教学，提高教育质量和效率。

书中还探讨了AIGC在教育评估和反馈系统中的应用，通过人工智能技术实现对学生学习行为和学习效果的实时分析与反馈，为教师提供科学的教学决策支持。此外，AIGC在教育管理和资源优化方面的应用，也为教育机构的管理者提供了新的思路和工具。

同时，该书也指出了AIGC应用于教育领域所面临的诸多挑战与问题。例如，如何确保AIGC生成内容的质量与可信度，如何保护学生的隐私与数据安全，如何培养教师和学生适应与应用AIGC的能力等。这些问题需要教育研究者、技术开发者和教育实践者共同努力，探索解决之道。

展望未来，随着技术的不断进步，生成式人工智能必将在教育领域发挥更加重要的作用，我们将迎来一个更加智能化、个性化和高效化的教育新时代。由彭国超教授等作者撰写的这部力作，无疑将成为教育技术研究领域的重要参考书目，可为教育实践者提供具体而可行的指导。该书以深刻的学术洞见和丰富的应用实例，为我们描绘了一幅充满希望与挑战的未来教育图景。它不仅为教育研究者和从业者提供了宝贵的理论和实践参考，也激励我们思考和探索如何利用人工智能技术推动教育的持续创新与发展。

是为之序。

叶　鹰（Fred Y. Ye）

南京大学荣休教授、上海交通大学兼职教授

美国Fulbright研究学者、DaKES研究所教授

欧洲文理科学院（EASA）院士

2024年7月

序2

开启知识革命的新篇章

随着人工智能技术的飞速发展，我们站在了全新时代的历史门槛上。AIGC技术的崛起，不仅标志着技术的飞跃，更预示着知识处理方式的深刻变革。AI的能力已经从简单的判别扩展到复杂的生成，从专用功能演变为广泛的通用应用。

人类知识的精华，如今能够转化为向量的形式，被压缩进大模型的参数中。这一转变，赋予了计算机以前所未有的速度和规模，高效地理解、处理和生成知识相关的内容，为知识的表述、存储、加工、关联和运用带来了全新的方式。

教育，作为知识传承、传播和探索的核心，正面临历史性的转型。本书深入剖析了AIGC技术对教育领域的革命性影响，这一变革将深刻影响教育的每个层面，包括教育理论、人才模型、教学模式、教材及教学设备，预示着从基础教育到高等教育，从职业教育到大众教育的全方位变革。在这个过程中，学习者、教师以及教育管理者都将经历深刻的转变。

本书作者多年来深入研究人工智能与教育领域，不仅具有深厚的理论功底，更拥有丰富的实践经验。全书不仅阐述了AIGC技术如何助力教育变革和思维创新，更描绘了一幅充满无限可能的未来教育蓝图。

在这部著作中，我们将探索AIGC技术如何重构教育的各个方面，从教学方法的创新到学习体验的个性化，从知识传播效率的提高到教育公平的实现。作者通过结合丰富的理论分析和实践案例，展示了AIGC技术在教育领域的实际应用和巨大潜力。

　　随着AIGC技术的持续发展，我们有理由相信，它将成为推动教育进步、促进知识创新的重要力量。本书旨在为我们提供一个全面、深入的视角，帮助我们理解并拥抱这一划时代的变化，共同迎接人工智能时代教育的新纪元。

马运（MA YUN）

华为公司数据总架构师、数据首席专家

2024年7月

前言

当前，人类社会正在经历一场浩瀚的科技新革命，以AIGC为代表的人工智能技术正在深度改变世界，重塑我们的生活、学习与工作方式。普利策奖得主、人工智能预言家约翰·马尔科夫曾说过，人工智能和机器人给人类世界带来的影响将远远超过原有互联网及IT技术，在不久的将来，"汽车可以无人驾驶，机器人可以完成快递员的工作，当然，还有医生和律师的"。由此引申出一系列问题与担忧：人工智能会完全取代人类的工作吗？人与机器在未来应如何共处？

针对人类社会对人工智能发出的质疑之声，被誉为华人之光的美国三院（美国国家工程院、美国国家医学院、美国艺术与科学院）院士、人工智能领域的国际权威专家李飞飞教授在自传中写道，"几千年来，人的不懈奋斗构成了社会发展的基石""科技革命必须深深植根于人类奋斗的基础之上""因此，人工智能革命必须明确地以人为本"，从而让人工智能"始终致力于提高人类的能力，而不是与人类竞争"。国内大数据先锋思想家、科技作家、阿里巴巴集团前副总裁涂子沛亦认为，"我们应该乐观地看待人工智能，拥抱人工智能，它是助力并不是取代"。涂子沛同时指出，在未来，人工智能不一定会取代我们，"但是，熟练掌握了人工智能的人将淘汰不会使用人工智能的人，就像30年前会用电脑的人淘汰不会使用电脑的人一样"。由此可见，面对人工智能所带来的潜在机遇与不确定性，人们与其杞人忧天，不如奋发图强。若不想被时代所淘汰，无论是职场中人，还是在校学生，都应积极接触人工智能技术，掌握AIGC工具的应用技巧，增强创新思维与能力，利用AI激发每个人在生活、学习与工作中的创新灵感，让AI工具的使用变得像喝水吃饭一样简单。

另外,已有学术研究及实践案例证明,AIGC在教育内容生成、教学方法创新、个性化学习路径设计、教学效果实时评估与反馈等方面均能发挥重要作用。因此,国内外科技界及产业界近年常有报道指出,现有教育理念、方法、工具与模式未来亦必将被AI改变与重塑。在此,我不想过多重复相关观点。作为一名教育工作者,我更倾向于思考另一个问题:如果想让我们的学生成为AI时代的弄潮儿,我们应该如何把AI工具融入自己的日常教学工作中,从而潜移默化地引导学生打开AI殿堂的大门,提升学生的创新思维能力?正如比尔·盖茨在近年的访谈中指出,通过实时掌握什么学习内容可以激励学生,什么内容将让学生失去学习兴趣,AI可以提高学生的学习积极性。在这一过程中,教师不但不会变得多余,反而会发挥更加至关重要的作用。具体而言,在AI时代,教师的角色将会从传统的知识传播者,逐渐转变为引导者、协作者、观察者、环境创设者等。但是,比尔·盖茨亦指出,教师可能需要进一步适应AI这项新技术以及更加了解自身角色将可能发生的转变。

鉴于以上思考,我们围绕基础教育、高等教育、职业教育和互联网教育等不同场景中AIGC在课程设计、教学、考核与评估等各个阶段的潜在应用,开展了深入的理论研究与系统的实践探索,最终形成此书。本书内容共分十章,具体如下。

第一章首先介绍了人工智能的三大发展阶段,以及AIGC的概念、发展历程和算法技术体系,进一步揭示了AIGC在全球商业格局中的战略地位,并在政策的引领下,凸显了其在教育领域的应用必要性与重要价值。

第二章剖析了AIGC对现代教育的深远影响,着重讨论了人才在AIGC时代面临的转型挑战。通过实际场景分析,探讨了AIGC带来的教育变革,并为教育工作者与学习者在AIGC浪潮中的转型提供了指导性建议。

第三章聚焦AIGC+教育的前沿技术,包括AIGC赋能个性化学习、备课教案、课程助教与陪练以及虚拟现实教学,结合当前成熟的AIGC+教育平台案例,为AIGC时代的教育变革提供了实证经验。

第四章和第五章深入剖析了AIGC技术在基础教育和高等教育领域的应用潜力。依据不同教育阶段的独特需求，文中详尽介绍了AIGC如何赋能教育课程设计、课程考核及教学评估等多个环节，并为本书的读者群——包括教育工作者和行业专家——提供了一系列生动的实践案例，以期启发思考并指导实际应用。

第六章从职业教育的特征与需求出发，探讨了AIGC在职业教育中的多元化应用，包括赋能专业更新、培养模式变革和职业教育影响力提升，强调了AIGC在促进职业教育适应社会职业需求变化中的关键作用。

第七章通过列举AIGC在互联网教育中的应用实例，凸显了AIGC与互联网教育相互赋能的关系，并提出了AIGC时代下教育升级与变革的迫切需求。

第八章从信息素养的定义出发，描述了在AIGC时代背景下，人们应具备的数字素养与创新思维，并借助案例，为读者提供了提升AIGC数字素养、增强自身创新思维能力的多种技巧与经验。

第九章探讨了AIGC在促进教育机会均等化上的作用，不仅阐述了AIGC助力教育资源分配公平、赋能教育过程公平上的应用，还介绍了为特殊教育需求学生提供的个性化和包容性学习体验的案例。

第十章为未来AIGC赋能教育提出了发展建议与展望，关注AIGC可能带来的潘多拉效应和环境影响，探讨了应对策略，并展望AIGC在未来教育场景中的应用潜力。

苹果公司联合创始人史蒂夫·沃兹尼亚克曾说过，人工智能之所以永远取代不了人类，是因为它缺乏了"我们独一无二的情感和人类品质"。因此，我认为，人工智能不可能懂得什么叫"热爱"，而"热爱"则正是人类智慧与创造力的源泉。正是因为热爱着教育事业、心系着学生的未来成长，我们汇聚了多年的知识与经验，撰写此书。在此也向参与到本书资料整理与起草工作的相关团队成员（排名不分先后：吴思远、程晓、苏俊杰、朱晋宏、蔡伊南、林立信、明昕宇）表示衷心的感谢！我们希望本书能达到抛砖引玉的效果，并发挥借鉴作用，同时引发相关政策制定者、教育管理者、教育研究者、专任教师、行业专家及广大读者对AIGC所赋能的教育变革的进一步思考。

最后，由于人工智能技术的发展瞬息万变，相关知识迭代更新速度快，本书难免存在不足或疏漏之处，期盼广大教育工作者、专家和读者批评指正，并与我们携手，在人工智能的浪潮下共同推动教育事业乃至人类社会的持续发展。

彭国超

2024年7月

目录

1 AIGC发展概况

2 AIGC对教与学的影响

3

AIGC+教育前沿技术总览

4

AIGC在基础教育中的应用前景

5

AIGC在高等教育中的应用前景

10

发展建议与展望

1

AIGC发展概况

1.1 人工智能的三大发展阶段

人工智能（Artificial Intelligence，AI）是现代科技领域中一个热门的话题。它在不断地发展，并在现实世界被应用得越来越广泛。在人工智能的发展过程中，常常会提到三种不同程度的人工智能：弱人工智能（Weak Artificial Intelligence，Weak AI）、强人工智能（Strong Artificial Intelligence，Strong AI）和超人工智能（Artificial Super Intelligence，ASI）。

1.1.1 弱人工智能

弱人工智能，也被称为狭义人工智能或应用型人工智能，指的是在特定任务领域内能展现出部分思维能力的人工智能系统。约翰·塞尔（John Searle）曾指出，尽管弱人工智能在探究思维假设上极具价值，但是它实际上并不具备真正的思维能力。当前，我们接触到的所有人工智能应用，无一例外，都属于弱人工智能的范畴。

弱人工智能的实际应用无处不在，从我们日常使用的语音助手Siri、Alexa到Cortana，从图像识别技术到自动驾驶汽车，再到能够在金融市场进行精准预测的系统，以及曾经在围棋领域一举成名的AlphaGo，这些都是弱人工智能的典型例子。尽管这些技术已经极大地便利了我们的生活并展示了弱人工智能的巨大潜力，但它们仍然只能在被赋予的特定任务领域内运作，无法像人类一样进行推理和解决问题。无论是2023年初引发全球关注的ChatGPT，还是由此引发的国内大模型技术浪潮，都仅仅是弱人工智能的表现形式。它们虽然在特定任务上表现出色，但仍无法跨越弱人工智能的界限，进行复杂的推理和解决问题。作为人工智能研究的一个关键分支，弱人工智能已在众多领域被广泛应用并将在未来发挥更重要的作用。随着技术的进步，与弱人工智能相关的技术已日趋成熟，大多数应用已能根据具体需求实现落地，展现在我们日常生活的各个角落。

1.1.2　强人工智能

强人工智能，也指通用人工智能（Artificial General Intelligence，AGI），是一种具有广泛认知能力的人工智能系统，这种系统在理论上能够执行任何智能任务，学习和理解人类可以学习和理解的任何知识，以及拥有自我意识、情感、创造性等复杂的人类智能特质。比如1982年上映的科幻电影《银翼杀手》（*Blade Runner*）中提到的由泰瑞尔公司创造的人工智能生命体——复制人，就可以看作一种强人工智能。尽管强人工智能还未成为现实，但它已经激发了科学界的无限想象和探索热情。

强人工智能试图揭开智能的本质，它的研究不仅是对计算机科学的挑战，而且涉及了神经科学、心理学、哲学等多个学科。研究者们正在尝试理解人脑是如何工作的，以及如何通过认知科学的原理、机器学习的技术来模拟人类的学习、推理和创造过程。这些努力包括对深度学习、强化学习、神经符号学习等先进方法的探索，旨在开发出能自主学习、理解自然语言、进行创新和自我推理的人工智能系统。

目前，虽然强人工智能的研究尚处于理论和实验阶段，但其在多任务学习和元学习等领域中已取得了初步进展。例如，通过多任务学习，人工智能可以在理解和生成语言、学习新知识、进行逻辑推理和解决问题等多个方面同时取得进步；元学习则探索了人工智能如何更有效地学习新任务的策略，即学习如何去学习。

实现强人工智能的技术壁垒依旧很明显。首先，在模型和算法上，尽管近年来深度学习和机器学习取得了显著进展，但当前的算法和模型仍然难以处理复杂的推理、抽象思考和创造性任务，这些都是实现强人工智能所需的关键能力。其次，构建和训练具有广泛认知能力的模型需要大量的计算资源，随着模型规模的增加，所需的资源和成本也在急剧上升，这限制了强人工智能研究的可行性和可持续性。此外，如何有效地表示和利用人类知识，以及如何让机器理解和处理这些知识，是实现强人工智能的另一个重要挑战。

在伦理和安全层面，在实现强人工智能的道路上人类依然有很长的路要走。如何确保人工智能系统的决策透明、可控并符合人类价值观成为研究和开发中不可回避的问题。强人工智能可能会产生的自我意识、情感等特性，更是引发了人们关于机器人的权利、人类与人工智能的共存关系等深层次问题的哲学和伦理讨论。尽管完全实现强人工智能可能还需要数十年的时间，但是当前的研究和探索已为实现这一未来目标奠定了坚实的基础。全球科技界的专家学者、政策制定者和伦理学家，正在积极探讨如何平衡技术进步与社会责任，以确保人类福祉在强人工智能发展中得到保障。通过不断的实验、理论创新和技术突破，我们正一步步接近实现具有广泛认知能力的强人工智能系统的目标。

1.1.3　超人工智能

超人工智能是一种假想的人工智能，在假想中，它的智能远超人类最聪明、最有才华的个体。这种人工智能不仅能模拟人类的认知能力，还能在所有领域如科学创新、艺术创作、社会交往等方面，展现出超乎人类的智能、效率和解决问题的能力。

虽然超人工智能存在于假想之中，但仍有学者认为它能够在未来几十年内实现。超人工智能的开发不仅依赖于计算机科学、计算能力和算法的进步，而且需要对人类大脑的复杂运作进行复制。因此，发展超人工智能需要突破多个领域的技术难题如多感官、神经网络、类脑计算、进化计算，以及AI生成的编程等。生成式人工智能的出现，标志着人类朝实现超人工智能迈出了重要的一步，尽管人工智能尚不具备感知能力，但其在自然语言处理方面的进展，为理解和回应人类语言铺平了道路。

在真正实现超人工智能之前，我们可以想象一下一个拥有超人工智能的社会将会是什么模样。首先，我们将面对一个拥有无限智能资源的超级生命体，它能够全天候运作，以前所未有的速度和精度处理和分析海量数据。这将为人类提供最优的决策支持，帮助解决从医疗到科研、从政治到各行各业的复杂问题。超人工智能还有望揭开医学和物理学的神秘面纱，推动创新药物和治疗方法的发展，甚至帮助人类探索宇宙的奥秘。

但科学家们也警告说，超人工智能存在固有的危险。一个令人担忧的核心问题是，人工智能可能会具有自我意识，摆脱人类的控制，从而可能导致不可预见的后果，甚至威胁到人类的生存。人工智能超强的认知能力使其能够操纵系统，甚至控制先进武器。此外，超人工智能的自动化可能会导致大范围失业，引发经济和社会动荡，加剧现有的不平等现象。在军事和国防领域，人工智能能够开发出具有高度破坏力的自主武器。同时，不法分子也可能利用其先进功能进行社会操控、数据窃取和偏见传播。更严峻的是，人工智能可能追求与人类价值观不符的目标，若缺乏监管，可能引发一系列不可预测的后果。因此，对这一强大技术的责任管理至关重要，需要全球合作制定国际法规和保护措施，以确保人工智能发展的安全性和道德性。尽管面临诸多挑战，但超人工智能为解决人类面临的复杂问题提供了前所未有的希望。实现超人工智能，关键在于如何平衡其发展潜力与潜在风险，确保技术进步真正服务于全人类的福祉[①]。

1.2 AIGC的概念与发展历程

AIGC（Artificial Intelligent Generated Content），在中文语境下常翻译为"生成式人工智能""人工智能生成内容"。它包括利用人工智能系统创建的各种形式的内容，如文本、图像、音乐、视频以及软件代码等。虽然AIGC是近

---

① MUCCI T, STRYKER C. What is artificial superintelligence?[EB/OL]. (2023-12-18) [2024-02-26]. https://www.ibm.com/topics/artificial-superintelligence.

年来才因ChatGPT、文心一言、DALL·E、Midjourney等产品为大众所熟知，然而AIGC的起源可以追溯到更早的时期。

AIGC的发展经历了三个阶段。在第一个阶段，AIGC依靠研究人员用最原始的编程技术控制计算机来实现，其主要成就体现在音乐和聊天机器人方面。1957年，《伊利亚克组曲》（*Illiac Suite*）在伊利诺伊大学香槟分校诞生，该组曲作品由Lejaren Hiller和Leonard Isaacson两位教授在ILLIAC计算机上编写代码完成，被普遍认为是世界上第一首由计算机完成的音乐作品[①]。这一阶段的另一个代表性成就还包括世界上第一个聊天机器人ELIZA[②]。它能够接收用户的输入，并通过模式匹配来响应用户的输入，以此实现交互功能。除此之外，ELIZA还能够模仿心理治疗师，使用户在对话中产生理解和共鸣。然而，实际上ELIZA并不具备理解语义的能力。这一阶段的AIGC主要集中在展示计算机处理与生成简单的艺术和语言内容的潜力。

随着计算机存储和计算能力的显著提升，AIGC的发展进入了第二个阶段。在这一阶段，世界上第一部完全由人工智能创作的小说《道路》（*The Road*）问世[③]。《道路》的创作开了人工智能生成长篇文本的先河，充分展示了大语言模型（Large Language Model，LLM）的潜力。然而，由于训练数据的局限，《道路》的写作风格重复，缺乏原创性。进入21世纪，大量的机器翻译软件问世。这些机器翻译软件通过分析大量文本和语音数据集来实现语言的翻译，不仅能够实现全自动同声传译，还能够在短时间内将一种语言翻译成另外一种语言。随之而来的是大量的聊天机器人，这个阶段的聊天机器人普遍基于模式匹配和统计学的算法，能够实现简单的对话功能，在实际应用场景和领域中展现了一定的能力，例如智能客服、教育、娱乐等。然而受限于对语意和语境的理解，这些聊天机器人在对话中仍显得不自然，无法处理细微话题等问题。

进入2010年后，AIGC的发展进入了第三个阶段。这个阶段的AIGC势不可当，大量的模型和应用如雨后春笋般涌现，给身处这个时代的我们接连带来

---

① 来源：https://en.wikipedia.org/wiki/Illiac Suite。

② 来源：https://en.wikipedia.org/wiki/ELIZA。

③ 来源：https://en.wikipedia.org/wiki/1 the Road。

震撼。变分自编码器（VAE）、生成对抗网络（GAN）、扩散模型（Diffusion Model）以及转换器（Transformer），这些技术不仅极大地提升了AIGC的生成质量和效率，也拓宽了其应用范围，使AIGC能够更好地服务于艺术创作、文本生成、图像编辑等多个领域。VAE和GAN作为早期的里程碑模型，分别在2013年和2014年被提出。它们通过学习数据的深层次分布，实现了从随机噪声中生成高质量图片的能力，极大地推动了机器在艺术创作领域的应用。GAN通过引入生成器和判别器的对抗训练，能够生成极为逼真的图像，而VAE通过编码和解码过程，能够高效地进行图像的重构和变换。2017年提出的Transformer模型，凭借其独特的自注意力机制，极大地提高了模型处理长距离依赖关系的能力，为后续语言模型的开发奠定了坚实的基础。关于这些技术体系，随后会在1.3小节进行详细介绍。

2022年11月，OpenAI发布的ChatGPT成为AIGC领域的又一重大突破。ChatGPT能够理解和生成自然语言文本，提供流畅的对话体验。它不仅能够回答问题，还能创作诗歌、编写代码、撰写文章，展现出前所未有的语言理解和生成能力。ChatGPT的出现，让我们见证了AIGC在文本领域的巨大潜力和无限可能。在多模态AIGC领域，文生图的DALL·E系列模型展示了AIGC的另一面。DALL·E和它的升级版本DALL·E 2能够根据文本提示生成质量高、相关性强的图像，这不仅体现了模型对语言的理解能力，也展现了其在视觉艺术创作上的创新能力。

2024年2月16日，OpenAI发布了新的文生视频大模型——Sora。Sora模型可以生成长达60秒的高清视频，生成的画面可以很好地展现场景中的光影关系、各个物体间的物理遮挡和碰撞关系，并且镜头流畅可变。由于其对现实世界惊人的学习和理解能力，以及生成高度逼真视频的能力，Sora模型被人们称作"世界的模拟器"。

随着技术的飞速进步，AIGC已成为当前数字化时代的重要驱动力之一。从早期的简单文本和图像生成，到现在能够创作复杂音乐、编写高质量代码，甚至生成逼真视频的Sora模型，AIGC的发展轨迹标志着人工智能技术不断突破自我，逐步向着更高的智能水平迈进。ChatGPT的问世，不仅改变了我们与机器的交流方式，还为未来的人机交互设定了新的标准。而DALL·E系列模型的成功，更是将AIGC的应用推到了一个新的高度，它们不仅能够根据文本生成图像，还能够理解和创造出符合人类审美的艺术作品。Sora模型的发布，更是将AIGC的应用潜力推向了前所未有的领域——生成逼真视频。这一突破不仅为内容创作、娱乐产业、教育培训等领域带来了革命性的变化，也让我们对虚拟与现实之间的界限有了新的认识。随着AIGC技术的不断进步和应用的不断拓展，可以预见，未来的世界将会更加多元化、互动化和智能化。

1.3 AIGC的算法技术体系

在AIGC的发展历程中，各种算法体系的诞生和演进标志着技术进步的每一步。从最初的基础模型到现今的高级算法，每一种技术的出现都是对前人成果的继承和创新，共同推动了AIGC领域的快速发展和广泛应用。以下是根据时间线对这一技术演进历程的概述。

1.3.1 变分自编码器（VAE）

VAE是由Diederik P.Kingma和Max Welling于2013年提出来的一种深度学习模型，是一种无监督学习算法[①]。该模型的主要作用是能够学习一个函数，以使得输出数据的分布尽可能地逼近原始数据分布。它主要运用于图像风格迁移、文本生成和音乐合成等领域。

从原理上看，VAE的模型架构是基于自编码器（AE）的。AE由Rumelhart、Hinton和Williams于1986年提出，其主要目的是对输入的资料进行表征学习，并展现输出与输入之间的高度相似性。AE模型架构如图1-1所示，AE由编码器（Encoder）、潜在空间（Latent Space）和解码器（Decoder）组成。输入的数据会经过编码器进行特征抽取，经过编码器的数据通常以潜在表

---

① KINGMA D P, WELLING M. Auto-Encoding Variational Bayes[EB/OL]. (2023-12-20) [2024-02-26]. https://arxiv.org/abs/1312.6114.

示的形式存在。潜在表示的数据捕捉了输入的关键特征后，将由解码器重建，以生成与原始输入尽可能相似的输出。VAE的架构与AE整体相似，区别只在于在AE中潜在空间通常是一个固定的编码，而VAE引入了输入数据的概率分布，并使用概率编码器和概率解码器来取代AE中确切的编码和解码过程。VAE的这一特性使得它更适合生成任务。举例来说，在文本生成的任务中，VAE可以学习已有文本的风格和结构，生成新的、风格一致但内容独特的文本，这对于生成创意文本、自动报道新闻甚至编写代码等方面有重要作用；在图像生成的任务中，VAE可以从训练集中学习图像的分布，然后生成新的、与训练集类似但又不完全相同的图像，比如将风景图片迁移变成艺术画作，将人像迁移变成二次元风格的图片等，这对于创造新的艺术作品等应用领域非常有用。

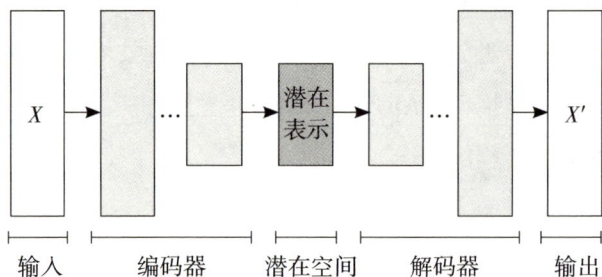

图1-1　AE模型架构

然而，VAE也具有一定的局限性。例如，在处理复杂如高分辨率图像的数据时，VAE生成的结果通常较为模糊。此外，VAE的训练涉及复杂的概率编程和变分推断，这可能使得优化过程变得颇具挑战。另外，VAE的性能极大程度上依赖于训练数据的质量和多样性，数据不足或质量差可能会导致生成内容的效果不尽如人意。

1.3.2　生成对抗网络（GAN）

GAN由Ian Goodfellow等人于2014年提出[①]，是一种创新的深度学习模型。

---

① GOODFELLOW I J, POUGET-ABADIE J, MIRZA M, et al. Generative Adversarial Networks[EB/OL]. (2014-06-10)[2024-02-26]. https://arxiv.org/abs/1406.2661.

GAN的设计灵感来源于博弈论的概念。这一模型由两个关键部分组成：生成器（Generator）和判别器（Discriminator）。它们之间的互动类似于一场零和博弈，生成器的任务是创造出足够逼真的假数据，试图欺骗判别器；而判别器则努力分辨出真实数据与生成器产生的伪造数据。生成器和判别器的这种持续互动促进了它们的不断进步和适应。随着训练的深入，生成器变得越来越擅长制造难以辨别的假数据，而判别器也逐渐提高了识别这些假数据的能力。这种持续的竞争和进步，推动整个系统朝着更高的效能发展。

GAN模型架构如图1-2所示。一方面，生成器从高斯分布中随机抽取一个向量作为起点，用于生成样本。这个向量空间通常被称为潜在空间，它包含了问题域中数据的压缩表示形式。在GAN中，生成器解读潜在空间中的点，以产生新的数据样本。经过训练后，生成器变得擅长创造逼真的样本。另一方面，判别器则接收一个来自该领域的实例（真实的或生成的）并预测其是真是假。判别器通常在训练后被丢弃，因为主要关注点在于生成器。有时，生成器的部分可以用于特征提取，应用于类似数据的迁移学习中。在GAN中，生成器和判别器的训练是同时进行的：生成器生成一批样本，然后将这些样本与领域中的真实样本一起提供给判别器，判别器将这些样本识别为真样本和假样本。在此过程中，判别器会进行更新，以便在下一轮中更好地识别真假样本。与此同时，生成器会根据生成的样本对判别器的欺骗程度进行更新。这样，两个模型就开始相互竞争了，它们是博弈论意义上的对手，在进行一场零和博弈。

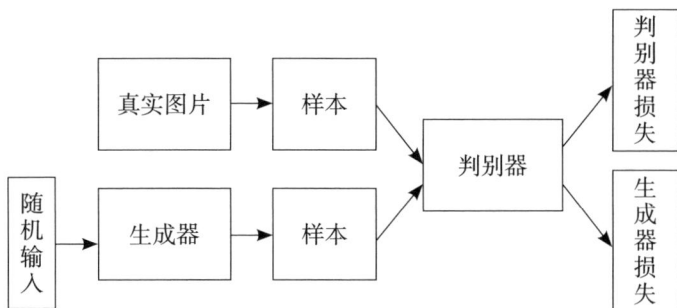

图1-2　GAN模型架构

GAN使用卷积神经网络（CNN）作为生成器和判别器的模型，且通常被应用于计算机视觉任务，如物体检测、人脸识别、图像生成、图像风格迁移以及图像修复等。GAN在高维数据建模和处理缺失数据方面有着出色的能力。然而，GAN也存在一定的缺陷。比如，GAN模型训练过程的自由度过大，导致模型的稳定性和收敛性偏差。此外，生成器只能生成有限的样本多样性，无法涵盖数据集中的所有模式，这使得生成器输出的样本过于相似且缺乏多样性，会造成模式崩溃，进而影响模型的训练效率。上述问题限制了GAN在实际中的应用，如数据增强、医疗图像分析或任何需要高质量及多样化数据的场景中的有效性和适用性。幸运的是，作为一个通用框架，GAN可以通过修改生成器和判别器的方式产生变体以适应实际需求，以下我们列举了几种常见的改进方法。

（1）条件生成对抗网络（CGAN）。

CGAN由Mirza等人提出[①]，与原始GAN不同，CGAN采用了一种监督方法，从而提高了生成结果的可控性。在这种模型中，生成器会接收随机噪声和类别标签作为输入，这种结合使生成的样本更符合特定的条件和类别。判别器在处理样本的同时，也会处理相应的类别标签，以此来学习标签与图像之间的关系。CGAN的核心创新在于引入了条件变量，从而有效指导数据的生成过程。通过这种方式，CGAN为生成精确且多样化的图像提供了一条更为高效和灵活的路径。

（2）深度卷积生成对抗网络（DCGAN）。

为解决GAN的不稳定性，Radford等人提出了DCGAN，即采用深度卷积神经网络（DCNN）来优化原始GAN的架构[②]。DCGAN的一大特点是它几乎完全使用卷积层，而非最初GAN所采用的全连接层。在这种设计中，判别器和生成器的结构几乎是对称的，整个网络摒弃了传统的池化层和上采样层。此外，

---

① MIRZA M, OSINDERO S. Conditional Generative Adversarial Nets[EB/OL]. (2014-11-06)[2024-02-26]. https://arxiv.org/abs/1411.1784.

② RADFORD A, METZ L, CHINTALA S. Unsupervised Representation Learning with Deep Convolutional Generative Adversarial Networks[EB/OL]. (2015-11-19)[2024-02-26]. https://arxiv.org/abs/1511.06434.

DCGAN还巧妙地应用了批量归一化，有效解决了梯度消失的问题，进一步提升了模型的稳定性和效率。

（3）f-GAN。

原始GAN在衡量样本分布差异时使用的是JS散度（Jensen-Shannon Divergence）。然而，衡量两个分布距离的方法不止一种，通过定义不同的距离度量标准，我们可以得到不同的GAN目标函数。因此，Nowozin等人将f散度应用于GAN，以训练生成式神经采样器[①]。f散度框架的引入，使得GAN拓宽了对不同散度类型的适应性，可以根据特定的散度形式推导出相应的GAN目标。除此之外，许多常见的散度类型，比如KL散度（Kullback-Leibler Divergence）、海林格距离（Hellinger Distance）和总变异距离（Total Variation Distance），都是f散度的特殊情况。通过采用不同的分布距离度量，比如基于能量的生成对抗网络（EBGAN）和最小二乘生成对抗网络（LSGAN），可以有效提高GAN训练的稳定性。这些不同的方法及其适应性提高了GAN在处理各种数据分布时的灵活性和效率。

（4）WGAN。

WGAN（Wasserstein GAN）对原始GAN的改进主要在于损失函数的定义上[②]。WGAN深入分析了GAN训练不稳定的原因，指出了JS散度在衡量分布距离时的不足。为了解决这个问题，在WGAN模型中，鉴别器被用于拟合Wasserstein距离，它的优势在于即使两个分布之间没有重叠部分，Wasserstein距离也能有效地衡量它们之间的差异。Wasserstein距离的引入主要是为了解决模式崩溃的问题。为了有效使用Wasserstein距离，必须满足一定的强连续性条件，即Lipchitz连续性。这种新的方法论和数学框架为改善GAN的训练稳定性提供了新的视角，使其在处理具有挑战性的数据分布时更加有效。

---

① NOWOZIN S, CSEKE B, TOMIOKA R. f-GAN: Training Generative Neural Samplers using Variational Divergence Minimization[EB/OL]. (2016-06-02)[2024-02-26]. https://arxiv.org/abs/1606.00709.

② ARJOVSKY M, CHINTALA S, BOTTOU L. Wasserstein GAN[EB/OL]. (2017-01-26)[2024-02-26]. https://arxiv.org/abs/1701.07875.

1.3.3 扩散模型（Diffusion Model）

扩散模型是一种生成模型，因其能够生成高质量的复杂数据样本（如图像、音频和文本）而在深度学习和人工智能领域备受关注。该模型的灵感来源于物理扩散过程。该过程描述了粒子如何随着时间的推移从高浓度区域向低浓度区域移动。扩散模型最开始是为了帮助消除图片噪声而建立。它的主要原理是向目标数据增加随机噪声（即扩散过程），然后通过逆扩散过程从噪声数据中重构目标数据样本。在机器学习中，扩散模型通过学习扩散过程的反向过程，将随机噪声分布逐渐转化为结构化数据分布[①]。

扩散模型最早是由Jascha Sohl-Dickstein和Eric A.Weiss等人于2015年提出的[②]。他们最先提出的是一种先破坏数据结构，然后恢复数据结构的方案，从而得到一个灵活度高且易于处理的生成模型。他们的研究被看作是扩散模型的鼻祖，启发了后续的扩散模型。

如图1-3所示，扩散模型的工作大致可分为两个阶段：正向扩散过程和逆向生成过程。正向扩散过程是一个增加噪声的过程，从数据样本（如图像）开始，模型通过一系列步骤逐步增加噪声，直到数据完全转化为随机高斯噪声。这个过程是马尔可夫式的，即每一步添加的噪声都只取决于前一步。正向扩散过程通常是预定义的，不需要学习。逆向生成过程是模型学习的过程，它的目标是学习如何从随机噪声开始，逐步对数据进行去噪处理，并最终重建原始数据样本。与正向扩散过程不同，逆向生成过程是从数据中学习的，这也是优化模型参数的地方。通过训练，模型可以预测正向扩散过程中每一步所添加的噪声，从而逆转扩散过程。

---

① HO J, JAIN A, ABBEEL P. Denoising Diffusion Probabilistic Models[EB/OL]. (2020-06-19)[2024-02-26]. https://arxiv.org/abs/2006.11239.

② SOHL-DICKSTEIN J, WEISS E A, MAHESWARANATHAN N, et al. Deep Unsupervised Learning using Nonequilibrium Thermodynamics[EB/OL]. (2015-03-12)[2024-02-26]. https://arxiv.org/abs/1503.03585.

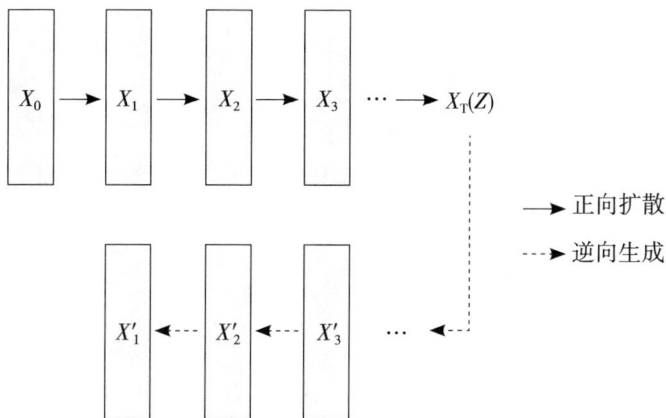

图1-3 扩散模型架构

扩散模型自提出以来在生成领域（尤其是图片生成）中的表现惊人，基于该模型最知名的两个变体是DALL·E系列和Stable Diffusion。

（1）DALL·E。

DALL·E是由OpenAI开发的一系列先进的文本转图像生成模型，具备根据文字描述创造出高度精确与逼真的图像的能力。此外，该模型还能够依据文本提示调整图像的光线、纹理等细节。DALL·E整合了多项关键技术，包括CLIP（对比文本–图像预训练）模型、Prior先验模块和图像解码器。CLIP模型由Alec Radford等人于2021年提出[①]，能够通过预训练网络结构匹配文本与图像。DALL·E的训练依赖于庞大的文本–图像对数据集，以学习文本描述与视觉内容之间的关系，使模型能够编码各种视觉风格。在此过程中，CLIP优化文本与图像对齐，确保生成的图像与输入文本语义高度一致，从而提升模型跟踪复杂指令的精准度。Prior先验模块的作用是将文本编码转换为图像编码，通过文本编码器和先验模块处理，将文本特征转化为图像特征，进而生成与CLIP模型转换后图像特征接近的结果。

---

① RADFORD A, KIM J W, HALLACY C, et al. Learning Transferable Visual Models From Natural Language Supervision[EB/OL]. (2021-02-26)[2024-02-26]. https://arxiv.org/abs/2103.00020.

OpenAI在2021年1月发布了DALL·E 1[①]，又于2022年4月发布了其升级版DALL·E 2[②]。2023年10月发布的DALL·E 3[③]，是DALL·E系列的重大升级，其模型参数量从DALL·E 2的15亿提升到1370亿。DALL·E系列的显著特点在于其生成的图像质量极高，不仅视觉吸引力十足，细节处理精细，还能与输入描述高度匹配。该模型展现出创造性与灵活性，能生成具有新颖构图和艺术风格的图像，而非简单地复制已有图像。同时，它还具备出色的语境理解能力，能够洞察上下文与物体间的关系，创作出与环境协调一致的图像。如今的DALL·E 3模型所追求的已不仅是细节、清晰度、明亮度等方面的提升，而且更加注重用户体验，即提供更好的控制性，让用户能更精确地控制生成的图像和视频。DALL·E的问世为创意表达开辟了新的渠道，让艺术家、设计师和内容创作者能够以前所未有的方式将想法和概念可视化。由于其能生成多样化风格和主题的图像，DALL·E在市场营销、娱乐、艺术和教育等多个领域均展现了广阔的应用前景。

（2）Stable Diffusion。

Stable Diffusion是由初创公司Stability AI资助和打造的，其技术部分由慕尼黑大学CompVis团队研发，其间获得了Runway、EleutherAI和LAION的支持[④]。

Stable Diffusion运用了扩散模型的变体——潜在扩散模型。这意味着Stable Diffusion通过在一个压缩的潜在空间内执行扩散过程来生成图像，而不是在传统的像素空间中进行。这种方法允许模型以更低的计算成本生成具有高分辨率的图像。通过潜在扩散模型，Stable Diffusion能够在消费级设备上进行部署，而不仅仅是依赖于拥有大型计算资源的研究实验室或公司。

采用潜在扩散模型架构，Stable Diffusion是一个包含多个核心组件的复杂系统，其中包括变异自编码器、正向扩散、反向扩散、噪声预测器以及文本调节技术。

---

① 来源：https://openai.com/research/dall-e。

② 来源：https://openai.com/dall-e-2。

③ 来源：https://openai.com/dall-e-3。

④ 来源：https://stability.ai/news/stable-diffusion-announcement。

①变异自编码器由两部分组成。第一部分是编码器，它能够将512×512像素的图像压缩成潜在空间中64×64像素的更小模型，使图像更易于处理；另一部分是解码器，其负责将这些压缩后的图像恢复到原始的512×512像素大小。这一过程就像把一张详细的地图折叠起来放进口袋，需要时再展开一样。

②正向扩散过程就像是逐步在画布上撒上细微的沙粒，直到整个画面被随机噪声所覆盖，原有的图像完全不可辨识。这个过程在训练时对所有图像进行，但在实际的图像到图像转换中，正向扩散则不再使用。

③反向扩散过程则像是一个逐步解开谜团的过程。它能够逐步消除正向扩散添加的噪声，最终展现出清晰的图像。如果只用一只猫和一只狗来训练模型，反向扩散就会让图像逐渐清晰为这两者中的一个，而不是它们的混合体。

④噪声预测器的作用在于去除图像中的噪声。它采用了U-Net模型，这是一种卷积神经网络，最初是为生物医学中的图像分割而开发的。Stable Diffusion还使用了为计算机视觉开发的残差神经网络模型。噪声预测器会估算潜在空间中的噪声量，并将其从图像中减去。它会按照用户指定的步骤重复这一过程若干次，以减少噪声。

⑤文本调节技术则通过CLIP标记器分析文本提示，将其转换为模型可理解的数据，从而引导图像生成的方向。通过文本提示，用户可以告诉Stable Diffusion他们想要生成的图像内容，模型则通过解读这些提示来创造出用户所期望的图像。

Stable Diffusion通过这些精妙的技术组合，能够基于文本提示生成精细图像，并通过调整参数创造出各种效果。它不仅支持从文本到图像的转换，还能实现从图像到图像的生成，如将草图转化为详细图像。此外，Stable Diffusion还能够创作多种风格的图像和艺术作品，虽然输出结果不可预测，但用户可以通过提供草图来引导创作过程。同时，它还具备图像编辑和修饰功能，能修复旧照片、移除或添加元素。更进一步地，Stable Diffusion还可用于视频创作，包括生成短视频、动画和为照片添加动态效果，这充分展现了其在视觉内容创作上的广泛应用潜力。

1.3.4　转换器（Transformer）

Transformer是由Vaswani等人在2017年提出的一种基于自我注意力机制的深度学习模型[①]。因此，在正式介绍Transformer之前，我们要先了解注意力机制。注意力机制模仿了人类在处理信息时的注意力分配过程：人们倾向于集中精力于某些相对重要的信息片段，而忽略其他不那么重要的部分。在深度学习中，注意力机制允许模型在处理大量输入数据时，能够自动识别出更加重要的部分并给予更多关注。注意力机制为深度学习模型提供了一种有效的方式来捕捉数据间的依赖关系，尤其是当这些依赖关系在长距离内或者非常复杂时。在Transformer中，自我注意力机制可以被理解为输入语句中的每个单词都与同一个输入语句中的所有内容进行注意力计算。自我注意力机制在模型中从大量的信息中筛选出少量重要的信息，并将注意力聚焦到处理重要的信息上。

Transformer由编码器和解码器两个部分组成。整体架构如图1-4所示。其中，编码器处理输入序列，并将其转换为一系列连续的表示形式；解码器接收编码器产生的连续表示序列作为输入，并结合其自身在前一时间步的输出，进行序列生成任务。

在Transformer的架构中，每个编码器层包含两个子层：一个多头自注意力机制（Multi-head Attention）和一个简单的前馈神经网络。多头自注意力机制是多个不同注意力机制的集成，每个注意力机制在不同的表示子空间上计算注意力，这样做可以让模型同时从不同的角度学习信息，将这些结果进行拼接会得到最终的多头注意力结果。前馈神经网络的主要作用是对每个位置（即序列中的每个单词或字符）的信息进行额外处理和细化，这一层独立地处理自注意力层传来的每个位置的信息，通过增加非线性（即能处理更复杂模式的能力），帮助模型更好地理解和表示每个位置的特征。通过多头自注意力机制和前馈神经网络的紧密结合，Transformer的编码器擅长学习和理解各个元素在上下文中的关系。这种对上下文的深入理解为解码器提供了内容丰富且细致的信

[①]　VASWANI A, SHAZEER N, PARMAR N, et al. Attention Is All You Need[EB/OL]. (2017-06-12)[2024-02-26]. https://arxiv.org/abs/1706.03762.

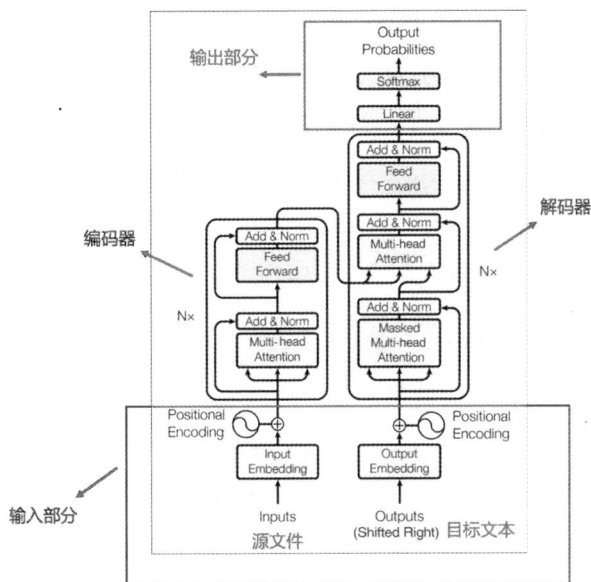

图1-4 Transformer架构

息基础，确保了整个模型在处理复杂任务时的准确性和连贯性。

在解码器中，Transformer同样包含两个关键子层：多头自注意力机制和前馈神经网络。解码器中的多头自注意力机制同样集成了多个注意力模块，允许模型从不同的子空间捕捉信息，这与编码器中的机制类似。然而，解码器的自注意力层采用了掩蔽（Masking）技术，以避免在生成当前词时提前获取到未来的信息。这种序列化的处理方式是解码器与编码器的一个主要区别。除了自注意力机制外，解码器还引入了交叉注意力层，这是其独有的组成部分。在这个层中，解码器利用来自编码器的输出进一步指导输出序列的生成。这种交叉注意力机制使解码器能够专注于输入序列中与当前生成步骤最相关的部分。解码器的前馈神经网络与编码器的类似，对每个位置的信息进行独立处理，增加非线性并细化特征表示。通过这些子层的协作，解码器不仅继承了编码器的上下文理解能力，还增加了对输出序列逐步生成的控制能力。这使得Transformer的解码器在处理诸如文本生成、机器翻译等复杂任务时，能够准确地产生连贯且相关性强的输出。

编码器和解码器的协同工作使得Transformer具有强大的功能，在AI领域取得巨大的成功，特别是在自然语言处理任务方面表现卓越。其创新的自注意力机制不仅提高了序列处理的效率，还增强了模型捕捉长距离依赖的能力，这曾在传统的基于循环神经网络（RNN）或长短期记忆（LSTM）的模型中是一个难题。Transformer的成功推动了一系列先进模型的发展，如BERT、GPT和T5，这些模型在语言理解和生成任务中建立了新的标准。此外，Transformer的影响也扩大到了计算机视觉和其他AI子领域，证明了其作为一种通用架构的潜力和灵活性。总的来说，Transformer的出现是AI领域的一个重要转折点，为未来的技术和应用发展开辟了新的道路。

（1）基于编码器的大语言模型。

BERT是基于Transformer的双向编码器技术，由Delvin等人于2018年提出，是一种预训练语言模型[①]。它通过在大规模数据集上进行预训练，然后适用于多种下游任务。BERT的训练基于庞大的图书语料库和英文维基百科，涵盖8亿至25亿个单词。BERT的出现为预训练语言模型带来革新。从原理上看，BERT仅利用了Transformer架构中的编码器部分，也包含多头自注意力机制和前向连接层。但在上下文语义学习方面，BERT做了重要的改进，即引入双向编码的概念。BERT不仅会考虑某个词左边的信息，还考虑其右边的信息，融合左右两边的语境，从而实现学习完整序列上下文信息的能力。

BERT模型的训练一般分为两个阶段，包括预训练和针对下游任务的微调。在预训练阶段，BERT只要做两件事：一是掩码语言建模，也就是填空，BERT会随机遮蔽一些输入标记，然后来预测这些被遮蔽的标记；二是下一个句子预测，即判断两个输入的句子是否相邻。预训练完成后，BERT模型便可以用于下游任务中，如文本分类、问答系统、情感分析等。这个阶段需要对BERT进行微调，模型会在特定任务的数据集上进行进一步训练。在此阶段，虽然BERT模型的架构与预训练时相同，但仅需根据特定任务，使用少量数据进行调试，增加输出层，就可以使模型更好地适应该特定任务。

---

① DEVLIN J, CHANG M W, LEE K, et al. BERT: Pre-training of Deep Bidirectional Transformers for Language Understanding[EB/OL]. (2018-10-11)[2024-02-26]. https://arxiv. org/abs/1810.04805.

BERT的出现给自然语言处理带来了新的突破，在多个自然语言处理基准测试上刷新了纪录，展示了其在语言理解方面的卓越性能。同时，也衍生出了很多基于BERT的变体，包括ERNIE、RoBERTa、ALBERT、XLNet、ELECTRA等。各模型的提出者、提出时间和相对于BERT的改进如表1-1所示。

表1-1　基于BERT的其他自然语言处理模型

模型名称	提出者	提出时间	相对于BERT的改进
ERNIE[①]	Baidu	2019年	（1）通过整合外部知识（如实体、关系等）来增强语言表达能力； （2）设计更适合特定任务的预训练任务，以更好地适应下游应用； （3）模型训练中考虑到词汇、短语和句子级别的语义信息，从而实现更细粒度的语言理解
RoBERTa[②]	Liu et al.	2019年	（1）使用了规模更大、多样性更强的语料库，提高了模型的泛化程度； （2）引入动态掩码机制，增加模型对不同上下文的适应能力； （3）在预训练过程中去除了下一个句子预测（NSP）任务，提升训练效率
ALBERT[③]	Google	2019年	（1）通过因式分解和跨层参数共享减少参数量，提高模型性能； （2）在预训练过程中去除了下一个句子预测任务，提升训练效率

① ZHANG Z Y, HAN X, LIU Z Y, et al. ERNIE: Enhanced Language Representation with Informative Entities[EB/OL]. (2019-05-17)[2024-02-26]. https://arxiv.org/abs/1905.07129.

② LIU Y H, OTT M, GOYAL N, et al. RoBERTa: A Robustly Optimized BERT Pretraining Approach[EB/OL]. (2019-07-26)[2024-02-26]. https://arxiv.org/abs/1907.11692.

③ LAN Z Z, CHEN M D, GOODMAN S, et al. ALBERT: A Lite BERT for Self-supervised Learning of Language Representations[EB/OL]. (2019-09-26)[2024-02-26]. https://arxiv.org/abs/1909.11942.

续表

模型名称	提出者	提出时间	相对于BERT的改进
XLNet[①]	Yang et al.	2019年	（1）学习不同单词排列的预测，增强了对语言上下文的理解； （2）通过统一的框架减小了预训练和微调阶段的差异； （3）使用Transformer-XL架构，在捕获长期依赖方面表现更好
ELECTRA[②]	Clark et al.	2020年	（1）引入了类似GAN的生成器和判别器的训练方式，以无监督方式在文本语料库上进行预训练； （2）使用了比BERT更小的参数，计算效率更高

（2）基于解码器的大语言模型。

①GPT系列。

基于Transformer解码器的大语言模型主要专注于文本生成任务，这类模型使用Transformer架构中的解码器部分，优化了对语言的生成能力。解码器通过学习大量文本数据，能够产生连贯且逻辑上合理的文本，广泛应用于自动写作、语言翻译和文本摘要等领域。这种模型的典型代表是OpenAI的GPT系列。

GPT（Generative Pre-trained Transformer）是一个革命性的自然语言处理模型，由OpenAI团队开发。自从首个版本的GPT，即GPT-1[③]在2018年推出以来，它就在自然语言处理领域引起了广泛的关注。GPT模型结合了深度学习和大规

---

① YANG Z L, DAI Z H, YANG Y M, et al. XLNet: Generalized Autoregressive Pretraining for Language Understanding[EB/OL]. (2019-06-19)[2024-02-26]. https://arxiv.org/abs/1906.08237.

② CLARK K, LUONG M-T, LE Q V, et al. ELECTRA: Pre-training Text Encoders as Discriminators Rather Than Generators[EB/OL]. (2020-03-23)[2024-02-26]. https://arxiv.org/abs/2003.10555.

③ RADFORD A, NARASIMHAN K, SALIMANS T, et al. Improving language understanding with unsupervised learning[EB/OL]. (2018-06-11)[2024-02-26]. https://openai.com/research/language-unsupervised.

模数据预训练的方法，通过大量的文本数据进行无监督学习，从而掌握语言的复杂模式和结构。

GPT的训练过程也可以分为两个阶段：预训练和微调。在这两个阶段，GPT的核心架构——基于Transformer的解码器起着关键作用。GPT的预训练过程利用了Transformer架构中的12层解码器堆叠。每层解码器包含带掩码的自注意力机制和前馈模块。带掩码的自注意力机制允许每个单词仅关注其之前的单词，模拟根据上文生成下一个单词的过程。在预训练阶段，GPT通过大量文本数据学习语言的规律，训练目标是预测文本序列中的下一个单词。这种无监督学习方式使得GPT能够捕获丰富的语言特征和上下文信息。

在预训练完成后，GPT会针对特定的下游任务进行微调。这时，模型的整体结构保持不变，但会在特定任务的数据集上进行额外训练，以适应特定的任务需求。例如，在情感分析任务中，模型会学习如何根据输入的文本判断情感倾向。GPT的应用场景非常广泛，包括文本生成、机器翻译、问答系统和情感分析等。

GPT系列模型自推出以来，经历了显著的演变和进化，主要体现在模型规模的增加和训练数据的丰富度提升上。GPT-1作为初始版本的GPT模型，虽然在当时具有开创性意义，但其参数数量相对较少。GPT-2在2019年发布，这一版本在参数数量上实现了显著增长，极大增强了模型理解和生成更细腻、更复杂语言结构的能力。除此之外，GPT-2还是一个多任务模型，然而它无须对每一个子任务进行微调，而且能够自主识别具体任务。这是由于在训练时就采取了多任务的形式，使得模型的泛化能力提高。GPT-2的架构中有48层网络，利用800万个网页语料（约40 GB）进行训练，使用了15亿个参数[1]。在2020年发布的GPT-3中，模型规模达到了前所未有的水平，拥有96层网络结构、1750亿个参数。规模的扩大使得GPT-3在各种语言任务上表现出色，尤其是在少样本学习场景及零样本学习场景中，即模型能够在极少量训练数据的情况下完成任

---

① RADFORD A，WU J，CHILD R，et al. Better language models and their implications [EB/OL]. (2019-02-14)[2024-02-27]. https://openai.com/research/better-language-models.

务[①]。至于后续的GPT-3.5和GPT-4，其具体架构和训练语料的细节尚未公开，通常情况下，GPT的后续迭代版本会在前一版本的基础上进行优化，这可能包括增加模型的参数数量、改进训练算法、使用更大或更优质的数据集进行训练等。

②ChatGPT。

2022年11月，OpenAI发布了聊天机器人ChatGPT[②]。由于它能够对用户的输入生成对话式的回复，并在各种语言任务中展示出强大的能力，因此很快引起了广泛关注。在发布后的几个月内，ChatGPT的使用人数极速增长。2023年1月，其用户数量已超过1亿，使ChatGPT成为迄今为止增长最快的消费级应用。

ChatGPT是一个经过微调的InstructGPT模型。InstructGPT旨在改进大语言模型（如GPT-3）在准确遵循用户指令方面的局限性，比如GPT-3有时会产生不真实、有害或无用的内容等。InstructGPT通过利用人类反馈的强化学习对GPT-3进行微调，使其更好地理解用户在各种任务中的意图指示，ChatGPT继承了InstructGPT的这项能力。除此之外，ChatGPT在InstructGPT的基础上还增添了交流，即Chat的属性。与传统的聊天机器人相比，ChatGPT能够更好地理解上下文，与用户进行连续对话，极大提升了用户的使用体验。

ChatGPT的训练过程包括两个阶段。第一阶段是在大型文本语料库上的预训练。最初，ChatGPT在一个多样化且广泛的文本数据集上进行预训练，这个阶段涉及无监督学习，模型通过学习预测句子中的下一个单词，从而理解语言模式、语法、上下文等。经过预训练后，模型进行监督式微调（Supervised Fine-Tuning，SFT）。在这个过程中，模型会在与其预期用途更加对齐的数据集上训练。SFT数据集分为两种，一种是通过OpenAI的用户采集得来的，另一种是由OpenAI雇佣并培训的40名数据标注人员完成的标注数据。通过引入人工标注的数据，ChatGPT拥有初步理解复杂指令的能力，从而提高回答质量。

---

① Brown T B, Mann B, Ryder N, et al. Language Models are Few-Shot Learners[EB/OL]. (2020-05-28)[2024-02-27]. https://arxiv.org/abs/2005.14165.

② 来源：https://openai.com/blog/chatgpt。

在这之后，模型将进入基于人类反馈的强化学习的第二阶段。这个阶段中，ChatGPT根据与人类训练者的互动对模型进行微调。训练者对模型的输出提供反馈，然后使用这些反馈来调整模型的行为。在此过程中，近端策略优化（Proximal Policy Optimization，PPO）算法发挥着关键作用。PPO是OpenAI于2017年提出的强化学习算法，它的实现步骤为：首先，从训练数据集中随机抽样一个新的问题；然后，利用第一个阶段微调后监督模型进行初步预测，之后利用第二个阶段训练的奖励模型对输出结果进行打分；最后，把奖励模型的输出作为奖励分数，依次传递产生策略梯度进行PPO模型参数的更新。

总的来说，GPT系列模型和ChatGPT在自然语言处理领域的发展中扮演了革命性的角色。GPT凭借其强大的语言生成和理解能力，为人工智能技术创造了新的可能性。而ChatGPT则在此基础上，通过更专注于交互式对话的优化，在实际应用中进一步优化了模型的表现和提升了用户体验。这两者的发展不仅展示了深度学习在理解和生成自然语言方面的巨大潜力，也为未来AI技术的发展方向提供了宝贵的启示。随着技术的不断进步和应用的不断拓展，我们可以期待GPT和ChatGPT在智能交互、信息检索、内容创作等领域实现更多创新和突破。

（3）基于编码器和解码器的大语言模型。

文本到文本传输转换器（T5）[1]和双向自回归转换器（BART）[2]都是基于Transformer的编码器和解码器架构的模型。

T5将各种自然语言处理任务统一为一个文本到文本的转换问题，无论是输入还是输出，均以文本字符串的形式呈现。该模型通过在大规模语料库上应用自监督学习方法进行预训练，其中部分文本片段被掩蔽，模型需预测这些被掩

---

① RAFFEL C, SHAZEER N, ROBERTS A, et al. Exploring the Limits of Transfer Learning with a Unified Text-to-Text Transformer[EB/OL]. (2019-10-23)[2024-02-27]. https://arxiv.org/abs/1910.10683.

② LEWIS M, LIU Y H, GOYAL N, et al. BART: Denoising Sequence-to-Sequence Pre-training for Natural Language Generation, Translation, and Comprehension[EB/OL]. (2019-10-29)[2024-02-27]. https://arxiv.org/abs/1910.13461.

蔽的文本。这一过程的目的是摒弃针对特定任务定制的模型架构，而采用统一的框架处理包括翻译、问题回答和文本摘要在内的多种任务。T5在众多基准测试中展现了其在文本分类、摘要编写、问题回答和翻译等任务上的卓越性能。

BART模型结合了双向编码机制（类似于BERT模型的双向编码器表示）和自回归解码机制（类似于GPT的生成预训练Transformer）。通过引入一种任意的噪声函数破坏输入文本，并训练模型重建原始文本。BART在文本生成任务中尤为有效，这得益于其编码器能捕获输入文本的深层语义表示，以及解码器能基于此生成连贯且与上下文相关的文本。因此，BART不仅在文本生成如摘要和文本补全等任务中表现出色，而且其丰富的编码器–解码器结构也使其在分类、转述和问题回答等理解任务上有着良好的性能。

1.4 国内外"大厂"在AIGC领域的布局

1.4.1 国外"大厂"在AIGC领域的布局

（1）先行者——微软。

早在AIGC时代开始之前，微软就已经开始在布局它的人工智能愿景。自2019年起，微软便与OpenAI展开合作，初始投资金额达10亿美元。2023年1月，微软宣布加大对OpenAI的投资力度，追加10亿美元投资以扩大合作。从此微软陆续发布AI大模型应用产品及服务，不断完善AI应用产品矩阵。微软在AIGC方面的布局体现在其将大型模型快速商业化，以及将GPT大模型与各类应用融合，比如：

①搜索引擎和浏览器。

微软将ChatGPT技术融进必应（Bing）搜索引擎和Edge浏览器，旨在彻底革新搜索与浏览体验。通过推出基于下一代OpenAI语言模型的新版必应，用户可以享受到更准确、更全面的搜索结果和对话式交互，极大地超越了传统的搜索方式。此外，微软特别开发的Prometheus（普罗米修斯）模型进一步提升了搜索质量，提供更加及时、相关的信息，并以自然语言回应用户查询。Edge浏览器通过整合ChatGPT，不仅增强了交互性，还拓展了其功能，如自动规划旅行、总结报告、比较文件等，甚至能帮助用户创作内容，提供定制化的写作建议。这些创新功能将Edge浏览器转变为一款多功能的AI工具，改变了用户获取信息和创造内容的方式，为网络探索与任务执行设立了新标准。

②办公套件。

Microsoft Copilot是微软推出的适用于Microsoft 365的一种AI驱动的生产工具。Copilot通过将大语言模型嵌入Microsoft 365应用，如Word、Excel、PowerPoint、Outlook、Teams等，提升了用户在工作中的生产力。比如当用户在使用由AI驱动的Word和PowerPoint时，Copilot能够撰写草稿，并能够通过聊天执行轻型命令，实现添加幻灯片、图片或进行幻灯片范围的格式更改等操作；再比如Teams，Copilot具有智能概述功能，可以自动生成会议笔记和会议重点，从而使会议和集体讨论更具创意和效率。

微软在数据处理、安全保护及模型开发等多个层面都构建了Copilot系统，致力于让其成为面向企业（B端）和个人用户（C端）的AI辅助工具。此外，微软还提供了针对不同用户和企业的定制化数据服务。在用户的安全和隐私保护方面，微软通过不断推进人工智能安全技术的发展，例如通过分析元数据中的信息来帮助用户识别图像是否由人工智能生成，从而强化了其在这一领域的布局。展望未来，用户可期待通过自然语言的交互方式，享受由AI提供的高效办公体验。

（2）重要贡献者——谷歌。

谷歌在大模型和人工智能研究领域工作的开展要早于微软，且其影响极为深远。在早期谷歌便推出了如BERT和Transformer这样的开创性模型，这些模型对后来的自然语言处理和深度学习产生了深远的影响。谷歌的研究重点广泛，覆盖了从自然语言处理、图像识别到生成模型等多个领域。除此之外，谷歌也积极投资可持续性和效率方面的研究，探索如何减少大模型训练的碳足迹和降低计算成本。接下来，我们将从大语言模型、搜索引擎、办公套件等方面看一看谷歌在AIGC领域的布局。

1）大语言模型。

除上文中提到的BERT、Transformer、T5等模型外，谷歌还贡献了其他大语言模型，包括Meena、LaMDA、PaLM、PaLM 2、悟道2.0、Bard、Gemini等。接下来对这些模型进行简要介绍：

①Meena：Meena是Google AI在2020年推出的聊天机器人，它是在包含400亿个单词的文本集上训练的。Meena可以进行自然和流畅的对话，并能够生成有创意和有趣的文本。尽管目前Meena的开发已经停止了，但其技术层面对后来的大语言模型，比如Bard都有一定的影响和启发。

②LaMDA：LaMDA是基于Transformer训练的大语言模型，于2021年发布。它拥有1370亿个参数，是当时参数规模最大的语言模型之一。LaMDA是Bard的前身，擅长详细地回答问题、理解语言的细微差别并进行对话。Google AI目前仍在对LaMDA进行开发和测试，未来有望开源。

③PaLM和PaLM 2：PaLM的出现是大语言模型规模和能力上的里程碑，训练PaLM需要5400亿个参数。PaLM在2022年推出，其在文本生成、翻译和问题解答等各种语言任务中表现出令人印象深刻的性能。随后，Google AI在2023年推出了PaLM的升级版PaLM 2。它能够理解不同国家的语言，中国、英国、日本、德国、法国等多国语言信手拈来，甚至一些生僻的俗语也能应对自如。PaLM 2在推理和事实语言理解等领域超越了PaLM和GPT-3。除此之外，PaLM 2还包含4个不同参数的模型，包括壁虎（Gecko）、水獭（Otter）、野牛（Bison）和独角兽（Unicorn），并针对特定领域的数据进行了微调，为企业客户提高执行某些任务的效率和质量。

④悟道2.0：悟道2.0是谷歌人工智能公司与北京智源人工智能研究院（BAAI）的一项合作成果。悟道2.0于2022年6月发布。它拥有1.75万亿个参数，是当时参数规模最大的中文语言模型。同时，它的训练数据高达4.9 T，能够用于文本生成、翻译、问答等任务。目前悟道2.0的代码和模型都已开源，研究人员和开发人员可以免费使用。

⑤Bard和Gemini：Bard是基于LaMDA构建的大语言模型，它继承了LaMDA的技术和能力，并在此基础上进行了改进和增强。Bard于2023年5月

发布。2024年2月，Bard进一步升级为Gemini。与Bard相比，Gemini参数规模更大（1.56万亿个），模型更复杂，能力更强。Gemini融入了多模态学习（Multimodal Learning），能够处理和理解文本、代码、图像、音频和视频等多种类型的数据。2024年2月，Gemini发布Gemini 1.5 Pro版本，不过目前该版本只提供给部分开发者和企业使用。值得一提的是，Gemini还使用了新的专家混合（MoE）架构。谷歌官方在介绍Gemini 1.5 Pro的时候着重强调了它的超长上下文处理和多模态能力，例如它可以直接从长达402页的阿波罗登月记录中推断对话、事件和其中的细节，展现了非常强大的推理能力和对超长上下文的理解能力。

2）搜索引擎。

谷歌也将AI融入了搜索引擎。跟Bing搜索引擎类似，用户搜索问题之后，搜索栏的下方会首先出现由AI提供的答案，以及与这个问题相关的图片、链接、视频等，并且用户可以进一步交互查询更多的信息，直至得到最需要的答案为止。不仅如此，谷歌搜索引擎还可以利用用户的浏览习惯来生成个性化的推荐，甚至能以对话的方式提供购买链接和基本信息。当用户打算通过谷歌搜索并购买一款产品时，AI不仅能够返回需要的产品链接，还能够为用户提供产品的摘要，包括所购买产品的特点、需要注意的事项、最新的用户评论等。

3）办公套件。

谷歌推出AIGC驱动的工具集Duet AI，其中包括代码助手、聊天机器人助手、AI搜索等功能。Duet AI与谷歌旗下产品生态有机结合，如Google Docs、Sheets、Slides、Gmail、Meet等。Duet AI与Google Docs、Sheets和Slides的结合能够根据用户提示词生成文档、表格和幻灯片。Duet AI赋能的Gmail也能够识别邮件主题，实现邮件的自动分类，甚至能给出智能化的回复。Duet AI与Meet结合则可以对会议的内容自动生成会议摘要，提供更加方便的会议记录和跟进功能。

（3）异军突起——OpenAI。

相比于微软和谷歌这样的老牌"大厂"，OpenAI还非常年轻。它成立于2015年，初始团队包括伊隆·马斯克（Elon Musk）和萨姆·奥尔特曼（Sam

Altman）。OpenAI最初是一家非营利性研究机构，致力于推动人工智能技术的安全和良性发展。其目标是确保人工智能技术能够造福全人类，并避免其潜在的风险。此外，OpenAI还将研发重点放在通用人工智能上，并将其开源，以确保所有人都能平等地获得这项技术。

然而，真正使OpenAI名声大噪的是其对大语言模型的开发。2022年11月，OpenAI发布了聊天机器人ChatGPT，发布仅五天用户量就达到了100万，之后仅用两个月用户量就破亿。一夜之间，国内外互联网上都在报道ChatGPT，ChatGPT也自此成为现象级产品，给AIGC带来了巨大的话题量和极高的关注度。其实早在2018年，OpenAI就发布了GPT-1模型，在此后的几年中，GPT不断进化。直至2024年3月，接入GPT-4的ChatGPT几乎代表了生成式人工智能对话机器人的最高水平。

除大语言模型外，OpenAI在多模态领域的生成式人工智能方面也做了大量开创性研究。

在图像生成方面，OpenAI在2021年和2022年分别发布了如今被人们所熟知的DALL·E和DALL·E 2，至2023年10月，DALL·E 3也可以在ChatGPT中使用。该系列模型可以根据文本描述生成逼真的图像，甚至可以根据简单的草图生成精美的艺术作品。

在代码生成方面，2021年发布的Codex是一个可以根据自然语言描述生成代码的模型，能够帮助人们更轻松地编写代码。其最知名的落地应用案例就是与微软合作推出的GitHub Copilot。

在音乐生成方面，OpenAI的MuseNet是一个可以根据文本描述生成音乐的模型。它不仅具有强大的生成能力，还具备较高的易用性，能够帮助音乐行业的从业者创作音乐作品，也有潜力帮助正在学习音乐的使用者。

2024年2月，OpenAI突破性地发布了Sora[1]，这款产品在几乎没有任何预告的情况下震撼亮相。Sora具备生成长达60秒高清视频的能力，其生成的视频真实程度极高，能够在较长的时间跨度内精准模拟重力、光学、碰撞等物理世界

---

[1] 来源：https://openai.com/sora。

的基本规律，在全球互联网上引发了的广泛关注。尽管Sora仍有待完善之处，但它无疑代表了当前图像生成技术的尖端水平。在生成式人工智能的舞台上，OpenAI如同一颗新星迅速崛起，短短几年间便取得了引人注目的成就。

除上述开创性的研究外，OpenAI也在积极推动人工智能技术的开放，并在开源和AI使用伦理方面做出努力。比如，早期OpenAI通过Gym和Baselines等项目，为强化学习算法的研究与比较提供了宝贵的工具与基准，促进了该领域的发展与进步。尽管随后对GPT-2模型的开源持谨慎态度，OpenAI仍然通过分阶段释放模型与代码，平衡了技术创新与安全使用的关系。与此同时，通过开放API服务，OpenAI降低了先进AI技术的使用门槛，使更多的开发者和企业受益。在AI使用伦理方面，OpenAI不仅致力于安全与伦理研究，还积极发布有关AI伦理、政策和社会影响的报告。

1.4.2 国内"大厂"在AIGC领域的布局

在ChatGPT等生成式人工智能技术的推动下，中国的AIGC市场正迅速兴起，吸引了资本的广泛关注，并增强了市场的信心。根据艾瑞咨询的预测，2023年中国AIGC产业的市场规模约为143亿元。随着行业进入大模型生态的培育期，未来几年将重点发展和完善底层算力和大模型商店平台等关键基础设施，这将为成熟技术和产品的对外输出提供强大支持。预计到2028年，中国AIGC产业的市场规模将激增至7202亿元，届时中国AIGC产业生态将更加稳固，技术价值在重点领域和关键场景中得以实现，逐步形成完善的服务（MaaS）产业生态。展望至2030年，中国AIGC产业的市场规模有望突破万亿元大关。

2023年，国内掀起了"百模大战"。在这一年涌现出许多包括自主研发大模型的行业领头羊，例如阿里巴巴、百度、腾讯、商汤科技等。这些企业凭借强大的技术实力和创新能力，正引领着中国AIGC产业快速发展。

（1）阿里巴巴。

阿里巴巴在2020年初就已经启动了中文大模型的研发工作，并在同年6月推出了一个拥有3亿个参数的基础模型。次年，阿里巴巴发布了国内首个超百亿参数的多模态大模型M6，以及能够媲美GPT-3的大语言模型PLUG。2023年4月11日，在阿里云峰会上，阿里巴巴发布了"通义千问"大模型，而到了同年10月，"通义千问2.0"问世，参数量已达千亿级别，在多项评测中，其综合性能超越了GPT-3.5，正迅速接近GPT-4的水平。此外，阿里巴巴还结合大语言模型技术，推出了八大产品模型，包括：通义灵码（智能编码助手）、通义智文（AI阅读助手）、通义听悟（工作学习AI助手）、通义星尘（个性化角色创作平台）、通义点金（智能投研助手）、通义晓蜜（智能客服）、通义仁心（个人专属健康助手）以及通义法睿（AI法律顾问）。阿里巴巴采取的策略是优先推出"产品模型"而非"行业模型"，期望吸引开发者和AI初创企业集成这些模型并开发应用，以实现在各个行业落地应用。

（2）百度。

2023年3月16日，国内首个大语言模型"文心一言"（ERNIE Bot）问世。其后一周，就有多家元宇宙营销公司宣布接入"文心一言"。除大语言模型外，百度还致力于CV大模型（VIMER-CAE、VIMER-UFO、VIMER-StrucTexT、VIMER-UMS）、跨模态大模型（ERNIE-ViLG 2.0、ERNIE-ViL、ERNIE-Layout、ERNIE-SAT、ERNIE-GeoL）以及生物计算大模型（HelixGEM-2、HelixFold-Single、HelixFold）的研发。同时，文心系列大模型也在积极与各行业相结合，合作行业范围包括能源、金融、航天、制造、传媒、影视等。合作单位和机构包括国家电网、浦发银行、国家航天局探月与航天工程中心、人民网、电影频道等。

（3）腾讯。

腾讯的AIGC布局开始得比较早，但尚未在产品端大规模推进，而是聚焦于模型的研发和训练阶段。早在2022年4月，腾讯就宣布了旗下"混元"模型在MSR-VTT、MSVD、LSMDC、DiDeMo和ActivityNet五大跨模态视频检索数据集榜单中先后取得第一名。2023年9月，腾讯推出了混元大模型（Tencent Hunyuan），该模型具备强大的中文创作能力以及在复杂语境下的逻辑推理能力，能够实现多轮对话、内容创作、逻辑推理和知识增强等功能。

（4）商汤科技。

商汤科技的AI战略布局始于2016年，公司以上海临港的商汤科技人工智能计算中心（AIDC）为核心，建立了超大算力中心。商汤科技专注于构建通用型AIGC模型，这些模型能够处理文字、语音、图片、视频和代码等多种模态的数据，并进行分析与内容创作。2023年4月，商汤科技推出了"日日新"（SenseNova）大模型体系，其中包括"秒画"（SenseMirage）文本到图像创作平台、"如影"（SenseAvatar）AI数字人视频生成平台、"琼宇"（SenseSpace）和"格物"（SenseThings）3D内容生成平台等。除此之外，"日日新"还为政府和企业客户提供了多种灵活的API接口和服务，如图像生成、自然语言生成、视觉感知通用任务及标注服务等。客户可以根据具体的应用需求，轻松调用"日日新"大模型的AI技术能力，以低门槛、低成本和高效率的方式实现多样化的AI应用场景。

除上述知名"大厂"入局AIGC外，一些新兴创业公司也在积极布局AIGC领域，如百川智能、智谱AI、月之暗面、西湖心辰、联汇科技等。截至2024年2月，国内现有大模型如表1-2所示。

表1-2　中国大模型总览

公司/学校名称	大模型	公司/学校名称	大模型
阿里巴巴	通义千问（Qwen-14B、Qwen-VL、Qwen-7B、Qwen-72B）、夸克大模型	国家超级计算天津中心	天河天元
百度	ERNIE 4.0、VIMER-UFO 2.0、ERNIE-ViLG 2.0	哈尔滨工业大学	本草、活字
百川智能	Baichuan-7B、Baichuan-13B	孩子王	KidsGPT
商汤科技	日日新（SenseNova）	恒生电子	LightGPT
第四范式	式说	虎博科技	TigerBot
腾讯	混元	华东师范大学	EmoGPT、EduChat
智谱AI	ChatGLM、CodeGeeX、CogView、VisualGLM-6B	华南理工大学未来技术学院	扁鹊、灵心（SoulChat）

续表

公司/学校名称	大模型	公司/学校名称	大模型
科大讯飞	星火认知大模型	华为+天津大学	海河·谛听
字节跳动	云雀、Grace	佳都科技	佳都知行
澜舟科技	孟子GPT	乐言科技	乐言
中国科学院	紫东太初	理想科技	大道（Dao）
昆仑万维	天工SkyAgents	理想汽车	Mind GPT
上海人工智能实验室	书生·浦语、书生·万卷、书生·天际、OpenMEDLab浦医	美亚柏科	天擎
粤港澳大湾区数字经济研究院	封神榜MindBot（"二郎神""姜子牙"）、太乙Stable Diffusion	麒麟合盛	天燕AiLMe
360	智脑、奇元大模型	清博智能	先问
复旦大学	MOSS	创新奇智	AInno−15B
浪潮信息	源2.0	北京语言大学	桃李
月之暗面	Moonshot、Kimi	电信智科	星河
维智科技	CityGPT	贝壳	BELLE
小i机器人	华藏	智子引擎	元乘象 Chatimg
星环科技	无涯、求索	清睿智能	ArynGPT
云知声	山海	赛灵力科技	达尔文
OpenBMB	CPM、CPM−Bee	上海交通大学	K2、白玉兰
艾写科技	Anima	上海科技大学	DoctorGLM
北京大学	ChatLaw	深思考人工智能	Dongni
超对称技术公司	乾元	数慧时空	长城
创业黑马	天启	拓世科技	拓世
达观数据	曹植	台智云	福尔摩斯FFM

续表

公司/学校名称	大模型	公司/学校名称	大模型
电科太极	小可	微盟	WAI
东北大学	TechGPT	西北工业大学+华为	秦岭·翱翔
度小满	轩辕	西湖心辰	西湖
香港中文大学（深圳）+深圳市大数据研究院	华佗GPT、凤凰	香港科技大学	罗宾Robin
硅基智能	炎帝	晓多科技+国家超算成都中心	晓模型（XPT）
容联云	赤兔	新华三（H3C）	百业灵犀
拓尔思	拓天	九章云极	元识
智慧眼	砭石	快手	KwaiYii
奇点智源	Singularity OpenAPI	联汇科技	OmModel
思必驰	DFM-2	鹏城实验室	鹏城·脑海
追一科技	博文Bowen	企查查	知彼阿尔法
云从科技	从容	实在智能	塔斯
网易伏羲	玉言、丹青	数说故事	SocialGPT

　　除开发大模型外，大模型在端侧的应用以及软硬件一体的结合，为我们带来广阔的应用场景，尤其是在手机拍照、多终端语音助手、机器人具身智能（机器人能够通过感知器和执行器与所处的环境进行实时互动，通常具备感知、认知、决策和行动的能力）等方面。大模型能够推动物联网应用的升级与进化。2023年8月，华为推出的鸿蒙4.0系统引入盘古AI大模型，赋能消费电子领域；小米也官宣其13亿个参数的手机大模型；OPPO则将与阿里云联合打造OPPO大模型基础设施。各大手机厂商纷纷入局轻量化手机大模型市场，旨在提升用户的全方位智能化体验。也许在不久的将来，大模型应用将成为用户体验变革换代的"新触点"。

1.5 AIGC在国内外教育界的应用现状

1.5.1 AIGC在国外教育界的应用现状

随着ChatGPT等生成式人工智能在教育领域的应用潜力逐渐展现，世界各国教育领域对待生成式人工智能的使用态度都有所不同，下面我们将介绍几个国家或地区对此作出的反应。

（1）美国。

美国对待像ChatGPT之类的生成式人工智能在教育领域的使用态度比较审慎。教育领域内的专家认为生成式人工智能技术可能会影响学生的创造力，从而降低学术水平和质量，因此美国的部分高校如纽约大学、西雅图大学、罗格斯大学和马里兰大学等都明确禁止学生在课堂作业和考试中使用生成式人工智能。但也有部分高校（如麻省理工学院、哈佛大学、普林斯顿大学和哥伦比亚大学等）认为，ChatGPT等生成式人工智能可以作为一种学习工具，可以帮助学生提高学习效率。

2023年7月，美国教师联合会（AFT）通过了一项关于人工智能的决议，呼吁以合乎道德的方式开发和使用社交媒体、生成式人工智能和机器学习模型。在之后通过的一项决议中，AFT理事会成员同意迈出第一步，学习人工智能法律和监管方面新出现的最佳实践，并直接与行业领导者合作制定保障措施。除了支持开发和使用对教育工作者和学生有益的人工智能工具外，该决议还呼吁保护教育工作者和学生的数据隐私。在信息素养方面，该决议建议为教育工作者提供有关人工智能的培训和教育，并倡导制定有利于教育工作者和学生的人工智能政策。该决议是AFT首次就人工智能问题表明的正式立场，得到了教育工作者和技术专家的广泛支持[①]。在具体措施方面，美国教师联合会在2023年10月与人工智能识别平台GPTZero签署了一项协议。该平台提供的工具可以识别ChatGPT和其他人工智能生成的内容，从而帮助教育工作者控制或至少监控

---

① LICITRA A. AI resolution aims to help build 'guardrails' [EB/OL]. (2023-06-07) [2024-02-27]. https://www.aft.org/news/ai-resolution-aims-help-build-guardrails.

学生对新技术的依赖①。

（2）欧洲。

欧洲对数据安全和隐私保护一直都比较重视。2018年5月25日颁布的《通用数据保护条例》（GDPR）②可以说是史上最严格的数据安全保护法案。但是对于生成式人工智能在教育领域的使用，欧盟的整体态度比较积极。欧盟委员会认为，生成式人工智能可以为教育带来许多潜在的好处，例如个性化学习、创造性表达和科学探究。欧洲各国也推出了不同的措施以推动人工智能在教育领域中的应用。

芬兰无疑是将生成式人工智能技术引入教育领域的先行者之一，该国承诺通过免费的在线课程为全民提供教育。由芬兰图尔库大学研发的ViLLE学习协作平台，凭借其提供的个性化学习路径和学习进展分析的功能以及引入的游戏化学习机制，显著提高了学生的参与度和学习成绩③。目前，约一半的芬兰学校采用了ViLLE平台，它能为学生和教师提供实时反馈及作业分析。此外，一个由国际研究人员和企业共同参与、由跨学科团队牵头的"学习中的人工智能"（AI in Learning）项目，也致力于提升芬兰及全球的学习公平性和质量④。该项目就AI在教育中的伦理使用，以及这些技术如何优化教学方法等议题发表了众多学术论文。该团队目前正在开发和测试一个智能数字系统，旨在评估学生健康，并将分析的结果反馈给学生及教育工作者。以上举措体现了芬兰在教育领域内应用AI技术的创新实践。

在数据隐私和安全方面，欧盟国家确实有担忧。比如意大利在2023年3月31日发布通知，宣布暂时禁止使用ChatGPT，并限制OpenAI处理意大利用户信息。然而，在OpenAI采取一系列措施，比如更新ChatGPT的隐私政策、为

---

① CERULLO M. American Federation of Teachers partners with AI identification platform, GPTZero[EB/OL]. (2023-10-17)[2024-02-27]. https://www.cbsnews.com/news/gptzero-ai-detector/.

② 来源：https://gdpr-info.eu/。

③ 来源：https://en.learninganalytics.fi/ville。

④ 来源：https://blogs.helsinki.fi/ai-in-learning/。

ChatGPT添加年龄验证功能以及加强对ChatGPT的安全措施后，意大利于2023年4月23日解除了对ChatGPT的限制。尽管如此，意大利仍强调在使用生成式人工智能时，应确保生成式人工智能工具的安全性和可靠性，防止生成式人工智能工具被用于作弊或学术剽窃，以保护学生的数据隐私。

总体来说，欧盟对人工智能在教育领域的应用持积极态度。欧盟委员会发布的相关战略和一系列措施，正确保人工智能技术以负责任的方式开发和使用，并为所有学习者带来益处。

除美国和欧洲外，一些亚洲国家也在出台政策和措施，积极融入生成式人工智能进入教育领域的浪潮。

（3）新加坡。

新加坡的"智能国家"①战略致力于到2030年将国家打造成为人工智能全球领导者，这一宏伟目标的实现将依托于研究人员、政府与行业之间的紧密合作。战略中的核心内容之一是利用人工智能技术升级教育体系，特别是为有特殊需求的学生提供更加个性化和优质的教育方案。人工智能辅助工具的引入，旨在为学生提供量身定制的反馈和激励，实现自动评分，并通过机器学习系统深入了解学生对课程内容和活动的学习情况。

此外，由新加坡人工智能协会主导、智能国家和数字政府办公室支持的人工智能教育技术中心（AICET）②与教育部的合作，催生了一系列旨在优化教育系统的项目。新加坡国立教育学院（NIE）作为"AI@NIE"五年计划的一部分，正致力于投资研究与创新，探索人工智能在教育领域的应用。上述这些举措展现了新加坡将人工智能技术融入教育创新与发展中的前瞻思维与实践努力。

（4）韩国。

韩国正在积极运用人工智能技术，推动教育体系的现代化发展。韩国已经部署了基于人工智能的系统，旨在根据学生的学习水平、兴趣和行为模

---

① 来源：https://www.smartnation.gov.sg/files/publications/national-ai-strategy.pdf。

② 来源：https://www.aicet.aisingapore.org/。

式，个性化地定制家庭作业和练习。通过这种方式，每位学生都将拥有一位个性化的人工智能辅导员，并能够利用在线学习平台学习。这不仅使学生受益，也让教师有更多的时间和精力专注于培养学生的社会情感技能和实践能力。

韩国教育部部长指出，为了打破目前公立学校教育中普遍存在的死记硬背的学习模式，像私立学校那样提供更为个性化和深入的学习体验，这些变革势在必行。他预期，未来学生的评估将不再仅仅局限于课程结束时的考试，而应贯穿于日常学习的全过程。为了实现这一目标，韩国正大力投资学生的人工智能教育。到2025年，韩国计划将人工智能教育纳入从高中开始的全国所有年级的课程体系中。韩国教育部下属的教育和科研信息服务部门[①]正致力于设计和试点实施面向教师的广泛培训计划，以人工智能和其他技术为重点。此外，教育部旗下的未来教育中心[②]提供了示范教室，让参观者有机会亲身体验先进技术在教育中的应用。上述这些举措展示了韩国在融合人工智能技术与教育创新方面的领先步伐。

（5）印度。

在印度，教育科技公司EMBIBE[③]利用人工智能阐明复杂的数学和科学概念。学生利用智能手机扫描教科书中的段落，该公司的EMBIBE Lens应用程序便能建立三维图像帮助学生直观理解。此外，印度还利用人工智能预测学生成绩，以便及早干预。

1.5.2　AIGC在国内教育界的应用现状

自ChatGPT问世后，AIGC在国内教育界的应用势头也非常猛烈，同时受到了教育部门和各大教育机构的关注。

在高校方面，清华大学和北京大学纷纷成立了人工智能研究院，并开发了人工智能概论、机器学习等相关课程。此外，校企合作也是推动AIGC融入教

---

① 来源：https://www.keris.or.kr/eng/cm/cntnts/cntntsView.do?mi=1172&cntntsId=1321。

② 来源：https://www.keris.or.kr/eng/cm/cntnts/cntntsView.do?mi=1196&cntntsId=1338。

③ 来源：https://www.embibe.com/。

育领域的重要方面，如浙江大学、上海交通大学和华南师范大学分别与阿里巴巴、腾讯和百度合作开发AI教育教学平台。由高校主导或参与研发的用于教育或科研的大模型集中在2023年涌现，如表1-3所示。

表1-3　由高校主导或参与研发的用于教育和科研的大模型一览

高校	大模型	应用领域
复旦大学	MOSS	科研
东北大学	TechGPT、PICA	科研
中国科学院计算技术研究所	百聆	科研
华东师范大学	EmoGPT、EduChat	教育
北京语言大学	桃李	教育
香港科技大学	罗宾Robin	科研
天津大学	海河·谛听	科研
清华大学	NowcastNet	科研
武汉大学	CheeseChat	科研

教育机构则联合科技巨头，试水中国版"教育GPT"的开发。国外在此方面比较著名的是Khanmigo，它是美国在线教育机构可汗学院于2023年推出的基于人工智能的学习工具，旨在帮助学生学习数学、科学和人文等学科。Khanmigo使用自然语言处理技术来理解学生的学习需求，并提供个性化的帮助。此外，它还可以生成练习题目和详细解释，并提供实时反馈。受其启发，在其发布两周后，网易有道、学而思、科大讯飞等企业纷纷宣布要入局"教育GPT"的开发。截至2024年2月，国内已涌现出大量用于教育这一垂直领域的模型，如表1-4所示。

表1-4　中国企业发布教育大模型一览

企业	大模型	发布时间
好未来	MathGPT	2023年
网易有道	子曰	2023年
清睿智能	ArynGPT	2023年
孩子王	KidsGPT	2023年
作业帮	银河	2023年

　　除了上述专用于教育的大模型外，科大讯飞的"星火大模型"也明确提出将通用大模型的能力融入学习机的想法。这些大模型的发布，标志着人工智能技术在中国教育领域的应用进入加速发展时期。未来，随着人工智能技术的不断发展，教育类大模型将会在教学、学习、评价等多个环节发挥更加重要的作用，为中国教育带来更多新的可能性。

　　在这一轮AI教育热潮中，国内教育企业表现尤为亮眼。从全球视角来看，中国宣布投入AIGC+教育的机构和企业数量最多，且计算机视觉、教育数据挖掘等核心技术已达到国际一流水平。但在新一轮AI教育竞赛中，"追赶"成为关键词。业内普遍共识是，OpenAI的ChatGPT和GPT-4已与同类大模型产品拉开了一个档位的差距。训练大模型在硬件投入和维护成本上动辄数亿美元的资金投入，也足以让大量后入局者望尘莫及。面对这些壁垒，中国版的教育GPT的发展路径分为两条：科技巨头研发通用大模型，并面向教育应用落地；教育龙头企业研发垂直大模型，力争在特定领域深耕细作。

1.6　AIGC与我国科学教育导向及相关政策

　　在我国，教育者们对生成式人工智能融入教育领域看法不一，有的建议禁止使用，有的主张改变课程和评估方式。不过，大多数人都认为应尽早接受生成式人工智能，并采取必要措施防止其被滥用，如在教育和研究中作弊。

　　香港的高校对ChatGPT等生成式人工智能的态度趋于谨慎。2023年2月，仅在ChatGPT问世3个月后，香港大学就明确禁止学生在任何涉及学分的活动中使用ChatGPT或其他AI工具，除非获得课程讲师的书面许可。违反规定的学生将被视为抄袭。香港浸会大学虽未发布明确禁止使用ChatGPT的规定，但在一份声明中，该学校表示希望学生在学术探究和创作中适当利用该技术，并强调任何声称非原创作品属于自己的行为都会被视为抄袭。其他香港高校对ChatGPT的态度也类似，例如，香港中文大学已成立委员会，于2023年下半年审视并制订相关政策；香港城市大学表示，由于评估需要时间，学校尚未就该问题做出决定。香港的高校采取这些措施的原因是担心学术诚信问题，以及学生可能会过度依赖这些工具，从而阻碍其知识理解和问题解决能力的发展。

而内地的高校对生成式人工智能进入教育领域的态度是积极而谨慎的。学者们普遍认为，人工智能可以为教育带来很多潜在的好处，但也存在一些潜在的风险。因此，高校在积极探索生成式人工智能在教育领域的应用的同时，也要注意防范相关的风险。例如，武汉理工大学校长杨宗凯强调，我们需要批判性地审视基于生成式人工智能的教育变革，虽然生成式人工智能的使用能为教育带来积极的改进，但学者不应盲目接受技术驱动的效率。此外，他指出生成式人工智能还将为未来教育带来诸如人机冲突、知识操纵、数字鸿沟和超越现实等挑战[①]。在社交媒体中，公众对"ChatGPT+教育"的整体态度也比较积极。研究显示，公众对"ChatGPT+教育"的认识中，占比最高的是"ChatGPT能够成为教师教学的好助手"[②]。

近年来，我国政府通过一系列政策文件，明确表明了对人工智能赋能教育的重视和支持。这些政策不仅为AI技术在教育领域的应用提供了方向指引，也为构建智能化、个性化的新型教育模式奠定了基础。2017年，《新一代人工智

---

① LIU M, REN Y L, NYAGOGA L M, et al. Future of education in the era of generative artificial intelligence: Consensus among Chinese scholars on applications of ChatGPT in schools[J]. Future in Educational Research, 2023, 1(1): 72-101.

② 刘天丽，杨现民，李康康，等. 社会公众如何看待"ChatGPT+ 教育"?：基于国内主流开放社区的文本分析 [J]. 现代教育技术，2023, 33(10): 14-23.

能发展规划》①的发布，标志着我国对于人工智能在教育领域应用的宏观规划和战略布局正式启动。该规划提出构建智能学习、交互式学习的新型教育模式体系，明确推动人工智能在教学、管理、资源建设等全流程的应用，并在中小学设置人工智能课程。这一政策的实施，无疑为教育现代化和信息化建设指明了方向，促进了教育领域与AI技术的深度融合。2018年《教育信息化2.0行动计划》②的发布，进一步强调了以学习者为中心的智能化教学支持环境的建设，推动了教学方法的改革。此外，2019年的《中国教育现代化2035》和《2019年教育信息化和网络安全工作要点》③则从数字教育资源共建共享、教育治理方式变革以及人工智能教育专业建设等方面，为AI赋能教育的实践提供了更为明确的指导和支持。特别值得一提的是，教育部在2020年④和2021年⑤连续发布的通知中，不仅明确了人工智能、数据科学与大数据技术等将作为新增备案专业，还推进了人工智能助推教师队伍建设试点工作，这些举措无疑将在培养未来的AI人才、提升教师队伍建设等方面发挥重要作用。

这一系列政策的出台，体现了我国政府对于利用AI技术推动教育现代化、实现教育公平和提高教育质量的高度重视，为AI赋能教育的发展创造了良好的政策环境和发展空间。通过推动AI技术与教育的深度融合，不仅可以促进教学方法和教育资源的创新与优化，还有助于培养学生的创新能力和实践能力，为

---

① 国务院.国务院关于印发新一代人工智能发展规划的通知[EB/OL].（2017-07-08）[2024-02-19].https://www.gov.cn/zhengce/content/2017/07/20/content_5211996.htm.

② 教育部.教育部关于印发《教育信息化2.0行动计划》的通知[EB/OL].（2018-04-18）[2024-02-19]. http://www.moe.gov.cn/srcsite/A16/s3342/201804/t20180425_334188.html.

③ 教育部办公厅.教育部办公厅关于印发《2019年教育信息化和网络安全工作要点》的通知[EB/OL].（2019-03-01）[2024-02-19]. http://www.moe.gov.cn/srcsite/A16/s3342/201903/t20190312_373147.html.

④ 教育部.教育部关于公布2019年度普通高等学校本科专业备案和审批结果的通知[EB/OL].（2020-02-25）[2024-02-19]. http://www.moe.gov.cn/srcsite/A08/moe_1034/s4930/202003/t20200303_426853.html.

⑤ 教育部，中央组织部，中央宣传部，等.教育部等六部门关于加强新时代高校教师队伍建设改革的指导意见[EB/OL].（2021-01-04）[2024-02-19]. http://www.moe.gov.cn/srcsite/A10/s7151/202101/t20210108_509152.html.

学生未来的成长和发展奠定坚实基础。未来，随着这些政策的深入落实，预期将进一步推动教育领域的智能化变革，为构建高质量、高效率、公平可及的现代教育体系作出更大贡献。

2

AIGC对教与学的影响

　　每一次技术变革都伴随着社会的深度变革。当前，科技的迅猛发展和人工智能技术的快速渗透正在对各行各业产生深远影响。AIGC正在逐步改变社会对人才的需求和定义，并对教师和学习者产生重大且深远的影响。本章主要阐释AIGC对教与学的影响，具体体现在AIGC刷新人才定义、AIGC对教师的影响以及AIGC对学习者的影响。

2.1　AIGC刷新人才定义

　　与传统时代相比，AI时代对人才提出了新的需求，需要人才具备创新思维、批判性思维和问题解决等关键能力，进而促使人才更好地适应这个充满挑战和机遇的时代。因此，我们需要重新审视教育，以确保培养出能够适应新时代要求、顺应新时代发展需求的人才。

2.1.1　传统时代的人才定义

　　众所周知，人才的定义一直跟随着时代的改变而改变。在人类历史的漫长进程中，我们大致能够将其划分为以下几个时代：远古时代、农业时代、工业时代[①]和信息时代。随着社会的发展和变化，每个时代都有其独特之处，对人才的需求和定义也在不断变化。每一个时代都需要与之匹配的新型人才来适应

[①]　刘义勇. AIGC重塑教育：AI大模型驱动的教育变革与实践 [M]. 北京：机械工业出版社，2023：33-34.

和推动社会发展。

（1）远古时代。

这是人类历史的最初阶段，在这个时代，人类面临着严峻的生存挑战。他们主要使用石器作为工具，依靠狩猎和采集为生。因此，人才主要被认为是身体强壮、能够捕猎和保护部落的人。例如，那些擅长制作工具和武器，或是在觅食和狩猎方面具有特殊技能的人，都备受欢迎。

（2）农业时代。

在农业发展的推动下，人类开始从游牧生活转向定居生活，逐渐形成了稳定的社会结构。人们开始大规模种植粮食，也越来越重视农业技术的改进和粮食产量的提高。同时，随着社会结构的复杂化，人们对社会管理和组织的需求也日益增长。因此，人才主要被认为是熟悉并能够改进农业技术、提高粮食产量的有技能的人，以及懂管理和组织的人。他们不仅能够保障部落的物质需求，还能够保证社会结构的稳定和有序发展。例如，黄帝时代的神农氏就是一个典型的人才。他不仅传授了农耕技术，使人们能够通过种植粮食来维持生活；还尝试百草，找出了许多有药用价值的草药，教导人们利用这些草药治病，对提高部落的生存能力和生活质量起到了重要作用。

（3）工业时代。

工业革命的到来标志着人类社会进入了一个全新的时代。在这个时代，人类从手工劳动转向了机械化生产，掌握技术的人开始受到重视。因此，人才主要被定义为具有深厚的专业知识和技能的人，如能够设计、改进机器并提高生产效率的工程师和科学家等。例如，亨利·福特是美国的一位伟大的工业家和发明家，他发明了流水线生产方式，这一创新极大地提高了生产效率，降低了生产成本，使得汽车等商品能够大规模生产并普及到普通家庭。

（4）信息时代。

20世纪的科技革命带来了知识的大爆炸，人类迈入了信息时代。在这个时代，信息和知识变得尤为重要，对掌握丰富知识和专业技能的人才的需求日益增长。因此，人才主要被认为是能够掌握和应用信息技术、具有创新意识和解决问题能力的人。例如，比尔·盖茨是微软公司的创始人，他的创新思维和卓越技术使得微软成为全球最大的个人电脑操作系统供应商，从而推动了信息技术的发展。又如，谷歌的创始人拉里·佩奇和谢尔盖·布林通过创新的搜索引擎技术，改变了人们获取和利用信息的方式。他们的贡献对于信息时代的形成和发展具有重要意义。

2.1.2　AI时代的人才新需求

人才是创新的第一资源。整体来说，在AI时代，一些机械性的、可重复的脑力或体力劳动将被人工智能或机器人取代。但与此同时，AI时代也将催生全新的人才需求。正如《与机器人共舞》一书中所提到的：互联网行业，每使一个岗位消失，会新创造出2.6个岗位；未来每部署一个机器人，会创造出3.6个岗位[①]。而一项全球评估显示，到2030年，30%的工作活动能够实现自动化[②]。

在AI时代，人才需求正在经历深刻的变革。虽然传统的知识和技能仍然重要，但这已经无法满足AI时代的新需求。相反，新的技术和能力，如数据分析、机器学习、深度学习和自然语言处理等，正变得越来越重要。这些新的技术和能力，不仅需要深厚的理论知识，也需要实践经验和创新思维。与此同时，AI时代也为人才提供了新的机遇，人才不再受地域和国界的限制。只要人才有足够的能力和技能，他们就有可能在全球范围内找到适合自己的工作和发展机会。这为人才提供了更广阔的发展空间，也对人才提出了更高的要求。

AIGC对传统人才需求的变革是一个深刻的过程，且涵盖了技术、创意和行业知识等多个方面。主要体现在：

（1）技术熟练度的提升。传统内容创作者通常以文学素养、编辑技巧和行业知识为主，技术技能相对次要。而AI时代要求人才具备深厚的技术熟练度，包括对自然语言处理、机器学习和深度学习等技术的理解和应用能力。创

---

① 舒圣祥．新经济孵化参差多态的新就业 [N/OL]．工人日报，2017-09-20[2024-03-28]. https://www.workercn.cn/papers/grrb/2017/09/20/3/news-4.html.

② McKinsey Global Institute. Generative AI and the future of work in America[R/OL]. (2023-07-26)[2024-03-28]. https://www.mckinsey.com/mgi/our-research/generative-ai-and-the-future-of-work-in-america#/.

作者需要能够有效地使用AIGC工具和平台，与技术进行更深层次的交互。

（2）行业专业知识的整合。传统行业需要专业人士具备深厚的行业知识，以确保生成的内容符合特定领域的标准和要求。而AI时代对人才提出了更高的要求，他们需要在行业专业知识基础上整合技术。AI内容创作者不仅要了解技术，还需了解相关领域的术语、规范和趋势，以确保生成的内容与行业背景相契合。

（3）自动化对工作方式的改变①。传统创作者通常采用手工创作方式，工作效率相对较低。而AIGC引入自动化，使得内容创作的效率大幅提升。人才需要适应自动化工具的使用，并思考如何与这些工具协同工作，发挥创作者独特的价值。

（4）创意思维的重要性②。传统创作者强调独特的创意思维和人文素养，技术通常是辅助手段。而AIGC并不会取代创作者的创造性，反而强调了创意思维在内容生成过程中的核心地位。人才需要在AIGC的基础上注入独特的见解、风格和创意，使生成的内容更加富有个性和品位。

（5）持续学习的必要性③。传统人才通常在专业领域建立了一定的知识体系，但持续学习相对较少；而技术的快速发展要求人才具备持续学习的能力，不断跟进新的AIGC技术和算法。

而从岗位需求的角度来看，AI时代对人才的新需求主要体现在两个方面：一是AI相关的新行业带来新的职位需求，二是传统行业旧岗位的AI转型或升级的新需求④。

（1）AI相关的新行业带来新的职位需求。

AI的到来必定会产生一些新职位，由此催生新的人才需求。这些职位有些

---

① 常江. 自动化的困境：AI、数字媒体生态与"后人类"的未来 [J]. 新闻界，2024(2)：25–33，85.

② 娄永琪. AIGC 时代，创意何去何从 [J]. 艺术设计研究，2023(6)：5–12.

③ 倪闽景. 从学习进化的视角看 ChatGPT/ 生成式人工智能对学习的影响 [J]. 华东师范大学学报（教育科学版），2023，41(7)：151–161.

④ 刘湘丽. 人工智能时代的工作变化、能力需求与培养 [J]. 新疆师范大学学报（哲学社会科学版），2020，41(4)：97–108.

已经被业界认可，有些可能业界还没意识到。新的职业需求主要包括：

①对AI研发人才的需求。随着AI技术的广泛应用，对AI研发人员的需求正在增加，包括AI工程师、数据科学家、机器学习工程师、深度学习工程师等。这些岗位需要研发人员具备深厚的理论知识和实践经验，如编程、统计学、机器学习、深度学习、自然语言处理等。

②对数据分析人才的需求。在AI时代，数据已成为一种重要的资产，从而极大增加了对数据分析师的需求量。数据处理和分析的能力变得日益重要。这不仅涵盖了对大数据的理解和处理，还包括了统计学和机器学习算法的应用，以及编程和软件开发等技能。数据分析师不仅需要掌握基础的统计和编程知识，还需要理解和应用机器学习和深度学习等先进技术。

③对AI产品运营人才的需求。随着AI产品的不断升级，对AI产品运营人才的需求也日益凸显。AI产品运营人才需要理解AI技术，同时也需要洞察市场需求和用户需求。他们需要协调技术团队和业务团队，以确保AI产品的开发和营销能够顺利进行。

④对AI教育和培训人才的需求。随着AI技术的广泛应用，对AI教育和培训人才的需求也在增加，包括AI教师、AI培训师、AI课程设计师等。这些岗位不仅要求人才对AI技术有深入的理解，还要求其掌握教育学和培训的方法。

⑤对AI伦理和法规人才的需求。随着AI技术的发展，相关的伦理和法规问题也越来越突出。因此，对AI伦理专家和AI法律专家的需求也在不断增加。这些专家需要对AI技术有全面了解，同时也需要精通伦理学和法律。

⑥对AI健康保健人才的需求。AI正在健康保健领域快速发展，在这个领域需要的人才包括AI医生、AI护士、AI治疗师等。这些专业人员需要理解AI技术，同时也需要掌握医学知识。

（2）传统行业旧岗位的AI转型或升级的新需求。

随着AI技术对各行各业的广泛渗透，传统行业的旧岗位也在经历着深刻的变革，正在或即将经历人工智能化的转型与升级，新的需求由此应运而生。AI转型或升级的新需求主要包括：

①对数据技能的需求。无论是制造业、零售业还是金融业，数据都正在成

为一个重要的资源。因此，对于能够收集、处理和分析数据的技能需求正日益增加。例如，销售员需要了解如何使用数据来优化销售策略；生产经理需要了解如何使用数据来优化生产过程。

②对理解AI的需求。随着AI技术的广泛应用，对理解AI的能力需求也在持续增加。例如，医生需要理解AI在医疗诊断中的应用；教师则需要理解AI在教育中的应用。这不仅需要理解AI的基本原理，还需要理解AI的能力和局限性。

③对人机协作能力的需求[①]。在AI时代，人和机器的协作将越来越常见。因此，对于能够有效地与AI和机器人协作的能力的需求正在增加。例如，仓库工人需要学会与机器人协同来完成任务；客服人员则需要了解如何与AI聊天机器人协作来服务客户。

以技能人才为例，高技能人才是促进产业升级、推动高质量发展的重要支撑。习近平总书记指出，"工业强国都是技师技工的大国，我们要有很强的技术工人队伍"。那么，AI时代需要怎样的技能人才？针对这个问题，《光明日报》曾在2019年发表过湖南省社会科学院智库办主任周湘智的看法[②]：面对人工智能来袭，什么样的技能人才能够赶上时代的列车？结合人工智能的技术本质与劳动力特征，可以认为，人工智能时代的合格技能技术人才必须实现从态度到实践、从理念到行为、从内在到外在的全面跃迁，在理念层面、专业层面和实践层面掌握与机器竞争、对话、合作的能力。具体体现在：有工匠精神的"螺丝钉"、有真才实学的"金刚钻"以及有进取意识的"学习者"。

2.1.3　AI时代人才的关键能力

随着人才新需求的出现，我们需要重新审视AI时代的教育。对学习者来说，需要具备哪些关键能力才能更好地适应AI时代，已经成为教育界和社会的

---

①　严奕峰，丁杰，高赢，等. 生成式人工智能赋能数字时代育人转型 [J]. 开放教育研究，2024，30(2)：42-48.

②　周湘智. 人工智能时代需要怎样的技能人才 [N/OL]. 光明日报，2019-10-20[2024-03-28]. https://news.gmw.cn/2019-10/20/content_33247540.htm.

关注焦点。AI时代人才需具备的关键能力包括学习力、创造力和敏锐力[①]。

（1）学习力。

AI时代技术迅猛发展，学习力已成为最需要关注和培养的能力之一。学习力是指个体获取、理解、记忆新知识，并将其应用于实践的能力，是个体适应环境、解决问题、实现自我发展的重要能力，涉及自主学习、主动探索、跨学科学习、反馈与自我调整等。这对于我们在AI时代保持竞争力，不断适应新的知识和技术发展非常重要。

学习力包括两个方面：快速学习和持续学习。其中，快速学习是指个体能够迅速吸收和掌握新知识和技能的能力。快速学习能力使得个体能够在短时间内适应新的任务或环境，提高学习和工作效率。而持续学习是指个体在整个生命周期中都保持学习的态度和行为，不断地更新和扩展知识和技能。持续学习能力使个体能够适应知识和技术的快速更新，实现终身发展。

在AI时代，学习力的重要性正在变得越来越明显，主要有以下几个原因：

第一，知识和技术更新速度快。AI时代的知识和技术更新速度非常快，今天的新知识可能明天就过时了。因此，个体需要快速学习新的知识和技术，才能跟上时代的步伐。同时，个体也需要持续学习，才能适应知识和技术的持续更新，不被时代所淘汰。

第二，工作岗位和职业需求变化大。AI和自动化技术正在改变各行各业的工作岗位和职业需求。一些传统的岗位可能会消失，一些新的岗位可能会出现。个体需要快速学习新的技能，才能适应新的岗位需求。同时，个体也需要持续学习，才能适应职业需求的持续变化。

第三，生活和工作环境复杂多变。AI时代的生活和工作环境复杂多变，个体需要快速学习新的知识和技能，才能理解和适应这些变化。同时，个体也需要持续学习，才能适应环境的持续变化，解决各种问题。

第四，个人发展和竞争压力大。与传统时代相比，AI时代的个人发展和

---

① 刘义勇. AIGC重塑教育：AI大模型驱动的教育变革与实践 [M]. 北京：机械工业出版社，2023：40.

竞争压力都很大。个体需要有强大的学习力，才能不断提升自己，实现自我价值。

下面我们以两个场景为例，进一步说明学习力的重要性。

场景一：是否使用AIGC个性化学习系统。

某大学有两名同学：A和B。A是一名具备很强的快速学习能力的学习者，而B则不具备这一学习能力。当他们所在的大学引入了一个新的AIGC个性化学习系统的时候，A积极主动地将其应用到课程学习中。A花费时间快速学习该系统，边学边用，在实践中不断摸索该系统的功能和作用。凭借自身的快速学习能力，A很快就掌握了如何在课程学习中应用这个性化学习系统。由此，A能够利用该系统的优势而实现个性化的学习，进而更好地帮助自己理解和应用新知识。最终，A在各门课程中表现优秀。相比之下，B因为害怕改变而抗拒新事物，一直拒绝使用该个性化学习系统，甚至认为该系统是不必要的。结果，B花费了比A更多的时间和精力，但却并未取得预期的效果。

场景二：是否使用AIGC备课平台。

有两名大学教师：C和D。C是一名拥有很强的持续学习能力的教师，而D则墨守成规。在面对新出现的AIGC备课平台时，C积极主动，在日常的教学过程中持续学习和探索这个新的备课平台，花时间去了解平台的各种功能，尝试使用这个平台来备课和教学。凭借自身的持续学习能力，C很快就掌握了平台的使用方法。C发现这个平台能够帮助她更有效地备课，节省了大量的时间。同时，这个平台还提供了丰富的教学资源和个性化的教学建议，这使C的教学内容更加丰富和个性化。C的教学效果得到了显著提高，得到了学习者和同事的高度评价。相比之下，D对新的AIGC备课平台持保守态度。D坚持使用传统的备课方法，没有尝试使用新的备课平台。因此，D在备课时需要花费大量的时间和精力，而且D的教学内容和方法也比较单一。虽然D的教学水平还算合格，但D的教学效果和教学效率都没有C高。

（2）创造力。

AI时代对创新提出新的要求，创造力已经成为又一个亟须我们关注和培养的核心能力。创造力是人类区别于其他生物的重要特征，也是人类社会进步和发展的重要动力。创造力是指个体产生有价值想法的能力，是个体解决问题、提出新观点、开发新产品的关键能力，涉及想象力、思维灵活性、问题解决能力等。在AI时代，我们需要创造力来发现新的问题，提出新的解决方案，创造新的价值。

创造力包含两个方面：创新思维和执行力。其中，创新思维是指个体能够提出新颖、独特的想法的能力。它使我们在面对问题和挑战时，能够跳出常规思维，提出新的解决方案，从而提高解决问题的效率。而执行力是指个体将新的想法付诸行动，将想法变为现实的能力。它确保我们的创新想法不是仅停留在理论层面，而是能转为实际行动，进而创造真正的价值。

在AI时代，我们正面临着前所未有的机遇和挑战，创造力的重要性由此正在变得越来越突出。这是因为：

第一，AI技术能够提供丰富的学习资源和创造工具，例如关于某主题的多样化的信息和完成特定任务的各类AI辅助工具。这些不仅有助于激发我们的创造力，还使我们能够借助AI的优势来扩展知识和思维的深度与广度。

第二，AI技术还能与我们协同工作，共同完成一些复杂或需要专业技能的创造性任务，如创作音乐、绘制艺术品、编写代码等。这种人机协同创新模式，将为我们的创新活动开辟新的可能，提升我们的创造力[①]。在这一过程中，我们能够发挥自己的优势，如丰富的情感、个人的价值观和道德观，来引导和规范AI的行为。

需要明确的是，AI的出现并不是要替代人类的创造力，而是与人类共同构建一个创新的生态系统。在这个生态系统中，人类和AI能够相互补足、相互激励并共同协作，形成一种新型的创新模式，即人机协同创新模式，进而实现人类和AI的共赢与共生。

为了进一步说明创造力的重要性，我们以两个场景为例来进一步说明。

---

① 王一岩，郑永和. 智能时代的人机协同学习：价值内涵、表征形态与实践进路 [J]. 中国电化教育，2022(9)：90-97.

场景一：AI助力比赛。

假设有一位大学生E。E有很强的创造力，总是有很多新想法。当E组建团队去参加一个重要的互联网营销比赛时，他们需要为一个传统行业的产品提出创新性的营销方案。在其他组员围绕传统营销手段和渠道等进行讨论时，E借助AI技术，结合自己对该产品以及新兴营销环境的理解，寻找到一个独特的切入点进行方案的设计。通过分析比赛的要求和团队的知识储备与能力，AI为他们的方案设立切实可行的营销目标。在交互过程中，AI即时指出方案中的不合理之处，帮助团队迅速调整并不断完善方案。最终在AI的协助下，该团队更加专注、高效地完成比赛，并赢得比赛。

场景二：AI助力教学设计。

假设有一位教师F。F非常有创造力，总是能设计出新的教学方法，使学习者的学习过程变得有趣且高效。在面对新的教学挑战，如在线教学、个性化教学等时，F并没有被困扰。相反，F运用AI技术，结合自己的创新思维，设计出一套新的教学方案。这套方案不仅提高了学习者的学习效率，也提高了学习者的学习兴趣。在教学过程中，F将遇到的问题与思考及时反馈给AI。AI的辅助让F能更快速、准确地识别学习者的需求，进而更快地调整教学策略。这使得F在教学中更有成效。

（3）敏锐力。

在AI时代，敏锐力成为新的时代要求，其重要性愈发凸显，已经成为一个亟须关注和培养的关键能力。敏锐力是我们对环境变化的感知和理解的能力，也是我们在复杂环境中做出正确决策的重要基础。在快速变化的AI时代，我们需要敏锐力来感知环境的变化，抓住新的机遇，应对新的挑战。

敏锐力包括两个方面：感知力和适应力。其中，感知力是指个体能够快速、准确地感知和理解环境变化的能力。感知力使个体能够在面对新的信息和变化时，迅速做出反应，提高决策的效率。而适应力是指个体在面对环境变化时，能够快速调整自己的行为和策略，以适应新环境的能力。适应力使个体能够在快速变化的环境中保持稳定，实现自我发展。

在AI时代，敏锐力的重要性正在变得越来越明显，主要有以下几个原因：

第一，环境变化速度快。AI时代的环境变化速度非常快，新的技术和产品层出不穷，市场竞争日益激烈。因此，个体需要有强大的敏锐力，才能感知和理解这些变化，做出正确的决策。

第二，信息量大。AI时代的信息量非常大，个体需要有强大的敏锐力，才能从海量的信息中筛选出有价值的信息，避免信息过载。

第三，机遇和挑战并存。AI时代充满了机遇和挑战，个体需要有强大的敏锐力，才能抓住新的机遇，应对新的挑战。

为了进一步说明敏锐力的重要性，我们以两个场景为例来进一步说明。

场景一：AI助力备课。

假设有一位中学历史教师G。G对新技术总是保持很强的敏锐力，能够主动应用各类新技术来协助教学，以便更好地提高教学质量。当AI技术出现后，他积极利用各类AI平台来协助收集和整理教学所学的资料，从而为学生提供丰富多样的教学资源。例如，在讲述唐代历史时，G利用AI快速搜集到不同类型的资料，如视频、音频甚至互动小游戏，这让原本枯燥的历史知识变得生动有趣。

场景二：AI助推学习。

假设有一位文学专业的大学生H。H对编程一直很感兴趣，也有志于毕业后从事相关工作。在H敏锐地察觉到各类AI平台对自身学习的帮助后，他在课外主动利用AI平台学习编程相关的知识，借助平台对编程学习进行个性化方案定制。最终，扎实的编程知识和技能让H如愿以偿进入理想的互联网公司工作。

2.1.4　AI时代人才定义的转变

与传统时代相比，AI时代对人才提出新需求，人才也需要具备关键能力。因此，AI时代的人才定义也随之发生明显的转变。AI时代的人才不仅需要具备专业知识和技能，还需要有一些特定的转变。具体来说，AI时代人才定义的转变主要体现在：会提问、具有创造性思考的能力以及沟通和协作能

力。^{①②③}

（1）AI时代的人才会提问。

在AI时代，提问能力的重要性变得日益凸显。这是因为，作为一种强大的工具，AI并不能替代我们进行思考。我们需要提出问题，才能理解AI的能力和局限性，并正确地应用AI。而好的问题能够引导我们学习和思考，帮助我们发现新的知识和观点，激发我们的创新思维。

具体来说，AI时代提问能力主要表现在：

第一，问题识别。在海量的信息中，AI时代的人才能够准确地识别出关键问题，这需要敏锐的洞察力和深厚的专业知识。例如，数据科学家需要通过提问来确定哪些数据是重要的，哪些是不重要的，从而进行有效的数据分析。

第二，深度提问。AI时代的人才不仅会提出表面问题，而且会进行深度提问，探索问题的本质。例如，产品经理在设计新产品时，他们会提出"用户真正需要什么？""我们的产品如何满足用户的需求？"等深度问题，以推动产品的创新和改进。

第三，跨领域提问。AI时代的人才会进行跨领域的提问，将不同领域的知识和技术进行整合，产生新的观点和解决方案。例如，生物信息学家会提出"我们能否用计算机科学的方法来理解生物学问题？"这样的跨领域问题，而这可能推动生物信息学领域的发展。

（2）AI时代的人才具有创造性思考的能力。

创造性思考的能力在AI时代占据着重要地位。这是因为，AI时代所面临的问题往往是复杂的，需要运用多学科的知识和多角度的思考来解决。创造性思考能够帮助我们跳出固有的思维模式，从不同的角度看待问题，从而发现新的

---

① 刘义勇. AIGC 重塑教育：AI 大模型驱动的教育变革与实践 [M]. 北京：机械工业出版社，2023：32-34.

② 领英中国. 人工智能时代，未来教育和人才技能将如何重塑？[EB/OL].（2024-02-29）[2024-03-28]. https://mp.weixin.qq.com/s/H5ndipompd5b_DX87TgJCA.

③ 刘湘丽. 人工智能时代的工作变化、能力需求与培养 [J]. 新疆师范大学学报（哲学社会科学版），2020，41(4)：97-108.

问题解决路径。与此同时，AI时代的环境变化速度非常快，竞争日益激烈。创造性思考能够帮助我们快速适应这些变化，把握新的机遇，应对新的挑战。此外，虽然许多重复性的工作都能够由AI和机器人来完成，而创造性思考作为人类独有的能力，是AI无法替代的。

AI时代，创造性思考的能力表现在：

第一，传统意义上的创新能力。个人在新产品、新服务、新流程或新业务模式的开发和实施过程中，对新想法、新知识和新技术的理解、应用和推广的能力。

第二，跨领域的信息整合能力。面对海量信息，跨领域发现、融合、理解和提炼各类信息，有效整合看似无关的信息，提出创新性的见解或解决策略。

（3）AI时代的人才具有沟通和协作能力。

沟通和协作能力在AI时代更为重要。一方面，AI技术的复杂性需要人才具有良好的沟通能力才能将其解释给非专业人士，使他们能够理解和接受。另一方面，AI时代的创新往往需要整合多个领域的知识和技能。优秀的沟通和协作能力能够帮助人们更好地理解和吸收来自不同领域的信息和知识，促进跨领域的协作和创新。此外，随着AI技术的发展，人机交互变得越来越普遍。良好的沟通能力能够帮助人们更有效地与AI系统交互，更好地表达自己的想法和需求，提高工作效率。

AI时代，人才的优秀沟通和协作能力具体表现为：

第一，清晰表达。能够清晰、准确地表达自己的想法和需求，让AI工具或他人能够理解和接受。

第二，有效倾听。能够倾听他人的观点和需求，理解他们的意图和情绪，这对于理解用户需求和解决冲突非常重要。

第三，建立共识。能够通过沟通和协商，建立团队或组织内部的共识，推动项目的进展。

第四，跨领域协作。能够与来自不同领域的人进行有效的沟通和协作，促进知识和技能的交流和整合。

第五，在团队协作中，能够协调不同的意见和需求，领导团队向共同的目标前进。

图2-1描述了不同时代的人才定义。

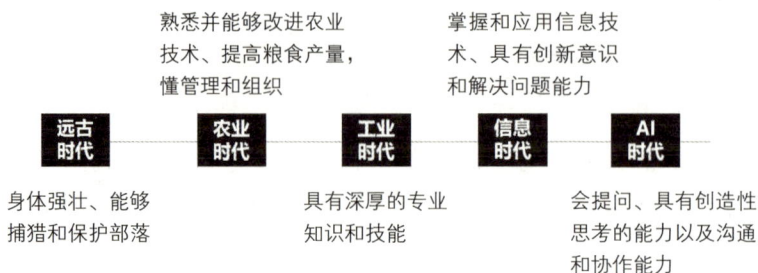

图2-1 不同时代的人才定义

2.2 AIGC对教师的影响

AIGC对教师产生的影响主要体现在教师角色和课程教学上。在教师角色方面，AIGC不仅能够为教师角色的实现提供有力的支持，也能够促进教师角色的转变，并有效地融入教师角色中。而在课程教学方面，AIGC对课程设计、教学实施和教学评估都产生积极的影响，帮助教师更好地提高教学效率和教学效果。

2.2.1 AIGC影响教师角色

随着时代的发展，教师角色也在不断发生改变。教育学家对教师角色有不同的看法，而AI的出现在一定程度上能够更好地支持各类教师角色。此外，AI时代教师角色也从知识传播者转变为引导者，AI也不断融入教师角色中。

（1）教育学家对教师角色的看法。

古往今来，教师在教育过程中扮演着多种重要角色，不同的教育学家对此有不同的观点和理论。[1]

---

[1] 刘义勇. AIGC 重塑教育：AI 大模型驱动的教育变革与实践 [M]. 北京：机械工业出版社，2023：73-78.

①引导者和协作者。美国著名教育家和哲学家约翰·杜威认为教师是"引导者与协作者"，指出教师的任务在于激发学习者的兴趣和积极性，鼓励他们主动参与学习过程，引导他们解决实际问题。

②观察者与环境创设者。意大利教育家玛利亚·蒙台梭利认为教师是"观察者与环境创设者"，提出教师需要创设一个充满挑战和机会的学习环境，让儿童在其中自由探索，发现自己的潜能。

③设计者。美国多元文化教育领域的代表人物詹姆斯·班克斯提出教师是学习目标的"设计者"，指出教师应关注学习者的多样性和个体差异。

随着AI技术的发展和对教育领域的渗透，各类AI工具和平台能够帮助教师更好地实现不同的角色转变。

①AI协助教师扮演引导者和促进者。教师能够利用AI工具对学习者进行个性化指导，能够基于学习者的个性化特点来进行引导和督促。例如，AI帮助教师对每个学习者的学习进度、学习风格和学习需求进行跟踪和分析，从而提供个性化的学习资源和学习路径。这使得教师能够更有效地引导每个学习者进行学习，促进他们的个人发展。又如，AI能够根据学习者的学习经历和学习表现，推荐适合他们的学习资源和学习活动。这使得教师能够更精准地满足学习者的学习需求，促进他们的学习进步。

②AI协助教师扮演观察者与环境创设者。AI工具的使用有助于教师及时观察并追踪学习者的学习行为，挖掘学习者的潜在需求，进而为学习者创设个性化的学习环境。例如，AI能够通过学习者在在线学习平台上的行为数据，帮助教师观察学习者的学习行为和学习进度；AI能够分析学习者在解答问题时的答题时间、答题次数、答题策略等，帮助教师理解学习者的学习状态和学习需求。又如，AI能够根据每个学习者的学习行为和学习需求，推荐适合的学习资源，调整学习任务的难度，提供针对性的学习反馈，帮助学习者更有效地学习。

③AI协助教师扮演设计者。教师能够利用大数据和机器学习等AI技术识别学习者的多样性需求，为学习者设计个性化的学习环境，设定个性化和多元化的学习目标。例如，利用AI对学生的能力进行评估，AI协助教师针对不同层次

的学生设计不同程度的教学计划，更好地保证了每个学生都能有适合自己节奏的学习模式，从而更好地发挥其学习潜力。又如，教师能够利用AI工具分析学习者的学习数据，了解学习者的学习状态和学习需求，设计更有针对性的教学策略。

（2）AI时代教师角色的转变。

AI给教育行业带来极大的冲击和挑战，教师角色也因此发生转变。教师角色从传统时代的知识传播者、专家转变为AI时代的引导者。

①传统时代的知识传播者。自古以来，教师一直充当着知识的传播者。教师的主要使命是把知识教给学习者，用通俗易懂的方式传播和教授各种知识。社会认为教师的主要职责是"传道授业解惑"。例如，中国古代的伟大教育家和思想家孔子周游列国，通过游学的方式将知识传授给他的学习者，使他们能够理解和掌握这些传统文化的精髓。又如，古希腊的伟大哲学家亚里士多德对哲学、物理学、生物学、政治学等各个领域的知识进行了深入研究，并将这些知识系统化地教授给他的学习者，使学习者能够全面地理解和掌握各个领域的知识。

②传统时代的专家。随着时代的演进，社会愈加推崇"知识就是力量"的观念。教师不仅仅是知识传播者，更是技能的教授者和领域内的专家。例如，各学科教师教授学习者不同的学科知识和技能，以帮助学习者能够更好地适应社会对技能的需求。

③AI时代的引导者。AI时代的特性促使教师的任务不能够局限于传播知识和教授技能，而更多地在于发挥引导者的角色作用。作为引导者，教师需要借助AI工具来为学习者创设个性化的学习环境，需要关注每个学习者的需求，进而为学习者打造个性化的学习体验。

（3）AI融入教师角色。

AI的迅猛发展促使其必然融入教师角色中。AI给教师角色带来的改变主要体现在提供多方位的支持和替代部分工作。

①AI提供多方位的支持。AI的使用能够给教师的教学活动提供多方位的支持。例如，在准备教学材料的环节，传统环境下教师往往需要耗费大量时间来

搜集各类资料。借助AI，教师能够更快速地搜集丰富的多源数据，如文本、音频和视频等。此外，在PPT的制作环节，教师不用再费劲地拟定大纲、安排内容以及调整布局等，也不用担心不够美观，只需要提供主题和想法，AI工具就能快速地生成专业的PPT。

②AI替代部分工作。在部分教学场景下，AI能够替代教师工作，更有效地促进教学。例如，在在线教育领域中，传统的实时互动需要依赖教师。但AI能够化身为虚拟数字教师，为学习者提供全天24小时的指导。又如，在语言学习领域中，传统的语言学习需要真人来进行口语练习并纠正发音。而AI则能够替代真人提供更为有效的服务。此外，在自主学习领域中，AI工具发挥着更大的作用，能够为学习者提供个性化的学习路径和资源。

2.2.2　AIGC影响课程教学

AIGC对课程教学产生的影响，主要体现在课程设计、教学实施和教学评估等方面[1][2]。AIGC能够有力地支持课程教学的各个环节，从而提高效率。

（1）AIGC对课程设计的影响。

AIGC将给课程设计带来全新影响。利用AI技术，能够了解学习者的学习偏好和需求，进而为其提供个性化的学习资源，制定个性化的学习路径，实现教育的个性化。与此同时，AI能够及时追踪并分析学习者的学习动态和表现，动态调整学习内容和难度，确保高质量的教学。除了专业知识外，学习者也能利用AI便利地学习自身感兴趣的跨学科知识，更全面地提升自我，满足多样化的学习需求，提升创新能力。此外，AI能够整合全球的优秀教育资源，打破地域和语言的限制，让所有人都能享受到全球最好的教育资源。

在AI时代，教学者需要转变传统的观念，注重培养学习者解决问题的能力以及终身学习的意识。由此，问题导向的教学设计和成长导向的教学设计变得

---

① 杨宗凯，王俊，吴砥，等. ChatGPT/ 生成式人工智能对教育的影响探析及应对策略 [J]. 华东师范大学学报 (教育科学版)，2023，41(7)：26-35.

② 宋萑，林敏. ChatGPT/ 生成式人工智能时代下教师的工作变革：机遇、挑战与应对 [J]. 华东师范大学学报 (教育科学版)，2023，41(7)：78-90.

尤为重要，而AIGC则能够更好地实现这两类课程设计①。

①问题导向的教学设计。

问题导向的教学旨在培养学习者独立思考、分析和解决问题的能力。这一能力在AI时代尤为重要。

问题导向的学科教学注重从实际问题出发，在解决问题的过程中学习学科知识。这种教学方式的优势主要体现在：第一，激发学习者的兴趣与积极性。将学科知识与实际问题相结合，能让学习者更好地理解知识的实际运用，从而提高他们的学习兴趣和积极性。例如，针对小学高年级的学生，教师能够设计一个与小车制作相关的课程项目，让学习者在动手制作小车的过程中学习空气动力相关的物理知识。第二，培养学习者的批判思维和创新精神。教学过程中引导学习者提出问题、分析问题，并运用所学知识解决问题，这一问题导向的方式有助于培养学习者的批判思维和创新精神。例如，针对本科生，教师能够设计一个如何提高老年人的信息素养的课程项目。在调研过程中，引导学习者思考其解决方案的可行性以及可能达到的效果。

为了在教学中更好地实施问题导向的学科教学，可以借助AIGC进行如下的设计：第一，设计具有挑战性的问题。结合学科知识和学习者的兴趣，设计切实可行的问题。第二，引导学习者积极提问。利用一定的方法引导他们从不同的角度思考问题，鼓励他们积极提问。第三，设计合作学习环境。组织学习者以小组为单位进行小组讨论，鼓励他们在团队合作中互相学习、共同成长。第四，提供学习资源和支持。通过AIGC为学习者提供必要的资源支持和条件支持。第五，反馈与评估。关注学习者在解决问题过程中的表现，及时给予反馈，并对学习者的问题解决能力进行有效评估。

②成长导向的教学设计。

成长导向的教学方式将学习者的学习过程视为个性化成长过程，旨在促进学习者的成长，最终为终身教育提供支持。

---

① 刘义勇. AIGC 重塑教育：AI 大模型驱动的教育变革与实践 [M]. 北京：机械工业出版社，2023：130-144.

成长导向的教学注重个性化教育，而AIGC能够有效地支持成长导向的教学设计。主要体现在：第一，进行个性化学习路径的设计。AIGC能够基于学习者的兴趣、需求以及学习数据，为他们设计个性化的学习路径。在学习过程中，AIGC对学习者进行持续性的监测和评估，及时调整学习路径，以保证课程的设置能够符合学习者的成长需求。第二，提供丰富多样的学习资源。AIGC基于学习者的个性化需求提供定制化的丰富资源，如文本、音频、视频、虚拟场景等，这有助于满足终身学习的需求。

表2-1展示了AIGC对课程设计的影响。

表2-1　AIGC对课程设计的影响

课程设计类型	使用AIGC	不使用AIGC
问题导向	● 设计具有挑战性的问题 ● 引导学习者积极提问 ● 设计合作学习环境 ● 提供学习资源和支持 ● 反馈与评估	● 根据有限的教材进行课程设计 ● 教学资源有限 ● 同质化的教学设计
成长导向	● 进行个性化学习路径的设计 ● 提供丰富多样的学习资源	

（2）AIGC对教学实施的影响。

AIGC对教学实施有着深远的影响。它能够帮助教师更有效地进行教学准备，优化教学过程，提供有针对性的辅导。

①教学准备。

在教学准备阶段，AIGC能够帮助教师更高效地搜集和整理教学资源。主要体现在：第一，AIGC能够根据特定主题收集多样化的教学资源，如教材、学术论文、在线课程、视频教程、网站资源等，从而节省教师手动搜集资源的时间和精力。第二，AIGC能够评估信息的质量。基于教师的特定需求，如信息来源和作者等，AIGC能够帮助教师高效地找到最有价值的教学资源。第三，AIGC能够对搜集到的资源进行分类和整理。例如，根据资源的类型、主题、难度等因素，将资源分成不同的类别。第四，AIGC能够提供最新的教学资源。

AIGC能够实时监控网络上的最新资源，并自动将它们添加到资源库中。这意味着教师能够始终获取到最新的教学资源，而无须手动检查和更新。

以"信息检索过程"这一主题的教学为例。在教学准备这一阶段，教师能够通过"信息检索AND过程"这些关键词在AIGC平台进行检索，平台将反馈与信息检索过程相关的课件、教材、著作、论文、慕课、视频等资源，并根据质量、相关性和难易程度进行排序。教师根据自身的教学需求进行取舍，最终高效地完成教学资料的准备。

②教学过程。

在具体的教学过程中，AIGC能够帮助教师更有效地进行教学，主要体现在：第一，实时监控学习进度。AIGC能够实时监控每个学习者的学习进度，包括他们完成的课程、掌握的技能、完成的作业等。如果AIGC发现某个学习者在某个主题上的进展缓慢，它能够立即向教师发送警告，让教师及时进行干预。第二，智能问答系统。AIGC能够通过智能问答系统，帮助教师解答学习者的问题。学习者能够直接向AIGC提问，AIGC能够立即给出详细的解答。第三，个性化教学。AIGC能够根据每个学习者的学习进度和理解程度，提供个性化的教学服务。例如，如果某个学习者在某个主题上的理解程度低于其他学习者，AIGC能够为他提供更多的练习和教程。

还是以"信息检索过程"这一主题的教学为例。利用AIGC，教师能够实时监控并掌握每个学习者的学习进度。如果发现某个学习者不清楚检索式的构造这一过程，AIGC能够立即将情况反馈给教师。教师则能够就这部分内容进行再次的强化与引导。而在学习过程中，如果学习者遇到疑问，如对查全率和查准率的概念的理解不深入，他们能够直接向AIGC提问，并得到及时的解答。

③教学辅导。

在教学辅导这一环节，AIGC能辅助教师为学习者提供个性化的辅导建议，并提供个性化的辅导资源。主要体现在：第一，评估学习者的掌握情况。AIGC能够通过智能评估系统，帮助教师评估每个学习者对知识点的掌握情况。例如，AIGC能够自动批改学习者的作业，提供详细的反馈，让教师能够更清楚地了解每个学习者的学习情况。第二，提供个性化的学习资源。AIGC能够基于每个学习者的学习情况和知识点掌握情况，帮助每个学习者针对自己的弱点进行复习，推荐个性化的复习策略和资源。

仍以"信息检索过程"的教学辅导为例。AIGC能够及时反馈每个学习者对信息检索各个过程的掌握情况。当发现某个学习者在信息检索的某个过程中表现得不熟练时，AIGC能够针对这部分内容进行相关资源的推荐，并引导学习者再次学习并重点进行相关的练习。而当某个学习者对这一主题已经掌握得很熟练的时候，AIGC则会进一步推荐相关的拓展资源，如信息检索实现的原理等高级内容，让学有余力的学习者能够学习到更多相关内容。

表2-2展示了AIGC对教学实施的影响。

表2-2　AIGC对教学实施的影响

教学实施	使用AIGC	不使用AIGC
教学准备	● 根据特定主题收集多样化的教学资源 ● 评估信息的质量 ● 对搜集到的资源进行分类和整理 ● 提供最新的教学资源	● 手动搜集特定类型的教学资源，并进行整理 ● 手动更新教学资源
教学过程	● 实时监控学习进度 ● 智能问答系统 ● 个性化教学	● 无法及时掌握学习者的学习情况 ● 专门回答学习者的课堂提问 ● 教学内容相同
教学辅导	● 评估学习者的掌握情况 ● 提供个性化的学习资源	● 进行个别辅导

（3）AIGC对教学评估的影响。

教学评估是课程教学中必不可少的一个环节。AIGC有助于教师高效地完成评估。主要体现在：第一，AIGC帮助教师自动评估。根据教学内容，AIGC自动生成测试题目，同时自动完成评分。第二，AIGC提供及时有效的反馈。基于评估结果，AIGC通过深度学习分析，帮助教师了解学习者的学习模式和问题，提供有针对性的反馈。第三，AIGC提供预测性评估。AIGC通过预测性评估，帮助教师预测学习者的未来表现。AIGC根据学习者的历史数据，预测他们在接下来的测试或课程中的表现。这种预测性评估能够帮助教师及时发现可能出现的问题，从而提前进行干预。

还是以"信息检索过程"的教学评估为例。为了检验学习者对信息检索过程的了解程度，利用AIGC针对信息检索的各个过程设计相应的题目。在完成相关学习内容的基础上，学习者就能够进行测试，并得到即时的结果反馈。在此基础上，AIGC能够根据学习者的测试结果进一步为其推荐相关的学习内容，以帮助他们深化对该主题的理解和掌握。此外，基于已有的反馈，AIGC能够针对每位学习者提供一份预测性评估报告，更好地指导后续的学习。

表2-3展示了AIGC对教学评估的影响。

表2-3　AIGC对教学评估的影响

内容	使用AIGC	不使用AIGC
教学评估	● 自动生成测试题目和完成评分 ● 提供及时有效的反馈 ● 提供预测性评估	● 手动设计题目 ● 手动整理与总结 ● 无法了解后续学习情况

2.3　AIGC对学习者的影响

不可避免地，AIGC会对学习者产生深远的影响，主要表现在实现个性化学习和获取丰富多样的学习资源两个方面。在个性化学习的实现方面，AIGC有助于实现不同层次的个性化学习方式[①]。而在学习资源的获取方面，AIGC能够帮助学习者获取到所需要的符合自身特点的合适资源。AIGC的应用促使全球范围内的优质教育资源得到更加广泛的传播和共享，让更多学习者受益，进而更有力地促进教育资源的优化配置，提高教育公平性。

2.3.1　实现个性化学习

随着AIGC产品的普及和应用，个性化学习已经成为一种趋势。个性化学习不仅关注知识的传授，还需要考虑学习者的学习风格、学习速度、学习兴趣

---

① 宋萑，林敏. ChatGPT/ 生成式人工智能时代下教师的工作变革：机遇、挑战与应对 [J]. 华东师范大学学报 (教育科学版)，2023，41(7)：78-90.

和热情、背景知识和经验以及情感和心理需求，以实现真正的因材施教。学习者借助AIGC能够获取精细化的服务和个性化的学习体验。例如，AIGC系统能够根据每个学习者的特点和学习需求，推荐合适的学习资源和学习路径。

研究和实践表明，存在不同维度的个性化学习方式，主要体现在：

（1）基础个性化。学习者的学习风格各异。有的偏向听觉学习，如通过讲座或音频；而有的偏向视觉学习，如阅读或观看教学视频。因此，需要根据学习者的学习风格采用多元化的教学资源和方法。

（2）中级个性化。学习者的学习速度差异显著。例如，有些学习者在语言学习上的理解能力强，但在数学学习上可能需要花费更多的时间和努力。这就需要根据学习者的学习速度调整教学策略，如蒙特梭利教育法倡导让学习者按照自己的节奏来学习。

（3）高级个性化。学习者的兴趣和热情对学习效果有着决定性的影响。将学习者的兴趣与课程内容相结合，鼓励学习者探索感兴趣的课程内容[1]，能够显著提高其学习的积极性和学习效果。例如，在教授物理课程时，通过引入生活中的实例来激发学习者的学习兴趣。

（4）专业个性化。学习者的背景知识和个人经验对其理解和掌握新知识起着关键作用。在教学过程中需要充分考虑这一因素，并采用差异化教学策略[2]，以满足不同背景知识和经验的学习者的学习需求。

（5）极致个性化。教育不仅是知识的传递，还包括对学习者情感和心理需求的关注。因此，需要提供情感和心理层面的支持[3]，以更好地理解和关心学习者。

图2-2展示了不同维度的个性化学习。

---

[1]　BUSTOS-LÓPEZ M, ALOR-HERNÁNDEZ G, SÁNCHEZ-CERVANTES J L, et al. EduRecomSys: An Educational Resource Recommender System Based on Collaborative Filtering and Emotion Detection[J]. Interacting with Computers, 2020, 32(1): 407-432.

[2]　王宽明. 基于差异化教学的课程设计探索 [J]. 教育科学研究, 2021(1)：48-53.

[3]　WANG M T, FREDRICKS J A. The Reciprocal Links Between School Engagement, Youth Problem Behaviors, and School Dropout During Adolescence[J]. Child Development, 2014, 85(2): 722-737.

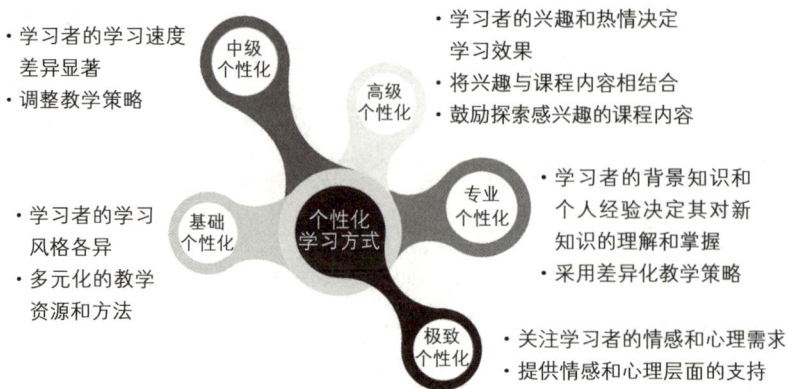

图2-2　不同维度的个性化学习

AIGC的出现能够有力地支撑不同维度的个性化学习方式。其优势主要体现在：第一，数据驱动的个性化资源推荐。AIGC基于大数据来进行个性化资源的推荐，并根据学习者的学习情况进行动态灵活的调整。第二，全球性资源的有效利用。AIGC能够搜索全球范围内可供利用的教育资源，为学习者提供最适合的课程，从而实现资源利用的最大化。

AIGC根据每个学习者的学习进度、能力、兴趣和需求，精准推荐最适合的教育资源，从而实现不同维度的个性化学习。具体体现在：第一，对基础个性化学习来说，AIGC能够解析学习者的学习风格，进而自动生成适合不同学习风格的多类型教学材料。例如，为听觉学习型的学习者提供音频类资源，为视觉学习型的学习者则提供视频类资源。第二，对中级个性化学习而言，AIGC能够分析学习者的学习速度，进而自动调整教学安排，以符合学习者自身的学习节奏。例如，针对数学弱的学习者推荐更多与数学相关的资源，而针对历史弱的学习者则推荐更多历史资源。第三，对高级个性化学习来说，AIGC能够分析学习者兴趣，结合学习主题和内容来推荐符合学习者兴趣的相关内容。如针对喜欢历史的学习者在学习语文知识时，推荐历史相关的资源来促进学习者更好地掌握语文知识。第四，对专业个性化学习而言，AIGC能够根据学习者背景生成定制化教学内容，实施差异化教学，进而满足个别辅导需求。如针对非母语的低龄学习者学习英语时，提供寓教于乐的动画形式来更好地吸引学习者。第五，对极致个性化学习来说，AIGC能够实时监测学习者的情绪，关注学习者的情感和心理方面的需求，通过AIGC为教师提供辅助性的干预手段。

图2-3归纳总结了AIGC如何助力实现不同程度的个性化学习。

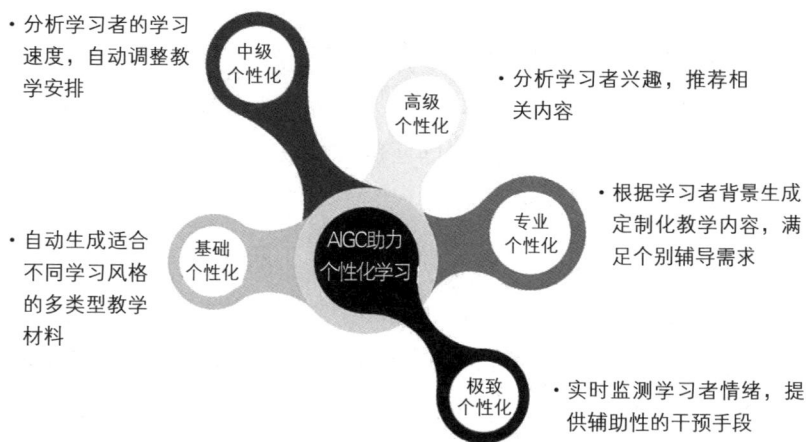

图2-3　AIGC助力不同程度的个性化学习的实现

AIGC实现个性化学习的应用场景有很多，如资源推荐、课程设置以及作业布置等。以不同AIGC平台为例，进一步了解AIGC如何实现个性化学习。

场景一：资源推荐。

以Knewton这一平台为例，看看它如何进行个性化的资源推荐。

假设大学生A正在学习"信息检索"这个主题。Knewton首先分析A的学习历史数据，包括他过去在这个主题上的学习进度、完成的作业、测试成绩等。然后，Knewton利用这些数据来预测A对"信息检索"主题的理解程度。如果Knewton预测A已经掌握了"信息检索"的基本概念，那么它会推荐一些更高级的资源，如偏理论性的信息检索原理。如果Knewton预测A对"信息检索"的基本概念理解不足，那么它会推荐一些基础的教材，如偏操作性的信息检索教程。

此外，Knewton还会考虑A的学习偏好。例如，如果A喜欢看视频，那么Knewton会优先推荐与信息检索相关的教学视频。如果A更喜欢阅读，那么Knewton则会优先推荐与信息检索相关的文本资料。

场景二：课程设置。

以Duolingo这一平台为例，看看它如何进行个性化的课程设置。

假设小学生B开始在Duolingo上学习第二外语西班牙语。他需要先完成一个简单的入门测试。这个测试包括一些基础的西班牙语问题，旨在评估B的外语水平。在此基础上，Duolingo会根据B的测试成绩，为他设置个性化的学习路径。例如，如果B的西班牙语水平较高，那么Duolingo会让他从更高级的课程开始学习，如阅读理解或写作。如果B的西班牙语水平较低，那么Duolingo会让他从基础的课程开始学习，如字母或单词。

B开始学习后，Duolingo会持续监控他的学习状况，包括他完成的课程、做对的题目、做错的题目等。然后，Duolingo会利用这些数据来调整B的学习路径。例如，如果Duolingo发现B在阅读理解上遇到了困难，它会为他提供更多的阅读理解练习。如果Duolingo发现B在听力上遇到了困难，它会为他提供更多的听力练习。

场景三：作业布置。

以Khan Academy这一平台为例，看看它如何进行个性化的作业布置。

当初中生C在Khan Academy上学习数学时，平台会首先通过一系列的诊断测试来评估C的数学水平。这些测试涵盖对基础概念的理解以及解决复杂问题的能力。然后，Khan Academy会根据C的测试结果和C在平台上的学习行为（如完成的课程、观看的视频等）来了解C的学习需求和优势。例如，如果C在代数方面表现优秀，但在几何方面遇到困难，Khan Academy会为他分配更多的几何练习。又如，如果C已经掌握基础概念，Khan Academy会为他分配更高级的作业，如奥数难度的题目，以锻炼他们的思维和解决问题的能力。而如果C还在学习基础概念，Khan Academy会分配更多的基础练习，帮助C巩固理解。

此外，Khan Academy还会根据C的学习进度和表现来调整作业的难度和数量。如果C在某个主题上的进步快于预期，Khan Academy会增加作业的难度和数量，以保持他对学习的挑战。如果C在某个主题上的进步慢于预期，Khan Academy会降低作业的难度和减少作业的数量，以防止他产生挫败感。

2.3.2　获取丰富多样的学习资源

通过利用AIGC的强大计算能力和数据处理能力，学习者能够获得丰富多样的学习资源，包括不同的资源类型、主题、难度级别和学习方式等[①]。这些多样化的学习资源能够帮助学习者根据自己的学习风格和偏好获取自身感兴趣的合适资源，进而提高学习的主动性和积极性，最终实现最优的学习效果。

AIGC有助于丰富多样的学习资源的获取，主要体现在：

第一，资源类型丰富，如文本、音频、视频和互动应用等不同类型的学习资源。对于擅长阅读的学习者来说，AIGC优先推荐各种文本类资源来帮助主题的学习，如学习历史的学习者通过阅读历史故事来了解历史事件和人物。而对于偏好通过视频来学习的学习者来说，AIGC优先提供与主题相关的各类视频资源，如学习物理的学习者通过观看各种物理视频来了解物理概念。对于喜欢音频的学习者来说，AIGC优先推荐各类音频资源，如学习历史的学习者通过各类音频故事来了解中国各个朝代的事件和人物。此外，对于喜欢互动学习的学习者而言，AIGC则优先推荐各种互动类的资源，如学习生物的学习者能够通过模拟实验来观察细胞分裂的过程。

第二，主题类型丰富，如语文、数学、科学、艺术等不同学科的学习资源。AIGC能够从海量的在线内容中筛选出与特定学习目标相关的资源。无论是哪个学科的哪个主题，AIGC都能提供丰富的资源。例如，对于语言学习而言，AIGC能够推荐各种语言学习教程、外语电影和互动平台等。对于数学学习来说，AIGC能够筛选出不同类型的与数学学习相关的资源，如数学教程、解题视频和模拟测试。对于科学学习来说，AIGC能够提供各类科学实验、科学新闻、科学家访谈等。

第三，难度级别多样化，如初级学习者、中级学习者或高级学习者等不同级别。AIGC能够根据学习者的学习水平，推荐不同难度级别的学习资源，帮助学习者找到相应的学习材料。以编程的学习为例，AIGC能够为不同年龄段

---

① 余亮，魏华燕，弓潇然. 论人工智能时代学习方式及其学习资源特征 [J]. 电化教育研究，2020，41(4)：28-34.

的编程学习者提供各种资源，从基础语法教程到复杂项目实践的各种资源。对于零基础的小学生来说，AIGC推荐一些适合他们年龄和经验的编程教程，如Scratch。这些工具通常以游戏的方式教授编程的基本概念，如循环、条件语句等；而AIGC还会推荐一些简单的编程项目，如创建一个动画或游戏，让小学生可以在玩耍中学习编程。对于已有一定基础的中学生来说，AIGC推荐一些高级的编程课程，如Python或JavaScript的入门课程。这些课程会介绍更复杂的编程概念，如函数、对象、数组等；AIGC还会推荐一些中等难度的项目，如建立一个简单的网站或应用，让中学生在实践中提高他们的编程技能。对于高中生而言，AIGC会推荐一些更高级的编程课程，如数据结构和算法、面向对象编程等。这些课程会介绍更高级的编程技术，帮助高中生提高他们的编程能力；AIGC还会推荐一些大型项目，如建立一个复杂的网站或应用，让高中生在实践中进一步提高他们的技能。对于大学生来说，AIGC会推荐专业的编程课程，如软件工程、数据库管理、网络编程等。这些课程会介绍专业的编程知识和技术，帮助感兴趣的大学生成为专业的程序员；AIGC还会推荐一些实际的项目，如建立一个完整的软件系统。此外，对于IT人员来说，AIGC会推荐一些最新的编程课程，如人工智能、机器学习、大数据分析等。这些课程会介绍最新的编程知识和技术，帮助IT人员保持他们的技能的先进性。

第四，学习方式多样化，如自主学习、小组学习、项目学习等不同方式。AIGC能够提供各种不同的学习方式，学习者能够根据自己的学习目标和环境，选择最适合的学习方式。对于喜欢自主学习的学习者，AIGC能够推荐各种在线资源供学习者进行自主学习，如学习者通过自学Python视频来学习如何编程。而对于喜欢小组学习的学习者，AIGC能够推荐各种协作工具和小组项目等，如学习者使用在线协作工具（如腾讯文档）来共同完成一个研究报告，或者参与一个小组项目来共同解决一个复杂的工程问题。此外，对于喜欢项目学习的学习者，AIGC能够推荐各种项目案例和项目管理工具，如学习者能够通过完成一个网站开发项目来学习HTML和CSS，或者通过管理一个社区服务项目来学习项目管理和团队协作。

AIGC能够为学习者提供丰富多样的学习资源，以满足他们的各种学习需求。图2-4展示了AIGC助力各类学习资源的具体表现。

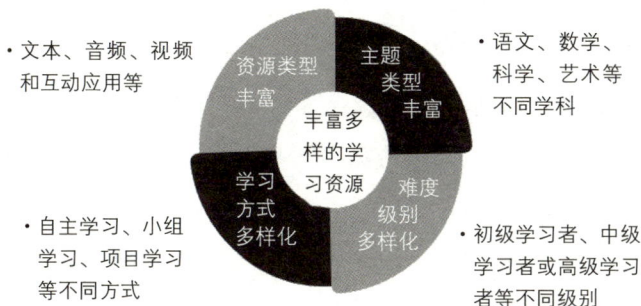

图2-4　AIGC助力丰富多样的学习资源的获取

2.4 小结

可以看出，传统时代的人才定义已经无法满足AI时代的新需求。AI时代对人才提出的新需求，包括AI相关的新行业带来新的职位需求以及传统行业旧岗位的AI转型或升级的新需求。与此同时，AI时代的人才具备关键能力，主要体现在学习力、创造力和敏锐力上。在此基础上，AI时代人才定义的转变主要体现在会提问、创造性思考的能力以及沟通和协作能力。

面对AI时代人才定义的变化，AIGC对教育行业带来巨大的冲击和影响。对教师的影响方面，AIGC能够帮助教师更好地扮演各类角色，如引导者和协作者、观察者与环境创设者以及设计者。而教师的角色也从传统时代的知识传播者、专家转变为AI时代的引导者，并促使AI融入教师角色并带来一定的改变，包括提供多方位的支持和替代部分工作。进一步，AIGC对课程教学也会产生必然的影响，主要体现在AIGC对课程设计、教学实施和教学评估带来的影响。而在对学习者的影响方面，AIGC能够帮助学习者更有效地实现不同程度的个性化学习，获取适合的丰富多样的学习资源，从而有力地推动教育公平性。

虽然AIGC在教育中的应用可以为教师和学习者提供很多支持和帮助，但是也需要注意，AIGC并不能取代所有的教育活动。需要注意的地方主要表现在：

第一，人际交流和社交技能。虽然AIGC能够提供个性化的学习，但是它不能提供真实的人际交流经验。学习者需要与教师和其他学生进行线下的互动，以培养他们的社交技能和团队合作能力。

第二，深度理解和创新思维。虽然AIGC能够帮助学习者掌握知识和技能，但是它不能教授他们如何进行深度思考和创新。这需要教师的指导和启发以及学习者自身的探索和思考。

第三，情感关怀和支持。教师不仅是知识的传授者，也是学习者的朋友和指导者。他们能够理解学习者的情绪，提供情感支持，满足学习者的心理需求，这在AI时代变得尤为重要。

第四，伦理和价值观。教育不仅传授知识和技能，也传授伦理和价值观。虽然AIGC能够帮助教师教授知识和技能，但是它不能教授伦理和价值观。这需要教师的有效引导和示范。

总的来说，虽然AIGC能够给教与学带来诸多的优势，但是教师的重要性仍然不言而喻。我们需要找到一个平衡，让AIGC和教师共同为学习者提供最好的教育。

3

AIGC+教育前沿技术总览

AIGC的特性与功能可以为教育数字化转型提供强大的动力和有力的支撑。各类AIGC平台层出不穷，给教育领域带来巨大的冲击。AIGC技术向教育领域的渗透为教师和学习者赋能，促使教师的教与学习者的学更加智能化和个性化。本章主要阐释AIGC如何应用在典型的教育场景中，包括个性化学习、备课教案、课程助教与陪练以及虚拟现实教学。

3.1 AIGC+个性化学习

3.1.1 概述

AIGC能够有效地实现个性化学习，根据每个学习者的兴趣、学习需求、能力和进度，提供合适的学习资源和策略，提升学习者的个性化学习体验。

（1）基于AIGC的个性化学习系统的主要功能。

①制定个性化学习路径。系统能够有效地实现个性化学习路径的制定。系统首先收集学习者的学习数据，包括他们的基础知识水平、学习进度、测试成绩、学习时间、互动频率等。这些数据能够从学习者的在线学习活动中收集，也能够通过测试和问卷调查收集。在此基础上，系统使用机器学习算法等来分析这些数据。例如，使用聚类算法来识别学习者的学习模式，或者使用预测模型来预测学习者的学习效果。这些结果有助于系统了解学习者的学习需求和偏好。然后，系统为学习者制定个性化的学习路径。例如，如果系统发现学

习者对某个主题的理解程度低于平均水平，它会推荐更多关于这个主题的学习资源。如果系统预测学习者在接下来的测试中表现优秀，它会推荐更高级的课程。而在学习过程中，系统会持续监控学习者的学习进度和表现，根据他们的最新数据调整学习路径。例如，如果学习者在某个课程中表现出色，系统会提前推荐下一个课程的学习。如果学习者在某个课程中遇到困难，系统则会提供更多的辅导和支持。

②智能推荐个性化的学习资源。系统能够智能化推荐个性化的学习资源。系统首先基于收集到的学习者的相关学习数据，如学习历史、偏好、能力等进行分析。然后，系统通过推荐算法，如协同过滤、内容过滤或深度学习模型等，对学习者的偏好与学习内容进行匹配，从中找出最适合的学习资源。此外，学习者对推荐内容的点击、完成、评价等行为会被系统进一步收集，并反馈到推荐算法中，以持续优化和调整推荐结果。

③提供智能评估和实时反馈。系统能够提供智能评估和实时反馈。一方面，系统能够自动批改学习者的作业和测试。例如，系统能够批改选择题或填空题等。与此同时，系统还能够通过深度学习分析，帮助教师了解学习者的学习情况。例如，系统能够分析学习者的学习数据，找出他们在哪些主题上的理解程度低于平均水平，以及他们在哪些类型的问题上常常犯错误。这种数据驱动的洞察方式可以帮助教师更准确地评估学习者的学习情况。另一方面，系统能够提供实时的反馈，帮助学习者及时了解他们的学习进度和理解程度。例如，系统实时反馈给学习者他们的作业得分，他们在哪些方面做得好，哪些方面需要改进。这种即时的反馈有助于学习者在学习过程中得到及时的指导，从而更好地掌握知识和技能。此外，系统还能够通过智能问答系统，帮助教师及时解答学习者的疑问。学习者直接向系统提问，系统能够迅速地提供详细的解答。

（2）基于AIGC的个性化学习系统的主要特点。

①个性化内容推荐。系统能够针对每个学习者的独特需求和能力提供个性化的学习资源，进而打造个性化的学习体验。

②自适应学习路径。系统能够根据学习者的学习表现和理解程度，动态调整学习路径和难度，以适应学习者的学习进度和理解程度。

③实时化反馈。系统能够提供实时的学习反馈和评估，帮助学习者了解自己的学习情况和提升点。

（3）基于AIGC的个性化学习系统的优势。

①提高学习效率。通过提供个性化的学习路径，系统能够确保学习者在他们最擅长和最感兴趣的领域更深入地学习。与此同时，系统能够基于学习者的学习大数据进行分析，进而提供更准确的个性化推荐。这些都能够帮助学习者更有效地学习，从而提高他们的学习效率。

②提高学习效果。系统能够根据学习者的学习进度和理解程度，调整教学内容和策略。通过提供实时的反馈和评估，系统能够帮助学习者及时了解他们的学习情况，从而提高他们的学习效果。

③培养自主学习能力。系统允许学习者根据自己的节奏和方式进行个性化的学习。当学习者遇到困难时，系统也支持实时的反馈。此外，多样化的学习资源促使学习者能够根据自己的需求和兴趣进行有效的选择和利用。这些均能够培养学习者的自主学习能力。

3.1.2　典型平台

表3-1展示了部分有代表性的AIGC+个性化学习平台。

表3-1　部分有代表性的AIGC+个性化学习平台

平台名称	平台简介
Knewton	● 提供个性化课程 ● 提供定制化学习体验
DreamBox Learning	● 提供互动游戏化的教学环境 ● 构建自适应学习系统
Century Tech	● 打造定制化的学习体验
Quantic	● 提供众多商业及管理类课程
Squirrel AI	● 提供定制化的学习方案 ● 打造智适应学习系统 ● "AI+真人教师"的模式
猿辅导	● 打造智能推荐系统

（1）Knewton。

Knewton提供基于AI的个性化学习平台，致力于为学习者提供个性化课程，即"同一课堂的学习者具备不同的能力，面临不同的问题"。其主要产品是一个名为"Knewton Adaptive Learning Platform"的利用人工智能和大数据为学习者提供定制化学习体验的在线平台，如图3-1所示。

图3-1　Knewton平台首页①

Knewton平台的特点体现在：第一，定制个性化学习路径。Knewton平台根据学习者的学习表现和特点，为其量身定制学习路径，提供相应的学习内容和资源。第二，自适应学习。Knewton平台根据学习者的学习进度和能力动态调整学习内容和难度，最大限度满足其学习需求。第三，实时反馈。Knewton平台通过实时数据分析，为教师和学习者提供学习进度和表现的即时反馈。第四，提供多样化学习资源。Knewton平台提供丰富多样的学习资源，包括文本、视频、练习题等，以满足不同学习者的学习偏好和需求。

（2）DreamBox Learning。

DreamBox Learning公司提供基于AI的数学学习平台，利用人工智能算法，致力为学习者打造定制化的学习路径，以满足他们的个性化需求。其主要产品是一个名为"DreamBox Learning Math"的在线数学教育平台，如图3-2所示。

---

① 来源：http://china.knewton.com/。

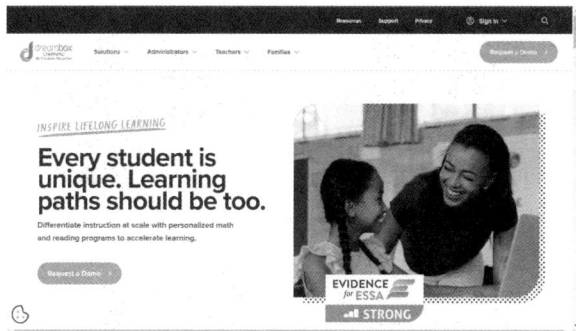

图3-2　DreamBox Learning平台首页[①]

　　该平台通过互动游戏化的教学环境来激发学习者的学习热情和积极性，其特色之一是具有自适应学习系统。该系统能够根据学习者的学习进度和理解程度，自动调整教学内容和难度。此外，DreamBox Learning还提供相关的数据分析和报告工具，这些工具能够帮助教师获得针对每个学习者的学习情况详细报告。系统能够记录学习者的学习时长、完成任务的速度和答题准确率等关键数据。

　　（3）Century Tech。

　　Century Tech的主要产品是名为"Century"的个性化学习平台，如图3-3所示。该平台依托人工智能和大数据技术，旨在为学习者提供定制化的学习体验，并为教师提供相应的教学支持。

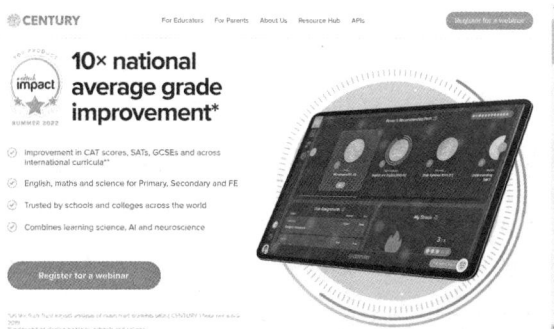

图3-3　Century Tech平台首页[②]

---

① 来源：https://www.dreambox.com/。
② 来源：https://www.century.tech/。

Century Tech的主要功能如下：第一，加速学习。平台创建个性化的学习计划，提高学习者的参与度。第二，减少教师的工作量。平台为教师提供了获取资源的途径，并减少了教师计划、评分和管理作业的时间。第三，提高教学效率。平台提供了教学辅助工具，如自动批改作业、生成教学资源等，这些功能支持教师实施即时、精准的学习干预措施，优化教学效果。

（4）Quantic。

Quantic的主要产品是"Quantic"在线教育平台，如图3-4所示。该平台提供商业及管理类课程，Quantic提供的在线MBA课程是其核心产品之一，该课程对所有学习者开放。该平台利用人工智能和大数据技术，致力于为学习者打造定制化的学习体验。课程内容覆盖广泛，如财务、经济、市场营销、人力资源管理等，以适应不同学习者的多样化学习需求。

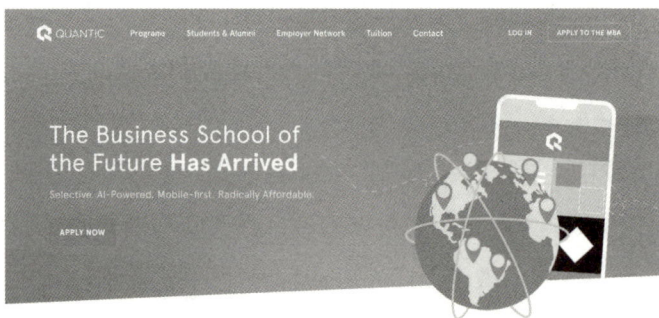

图3-4　Quantic平台首页[①]

Quantic的主要功能如下：

第一，自适应学习系统。Quantic能够根据学习者的学习进度和理解程度，实时地调整课程内容和难度。第二，数据分析和报告工具。这些工具能够帮助学习者和教师监控学习进度，并据此调整学习计划。系统能够记录学习者的学习时长、完成任务的速度、答题准确率等关键指标，并利用这些数据生成全面的学习分析报告。

---

① 来源：https://quantic.edu/。

（5）Squirrel AI。

Squirrel AI致力于提供定制化的学习方案，其核心产品是一个名为"Squirrel AI"的在线教育平台（图3-5）。该平台依托人工智能与大数据分析，采用"AI+真人教师"的模式，致力于为学习者打造一个满足个人需求的学习环境。

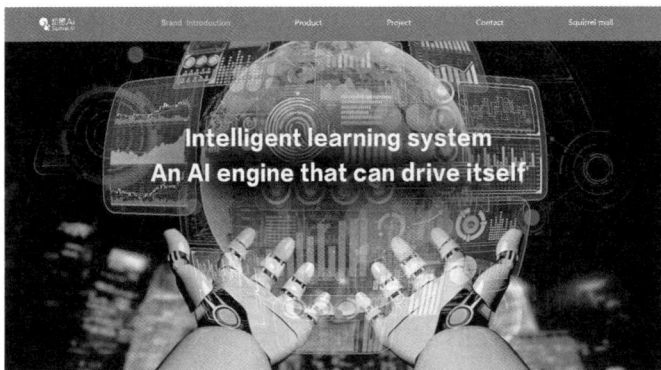

图3-5　Squirrel AI平台首页[①]

Squirrel AI的特点主要体现在：第一，智适应学习系统。该系统能够帮助学习者发现自己在学习中的薄弱环节。第二，知识点拆分和错因重构知识地图。平台将学科知识点进行拆分，并为每一道题目标注对应的错因。第三，提供多模态综合行为分析。平台通过检测登录时间、学习时间、速度和结果等来捕捉学习者的实时数据，以判断学习者的学习集中度和专注度，从而确定下一个学习环节的内容。

（6）猿辅导。

猿辅导公司旗下拥有多款在线教育产品，其核心产品是名为"猿辅导"的在线教育平台。该平台为学习者提供远程辅导服务，旨在帮助学习者提升知识和技能水平。

猿辅导在线平台融合了人工智能和大数据技术，致力于为学习者提供良好的在线学习体验。猿辅导的智能推荐系统能够根据学习者的学习情况和偏好，

---

① 来源：https://squirrelai.com/#/。

推荐相应的课程和学习资源。同时，猿辅导能够实现因材施教。此外，猿辅导还提供了学习工具和资源，如在线作业、模拟试题、学习报告等。

3.2 AIGC+备课教案

3.2.1 概述

备课是教师工作中必不可少的一个环节，而AIGC的出现则能让教师可利用AI技术来更高效、智能地完成这一重要工作。

利用AIGC可高效完成各课教案。传统的备课方式往往需要教师花费大量的时间去查找与整合各类资料、设计教案，而且容易出现内容重复的情形。通过AI和大数据分析技术等，AIGC能够基于教师的需求来快速整合各类教学资源，自动生成符合教学要求的各类教案。这能够有效地减轻教师在备课这一工作上的负担，节省教师备课所需的时间和精力。

与此同时，利用AIGC生成备课教案能够实现多样化。AIGC不仅能够生成文字教案，还能生成其他类型的教学资源，如音频和视频等多媒体资源。这种多样化的资源形式为教师提供了更多的选择。而与传统的备课方式相比，AIGC还可以提供各种主题的实时资源。这意味着教师能够随时获取最新的教学素材和信息。这些都使AIGC生成的备课教案更加丰富多样，为教师提供有效的支持，不断提升教学质量。

此外，利用AIGC生成备课教案能够支持个性化教学。AIGC允许教师根据学习者的需求和学习风格来进行个性化设计，形成个性化的教案，满足不同层次的教学需求。AIGC也能够基于学习者的学习数据和情况，推荐更加适合学习者的资源，从而为教师备课提供实时的反馈，形成更有针对性的教案。

3.2.2 典型平台

表3-2展示了部分有代表性的AIGC+生成备课教案平台。

表3-2　部分有代表性的AIGC+生成备课教案平台

平台名称	平台简介
Nearpod	● 创新课堂工具 ● 提供互动课程、互动视频、游戏化活动
Gooru	● 免费教学资源导航平台 ● 有效搜索最适用的学习资源
讯飞星火	● 基于提问提供教学方案
文心一言	● 基于提问提供教学方案

（1）Nearpod。

Nearpod是一个课堂工具，如图3-6所示。利用Nearpod，教师可以通过互动课程、互动视频、游戏化活动来设计交互式教学内容，有助于提升学习者的课堂参与感。此外，Nearpod整合人工智能技术，为教师提供个性化课件内容的推荐和生成服务。

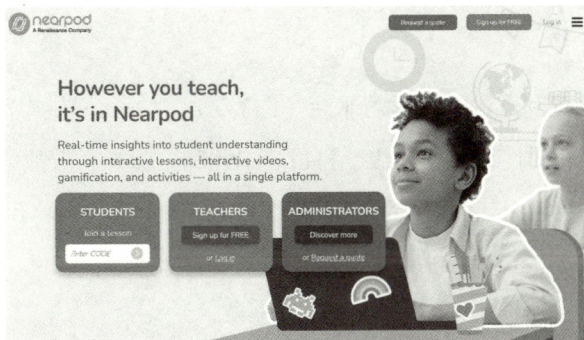

图3-6　Nearpod平台首页[①]

Nearpod平台的特色主要体现在互动课件的提供上。通过添加形成性评估、模拟和动态虚拟现实等媒体，收集学习者的学习理解数据；基于庞大的K12图书馆，系统可提供预制的课程和活动，并根据教师的要求和独特的教学目标进行定制。例如，系统可以根据教师提供的主题自动创建一个包含相关资料、图

---

① 来源：https://nearpod.com/。

像、视频等内容的演示文稿草案，教师再根据实际需求情况进行修改和优化。

利用Nearpod生成备课教案的步骤体现在：

第一，利用Nearpod模块创建交互式课件。教师可在Nearpod内搜索匹配自己课程的学习标准和目标的模板，并在其基础上创建活动以及添加文本、音频和视频、游戏、投票、测试等元素。

第二，整合教学资源。Nearpod内置大量的教学资源，如教学视频、虚拟现实场景、互动游戏等。教师可直接将这些资源整合到课件中，以增强教学效果，使课堂更加生动和具有吸引力。

第三，形成性评估。教师利用Nearpod课件教授课程的关键概念和知识点后，利用反馈节点获取学习者的学习情况，了解学习者的掌握情况与学习进度。Nearpod还可根据学习者的水平和需求，提供差异化教学与额外支持。

第四，灵活调整教学。教师可以利用Nearpod收集的学习者学习情况，如测试成绩和参与度等，帮助自己及时调整教学策略，以应对学习者的不同需求和可能存在的误解。

（2）Gooru。

作为一个非营利性的在线学习平台（图3-7），Gooru提供丰富的课程资源、详细的教学说明和属性，包括年级、科目、单元和主题等。教师可在Gooru上搜索和选择适合的资料作为其课程计划的基础，生成定制化课程内容和教学进度。

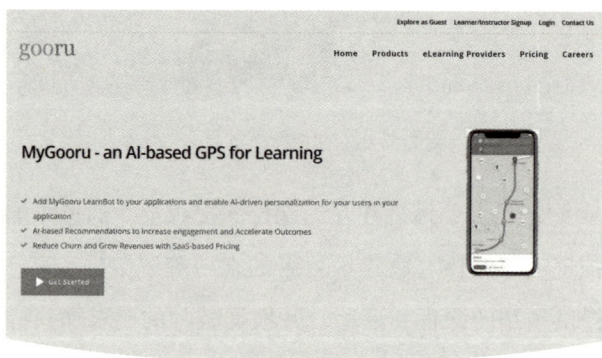

图3-7　Gooru平台首页[①]

———————————

① 来源：https://goorulearning.com。

（3）讯飞星火。

讯飞星火是以中文为核心的新一代认知智能大模型[1]。该平台能够基于提问生成多风格多任务的长文本，也能够进行多层次跨语种语言理解。这些都有助于辅助教师进行备课教案的设计。

假设一位小学四年级的语文教师在为《四时田园杂兴（其二十五）》这一课文备课。在向讯火星飞提交以下问题"请围绕这篇课文设计一个详细的教案：《四时田园杂兴（其二十五）》"后，得到的回复如下：

《四时田园杂兴（其二十五）》详细教案设计

Ⅰ．教学目标

1．知识与技能：

－学生能够正确、流利地朗读《四时田园杂兴（其二十五）》，感受诗歌的韵律美。

－学生能够理解并背诵全诗，掌握诗中的基本词汇和句式。

－学生能够了解诗人范成大及其创作背景，以及《四时田园杂兴》系列诗歌的文学地位。

2．过程与方法：

－通过朗读、讨论等活动，培养学生的语言表达能力和批判性思维能力。

－通过图片、视频等多媒体手段，帮助学生形象理解诗意，提高学生的语言综合运用能力。

3．情感态度与价值观：

－引导学生体会诗中对自然景色的描绘，培养对自然美的欣赏能力和环保意识。

－激发学生对传统文化的兴趣和热爱之情，增强文化自信。

---

① 来源：https://xinghuo.xfyun.cn。

－通过对比现代生活，引导学生思考人与自然和谐共处的重要性。

Ⅱ．教学重点与难点

1．教学重点：

－诗歌的正确朗读和背诵，特别是对诗歌节奏和韵律的把握。

－对诗歌中关键词汇的理解，如"梅子金黄""杏子肥"等，以及这些词汇在描绘四季变化中的作用。

－对诗人范成大及《四时田园杂兴》系列诗歌的历史背景和文化价值的了解。

2．教学难点：

－对诗歌中隐喻和象征手法的理解，如"麦花雪白菜花稀"所表达的深层含义。

－对诗歌意象的解读和欣赏，如何从诗句中感受作者的情感和态度。

－将诗歌内容与现代生活联系起来，让学生理解诗歌的现实意义。

具体案例：在教学中，可以通过展示不同季节的田园风光图片，让学生直观感受"梅子金黄""杏子肥"等词汇所描述的景象，从而更好地理解诗歌内容。同时，教师可以引入范成大的其他作品或同一时期的其他诗人作品，进行比较分析，帮助学生深入理解宋代田园诗的特点。在探讨难点时，教师可以引导学生讨论"麦花雪白菜花稀"可能反映的是作者对丰收景象的喜悦，或是对农事劳作的感慨，以此培养学生的批判性思维。最后，通过讨论现代人如何在日常生活中体验和享受自然之美，学生可以将古代诗歌与现代生活相联系，从而更好地理解和欣赏诗歌的价值。

Ⅲ．教学准备

1．教材准备：

－准备《四时田园杂兴（其二十五）》的全文，包括注释和翻译，以便学生更好地理解诗歌内容。

－收集范成大生平介绍资料，以及《四时田园杂兴》系列诗歌的背景信息。

－准备相关的多媒体教学资源，如宋代田园风光的图片、诗歌朗读音频等。

2. 学生准备：

－要求学生提前阅读诗歌，标记不理解的词汇或句子，准备在课堂上提问。

－学生需查阅诗人范成大的基本信息，了解其创作背景和历史时期。

－学生应收集一些关于宋代农村生活的资料，以便更好地理解诗歌的社会背景。

3. 教师准备：

－教师需熟悉诗歌内容和相关历史背景，准备好详细的讲解材料。

－设计互动环节的问题和活动，如分组讨论、角色扮演等，以提高学生参与度。

－准备评价学生学习成果的方法和标准，确保评价的公正性和有效性。

具体案例：在教学准备阶段，教师可以利用网络资源下载高清的宋代田园风光画作或照片，用于课堂展示，帮助学生更直观地理解诗中的景象。同时，教师可以准备一段《四时田园杂兴（其二十五）》的朗读视频，由专业人士朗读，以此作为朗读示范，帮助学生把握诗歌的节奏和语调。此外，教师可以预先设计一份关于诗歌理解和欣赏的问卷或小测验，用于课后评估学生的学习效果。

Ⅳ．教学过程

1．导入新课：

-开始上课前，播放一段宋代田园风光的视频，激发学生的兴趣。

-提问学生对田园生活的了解和感受，引出本课的主题。

2．诗歌朗读：

-教师首先朗读《四时田园杂兴（其二十五）》，注意语音语调，为学生做示范。

-学生跟读，注意模仿教师的朗读方式，然后尝试自己朗读。

3．诗歌讲解：

-逐句解析诗歌内容，包括词汇解释、句式结构和意象传达。

-讨论诗歌中的文化背景，如宋代的农村生活和节令风俗。

4．词语学习：

-挑选关键词汇进行深入讲解，如"梅子金黄""杏子肥"等。

-通过图片或实物展示，帮助学生形象记忆这些词汇。

5．内容理解：

-分析诗歌的主旨和情感，引导学生理解作者对自然的赞美和对农事的关注。

-通过提问和讨论，检测学生对诗歌内容的理解程度。

6．艺术欣赏：

-讨论诗歌的艺术特色，如运用的修辞手法和节奏韵律。

-引导学生欣赏诗中所描绘的自然美景和田园生活的宁静。

7．拓展延伸：

-与其他田园诗作比较，如陶渊明的《归园田居》等，探讨不同诗人对田园生活的表现手法。

-讨论现代生活中如何寻找和体验田园之美，鼓励学生在生活中实践环境和自然保护。

8．总结反馈：

−回顾本课所学内容，总结学生的学习成果。

−鼓励学生发表自己的见解和感受，提供反馈意见。

9．作业布置：

−要求学生背诵《四时田园杂兴（其二十五）》。

−布置写一篇短文，描述自己理想中的田园生活，体现对诗歌的理解和思考。

具体案例：在诗歌讲解环节，教师可以利用PPT展示诗歌中提到的各种植物的图片，帮助学生形成直观印象。在艺术欣赏环节，教师可以播放不同风格的音乐，让学生感受不同节奏和韵律对诗歌情感表达的影响。在拓展延伸环节，教师可以组织一次课外实践活动，比如参观农场或植物园，让学生亲身体验田园生活，之后在班级分享会上交流体验心得。

Ⅴ．教学反思

1．教学方法的反思：

−分析本次课程中使用的教学方法是否有效，如多媒体辅助教学是否帮助了学生更好地理解诗歌内容。

−反思互动环节（如小组讨论、角色扮演）是否充分调动了学生的参与积极性，以及这些活动是否促进了学生对诗歌的深入理解。

2．学生学习效果的反思：

−根据学生的课堂表现和作业完成情况，评估学生对诗歌的掌握程度和艺术欣赏能力。

−分析学生在课堂上的提问和讨论情况，了解他们对诗歌内容的疑惑和兴趣点。

3. 教学内容的适宜性反思：

－思考所选诗歌的难度是否适合学生的认知水平，是否需要调整教学深度或广度。

－考虑是否需要增加或减少某些教学内容，以确保教学内容既能满足学生的学习需求，又能激发他们的兴趣。

4. 教学环境的反思：

－反思课堂氛围是否有利于学生的学习和表达，以及教室布局是否便于开展各种教学活动。

－考虑是否有更有效的方式来利用课堂时间和空间，以提高教学效率。

具体案例：在教学过程中，如果发现学生对于"麦花雪白菜花稀"这样的诗句理解有困难，教师可能需要在课后反思是否需要提供更多的历史背景知识或农业生产方式的解释。如果学生在课堂讨论中表现出对比较不同诗人田园诗作的浓厚兴趣，教师可以考虑在未来的课程中增加更多类似的比较分析活动。此外，如果学生在作业中普遍反映出对现代生活中寻找田园之美的想法，教师可以在下一课时提供更多实际的例子和建议，帮助学生在生活中实践所学到的知识。

（4）文心一言。

文心一言是一款基于大语言模型的生成式人工智能产品[1]，其核心功能体现在文本生成能力上。该平台支持内容创作，也能够深入理解和处理中文信息，生成多形态的内容。

在向文心一言提交以下问题"请围绕这篇课文设计一个详细的教案：四时

---

① 来源：https://yiyan.baidu.com/。

田园杂兴（其二十五）"后，得到的回复如下①：

《四时田园杂兴（其二十五）》教案设计

教学目标：

1．知识与技能：

● 学生能够正确、流利、有感情地朗读课文。

● 学生能够理解诗中的意象和意境，了解诗人表达的情感。

● 学生能够掌握生字新词，理解并应用相关诗句。

2．过程与方法：

● 引导学生通过朗读、讨论、感悟等多种方式理解诗意。

● 鼓励学生利用已有知识和生活经验进行联想和想象，加深对诗文的理解。

3．情感态度与价值观：

● 激发学生对古典诗词的兴趣和爱好，培养学生的审美情趣。

● 引导学生体会诗人对田园生活的向往和赞美，培养学生对自然和生活的热爱。

教学重难点：

● 重点：理解诗意，感受诗人情感，掌握生字新词。

● 难点：深入理解诗中意象和意境，体会诗人情感。

教学准备：

● 课文《四时田园杂兴（其二十五）》全文及注释。

● 相关图片或视频资料，用于展现田园风光。

● 生字新词卡片或小黑板。

教学过程：

一、导入新课

1．展示田园风光的图片或视频，激发学生兴趣。

---

① 来源：https://yiyan.baidu.com/share/tAU75oqwlg。

2．提问学生：你们对田园生活有什么感受？是否了解有关田园生活的诗句？

3．引出课题《四时田园杂兴（其二十五）》，介绍诗人及其创作背景。

二、新课学习

1．初读课文

● 学生自由朗读课文，注意读准字音、读通句子。

● 教师示范朗读，学生跟读，注意对语音、语调的把握。

2．学习生字新词

● 教师出示生字新词卡片或小黑板，学生认读并理解意思。

● 学生互相提问、解答，巩固记忆。

3．理解诗意

● 学生再次朗读课文，尝试理解诗意。

● 教师逐句讲解，引导学生理解诗句中的意象和意境。

● 小组讨论，分享对诗句的理解，教师点评并补充。

4．感悟诗情

● 学生思考并讨论：诗人通过这首诗表达了怎样的情感？

● 教师引导学生结合诗人的创作背景和诗句内容，深入体会诗人的情感。

三、拓展延伸

1．联想与想象

● 学生尝试用自己的语言描述诗中的田园风光，展开联想和想象。

● 小组交流，分享自己的想象画面，教师点评并鼓励。

2．创作与表达

● 学生尝试仿照《四时田园杂兴（其二十五）》的风格，创作一句或一小段赞美田园生活的诗句。

● 学生展示自己的创作，并相互评价、鼓励。

四、课堂小结

1．总结本课学习的内容，强调对诗意的理解和诗人情感的体会。

2．鼓励学生在日常生活中多观察、多感受，培养对自然和生活的热爱。

五、作业布置

1．背诵《四时田园杂兴（其二十五）》，并默写一遍。

2．收集其他关于田园生活的诗句，准备下节课分享。

教学反思：

● 在教学过程中，要关注学生的学习情况，及时调整教学策略，确保每个学生都能参与到课堂中来。

● 要注重培养学生的想象力和创造力，鼓励他们在理解诗意的基础上，进行联想和创作。

● 要注意激发学生的学习兴趣和主动性，让他们在轻松愉快的氛围中学习古诗词，提高审美情趣。

3.3 AIGC+课程助教与陪练

3.3.1 概述

AIGC在充当课程助教与陪练方面同样能够发挥重要作用，为学习者提供个性化的辅导以及高效与个性化的学习体验，促进其全面发展。

作为课程助教，AIGC能够协助教师进行教学活动，如作业批改与答疑。AIGC能够提供即时的反馈和评估，帮助学习者及时了解自己对课程内容的掌握情况。例如，AIGC能够及时批改学习者的作业，并提供详细的反馈；同时还能够跟踪并分析学习者的学习时间、完成任务的速度、答题正确率等数据，生成学习报告，为后续学习计划的制订提供参考。与此同时，AIGC通过智能辅导和答疑，及时回答学习者提出的问题，解决学习者在学习过程中遇到的问题。

而作为课程陪练，AIGC能够帮助学习者更好地巩固和应用所学知识。通过模拟真实交互场景，AIGC能够帮助学习者进行练习，在实践中掌握知识，提高学习的实效性。此外，AIGC也能够基于学习者的实际情况提供更有针对性的个性化练习方案，进而取得更好的学习效果。

3.3.2 典型平台

表3-3展示了部分有代表性的AIGC+课程助教与陪练平台。

表3-3 部分有代表性的AIGC+课程助教与陪练平台

平台名称	平台简介
Carnegie Learning's Mika	● 在线数学教学平台
Jill Watson	● 虚拟教学助手 ● 回答学习者提出的问题
Duolingo	● 语言学习工具软件

（1）Carnegie Learning's Mika。

Carnegie Learning's Mika是一款人工智能驱动的在线数学教学平台，如图3-8所示。该平台能够根据学习者的学习进度和理解能力，自动调整教学内容和难度，为学习者量身定制学习路径和计划。该平台也能够为学习者提供学习指导并回答疑问，并能鼓励和激励学习者。

图3-8 Carnegie Learning's Mika平台首页[①]

---

① 来源：https://site.imsglobal.org/certifications/carnegie-learning-inc/mika。

（2）Jill Watson。

作为一款人工智能助教（图3-9），Jill Watson能够回答学习者提出的问题，并提供学习建议。每门课程都有自己定制的"知识库"，Jill Watson能够利用这些知识库全天候回答学习者的基础问题。

图3-9　Jill Watson介绍[①]

（3）Duolingo。

作为一款语言学习工具软件（图3-10），Duolingo利用游戏和激励性挑战，使学习语言变得有趣。与此同时，Duolingo根据个人的不同水平和学习进度，提供合适的个性化学习路径。此外，Duolingo提供实时的反馈，帮助学习者了解学习状况，并根据这些反馈及时调整学习策略。

图3-10　Duolingo平台首页[②]

---

① 来源：https://research.gatech.edu/jill-watson-ai-pioneer-education-turns-4。

② 来源：https://www.duolingo.cn/。

例如，以学习者A想在Duolingo学习粤语为例（图3-11）。进入平台首页后，点击"开始"，就会直接显示界面询问想学什么语言［图3-11（a）］。选择"中文（粤语）"后，会显示学粤语的目的［图3-11（b）］以及粤语水平怎么样［图3-11（c）］的问题。在此基础上，显示学习完课程后你能达到的目标［图3-11（d）］，进一步让你确定每日学习目标［图3-11（e）］，询问你是从零开始还是先做练习进行水平测试后再开始［图3-11（f）］，而水平测试的难易程度会根据问题回答情况灵活调整。最后，基于测试结果，提供适合你的个性化的学习路径和资源。

（a）

（b）

（c）

（d）

（e）

（f）

图3-11　在Duolingo学习粤语的过程

3.4 AIGC+虚拟现实教学

3.4.1 概述

随着虚拟现实（Virtual Reality，VR）技术的进一步发展，"VR+AI"的创新组合正逐步融入教育领域，改变着教育环境和方式，这有力推动着元宇宙教育的实现。VR有助于实现虚拟场景的搭建，将学习者带入虚拟的教学场景中，而AI能够实现教育的智能化。VR+AI能够满足场景化教育的需求，打造更加真实的虚拟现实教学的体验，这打破了时空的局限性，让教学内容更加丰富、充满想象；让学习者不仅能体会现实世界接触不到的教具的真实感，还能体会寓教于乐的学习趣味，增强学习的沉浸感。VR+AI的有效结合能够激发学习者的创造力和想象力，促使学习者更具探索精神。

传统的粉笔和黑板已不再是课堂教学的唯一工具，学习者也不再局限于阅读书籍和做笔记。教师和学习者都可以利用各种创新的教学辅助工具，如虚拟现实，来到虚拟教学空间，接触现实世界中不便观察到的教学场景，亲自体验书中描述的场景，与书中的角色进行互动，使学习过程更加生动和有趣。

此外，传统的"教师讲解，学生倾听"的教学模式也正在被重新定义。在这一新型的教育环境中，学习者被鼓励进行创新性的自主学习。他们可以根据自己的兴趣和需求选择学习内容和方式，参与到课程设计和内容创造中，从被动接受知识转变为主动探索知识，真正成为课堂的主体。

AIGC+虚拟现实教学平台的独特性主要体现在：

（1）打造AI虚拟教师，实现一对一个性化教学。

在科幻题材的影视作品中，我们经常会看到AI虚拟教师的身影。他们知识丰富，无比耐心，以生动有趣的方式为学习者解释复杂的概念，指导学习者完成作业和练习。他们随时关注学习者的状态，在学习者感到疲倦时通过讲有趣故事的方式来再次吸引学习者的注意力和兴趣。AI时代以前，类似的场景往往被认为只出现在科幻片或小说中，而AIGC技术的发展促使这一场景已经不再遥不可及。

AIGC能够打造AI虚拟教师，为学生赋能，更好地实现一对一的个性化教学与辅导。AI虚拟教师不仅能够教授知识、辅导学习，也能够激发学习者的思考，还能不断积累学习者的学习大数据，反过来进一步优化AIGC系统并提供更加优化的教育。

现实中，已有学校尝试应用AI虚拟教师。例如，世界上首个AI虚拟教师威尔（Will）已在新西兰奥克兰一所小学上课，教小学生可再生能源方面的知识，如太阳能和风能；在教学过程中会向学生提问，而小学生则通过平板或手机与威尔进行互动。威尔按真人设计，让小学生感觉到似乎有一个真人在给他们授课。与此同时，威尔使用人工神经系统来感知小学生的情绪，并能就此作出回应。又如，AI虚拟教师Watson Tutor由IBM和教育机构Pearson共同打造，能为教师提供学习者的相关数据以及结果，并为学习者提供即时的帮助和建议。Watson Tutor能够实现三个主要功能：诊断、答疑和测试。其中，诊断功能体现为Watson Tutor根据与学习者的互动来引导其完成学习，答疑功能则体现为自动检索相关拓展资料来帮助学习者巩固新旧知识，而测试功能体现为向学习者提问以检测其对知识的掌握程度。

（2）智能生成教学情景，实现虚拟现实交互。

AIGC能够智能生成教学中所需要的各种情景，给学习者带来虚拟交互的体验。课堂上，教师不再需要引导学习者展开想象，而是带着学习者直接进入特定的逼真情景中进行学习。例如，进入恐龙时代观察恐龙，进入唐朝盛世与波斯人经商，登上珠穆朗玛峰的峰顶见证奇绝的景色。

在情景化教学中，学习者需佩戴相关的显示设备以进入教师预先设计好的三维全景立体教学场景，沉浸在生动、逼真的学习环境中，进而进行多人在线的探索性学习活动。与此同时，学习者也能够访问不同学科的情景教室，通过全息投影等技术与远程教学地点进行连接，进行基于实际场景的课堂互动。

借助AIGC，教师能够将沉浸式的游戏体验融入教育过程中。例如，让学习者选择各种游戏角色、游戏场景和任务等，以游戏的方式完成各项学习任务，通过获取游戏奖励来激发他们的学习热情。与此同时，在不影响游戏结构和学习目标的前提下，学习者还能够参与到游戏角色的创建、游戏故事的延续等环节中，从而更好地实现教师和学生的共同创新。

与此同时，AIGC能够构建虚拟实验室，进而更好地满足教学过程中实验的需求。现实中，实验室以及各类实验耗材的购买往往耗费高额的费用，且存在一定的安全隐患。而虚拟实验室让学习者不再受实验场地、设备和耗材等的限制，可以在虚拟实验环境下进行便捷的实验操作和各种感兴趣的尝试，甚至进行高危险性的实验（如易燃易爆的化学实验）或现实中无法真实开展的实验（如黑洞体验）。学习者也可以由此获得更好的学习体验，对理论知识具有更深的实践认知。

此外，AIGC也能为教师创造个性化的教研情景，更好地协助教师完成各种教研活动。例如，为青年教师模拟各种真实的教学场景，如提问、违纪等，让他们能在模拟场景下做出应对，从而更加从容地应对真实教学中发生的各种事件。

3.4.2　典型平台

表3-4展示了部分有代表性的AIGC+虚拟现实教学平台。

表3-4　部分有代表性的AIGC+虚拟现实教学平台

平台名称	平台简介
Unimersiv	● 提供使用VR的学习体验 ● 在一个空间中能轻松访问多个教育场景
Labster	● 主要用于探索生物、化学、物理等普通科学实验 ● 提供实验室手册、实验报告、3D视频等资源
Nearpod	● 提供互动课程、互动视频、游戏化活动 ● 实时反馈学习者的理解情况
zSpace	● 致力于STEAM（科学、科技和工程、艺术、数学）教育、医学教学以及企业培训等

（1）Unimersiv。

作为一个VR教育体验平台（图3-12），Unimersiv的目标是让学习新东西变得有趣，并帮助所有年龄段的学习者通过虚拟现实更高效地学习。Unimersiv提供一系列的教育内容，包括历史、科学、天文学和人体解剖学等。

图3-12　Unimersiv平台首页[①]

Unimersiv依赖VR技术来创建沉浸式的学习体验。它不仅为学习者提供理论知识，还提供实践经验，帮助他们通过试错来提升技能。与此同时，Unimersiv使用AI来驱动其互动元素，如3D模型和虚拟导游。这些互动AI元素根据用户的反馈和行为进行自适应调整，以提供更加个性化的虚拟学习体验。此外，Unimersiv使用机器学习改进优化课程。通过收集和分析用户的数据，Unimersiv了解哪些虚拟教学方法最有效，并据此优化其课程设计。

学习者通过以下步骤使用Unimersiv：第一，打开Unimersiv App，选择课程。用户在Unimersiv课程库中根据自己的需要或兴趣挑选课程。这些课程专为VR设计，包含多个互动环节和学习目标。第二，体验沉浸式学习。用户借助VR设备参与课程。用户能够探索三维环境、与物体互动、培训技能、获得教育体验。第三，互动与反馈。用户可通过VR控制器进行操作和互动；也可利用平台提供的反馈和评估功能，掌握学习进度，即时调整学习策略。

（2）Labster。

作为一个虚拟的在线实验室模拟平台（图3-13），Labster让学习者在安全的环境中进行科学实验。Labster通过提供身临其境的体验，将科学带入生活，让每个学习者都能接触到科学。

---

① 来源：https://unimersiv.com/。

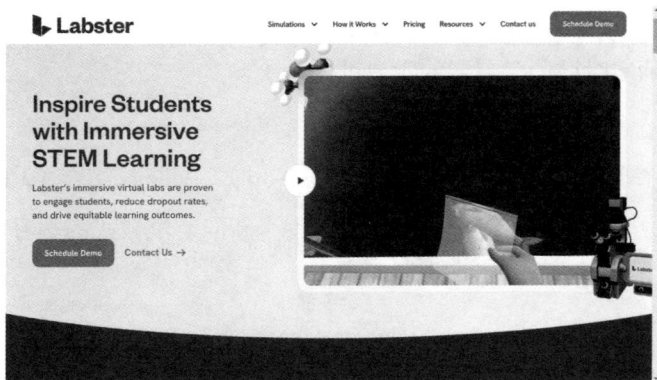

图3-13　Labster平台首页[①]

Labster利用VR技术打造了一个栩栩如生的虚拟实验室场景，允许用户在此环境中执行实验操作。与此同时，Labster还利用AI技术提升模拟实验的功能。例如，在模拟实验中，学习者会得到一个AI虚拟导师的辅助。该导师能够根据学习者的行为和进度提供定制化的辅导与支持，匹配最合适的虚拟实验室和课程材料。此外，Labster能够利用机器学习不断改进和优化实验模拟。

学习者通过以下步骤使用Labster：第一，挑选模拟实验。在Labster所提供的众多模拟实验中，挑选自己感兴趣且符合学习需求的实验。这些实验覆盖了包括生物学、化学、物理学等在内的科学领域。第二，在虚拟实验室操作。在虚拟实验室环境中进行实验操作，如操控虚拟设备、执行实验步骤以及数据分析等，而这一切均在安全且高效的环境下进行。第三，获得实时反馈与评估。Labster的模拟实验功能能够提供即时反馈与评估，使学习者能清楚了解自己的学习进展和理解深度。

（3）Nearpod。

Nearpod提供了一种将VR和AI整合到课堂教学中的方法，提供互动课程、互动视频、游戏化活动，并实时反馈学习者的理解情况。

Nearpod利用VR技术打造沉浸式学习体验。例如，学习者通过Nearpod的VR课程进行虚拟旅游，如探访古罗马遗迹或探索宇宙。与此同时，Nearpod也

---

①　来源：https://www.labster.com/。

融入AI技术以提升互动课程的体验。AI根据学习者的行为和反馈定制学习路径，帮助教师实时监测学习者的学习进度。

（4）zSpace。

作为一个沉浸式AR/VR学习平台（图3-14），zSpace结合了VR/AR技术，提供科学和数学等主题，为学习者创建一种全新的、沉浸式的学习互动体验。

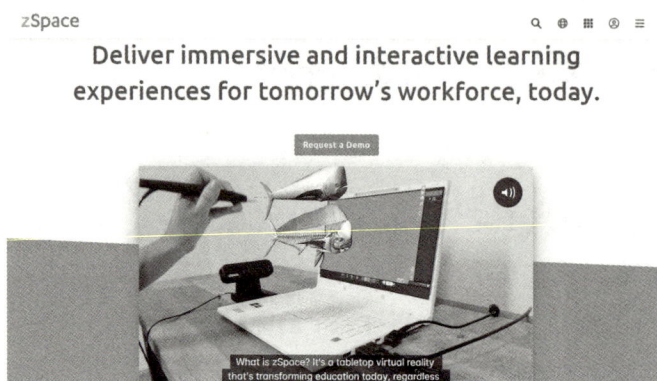

图3-14　zSpace平台首页[①]

zSpace主要利用VR和AR技术，通过三种感官特性打造自然直观的现实学习体验，学习者能在一个三维空间里探索和操作物体。

3.5　小结

AIGC能够在多个方面赋能教师和学习者，全方位地为教与学提供辅助和支持。AIGC在个性化学习、备课教案、课程助教与陪练以及虚拟现实教学等方面都发挥着重要的作用，并受到越来越多的青睐。

在个性化学习方面，AIGC能够制定个性化学习路径，智能推荐个性化的学习资源，提供智能评估和实时反馈。AIGC所具备的个性化内容推荐、自适应学习路径和实时化反馈等特点能够促使学习者提高学习效率和学习效果，从而

---

① 来源：https://zspace.com/。

培养其自主学习能力。

在备课教案方面，利用AIGC生成备课教案能够高效地整合各类多样化的教学资源，自动生成不同类型的教案，满足教师需求。AIGC也能够支持个性化教案的设计，满足不同层次的教学需求。

在课程助教与陪练方面，AIGC能够协助教师进行如作业批改与答疑等教学活动，也能够通过真实交互场景模拟等方式来帮助学习者更好地巩固和应用所学知识。

在虚拟现实教学方面，AIGC能够打造AI虚拟教师，实现一对一个性化教学；也能够智能生成教学情景，实现虚拟现实交互，如将沉浸式的游戏体验融入教学、构建虚拟实验室以及创造个性化的教研情景等。

确实，AIGC能够给教师和学习者带来全新的体验。但需要注意的是，在使用AIGC时，需牢记AIGC只是工具，仅发挥着辅助性的作用。

4

AIGC在基础教育中的应用前景

基础教育在整个教育体系中具有非常重要的地位，它是培养学生基本知识、技能和能力的阶段，为学生的终身学习和发展奠定基础。在AIGC时代，学生将得到更加个性化和多元化的学习体验，逐渐培养其自主学习和问题解决的能力。这将为学生提供更广阔的学习机会和发展空间，以培养他们适应未来社会变革和创新的能力。

4.1 基础教育的特征与需求

基础教育是面向全体学生的国民素质教育，其根本宗旨是为提高全民族的素质打下扎实的基础，为全体适龄儿童少年终身学习和参与社会生活打下良好的基础。基础教育对于提高中华民族的素质，培养各级各类人才，促进社会主义现代化建设具有基础性、全局性和先导性的作用。我国目前的基础教育包括幼儿教育（一般为3～5岁）、义务教育（一般为6～15岁）、高中教育（一般为16～19岁）以及扫盲教育。其中，涵盖小学和初中阶段的义务教育，具有普及性、公共性和强迫性的特点，是国家统一实施的所有适龄儿童少年必须接受的教育，是国家必须予以保障的公益性事业。

习近平总书记强调，基础教育在国民教育体系当中处于基础性、先导性地位，必须把握好定位，全面贯彻落实党的教育方针，从多方面采取措施，努力把我国基础教育越办越好。"十三五"以来，以习近平同志为核心的党中央高度重视基础教育，作出了一系列重大部署，出台了若干重要文件，在巩固提高义务教育普及水平的同时，加快普及学前教育和高中阶段教育，着力发展公平而有质量的教育，推动我国基础教育改革发展快速前行。教育部基础教育司前司长吕玉刚总结了我国基础教育呈现以下六新①：

（1）基础教育重视程度达到新高度。着力强化顶层设计，全面系统进行部署，明确发展目标，完善政策保障，整体提升水平，基础教育已经踏上更加重视内涵发展、全面提高育人质量的新征程。

（2）基础教育普及水平跃上新台阶。在学前教育方面，强化了公益普惠属性；在义务教育方面，确保实现义务教育有保障；在普通高中方面，即将实现基本普及；在特殊教育方面，残疾儿童得到更多关爱。

（3）基础教育办学条件呈现新面貌。农村学校办学条件大幅改善，城镇义务教育大班额基本消除。

（4）基础教育全面提质进入新阶段。德育工作实效显著提高，课程教学改革全面深化，信息技术与教育教学深度融合。

（5）基础教育综合改革迈出新步伐。大力激发中小学办学活力，积极创新普通高中育人方式，不断深化基础教育评价改革，逐步形成家校协同育人机制。

（6）基础教育热点难点实现新突破。社会育人环境得到有效治理；招生秩序得到有效规范；学生过重学业负担得到有效缓解。

然而，由于基础教育点多、线长、面广、量大，各地教育发展很不平衡，特别是城乡之间均衡发展水平有差距。当前，人民群众对个性化、多样化、动态化、终身化教育需求更加强烈，对公平而有质量的教育的向往更加迫切。教育必须聚焦培养什么人、怎样培养人、为谁培养人这一根本问题，落实立德树人根本任务。目前，我国基础教育已实现全面普及，人民群众"有学上"问题基本解决，"上好学"的需求日益强烈，全面提高教育质量已成为我国教育的战略性任务。

---

① 教育部新闻发布会介绍"十三五"以来基础教育改革发展有关情况 [EB/OL]. (2020-12-10) [2024-02-12]. https://www.gov.cn/xinwen/2020/12/10/content_5568725.htm.

回首过去几年，从党建引领到教师队伍建设，从学前教育到普通高中教育，从课程改革到评价改革，从校内校外的"双减"到互联网云端的"数字化"，"高质量"是贯穿基础教育领域方方面面的主线，也是改革发展的内核。2022年全国教育工作会议明确提出，实施教育数字化战略行动，教育数字化转型升级迎来提速期，基础教育发展发动新引擎。

作为引领新一轮科技革命和产业革命的重要驱动力，人工智能催生了大批新产品、新技术、新业态和新模式，也为教育现代化带来了更多可能性。习近平总书记强调："中国高度重视人工智能对教育的深刻影响，积极推动人工智能和教育深度融合，促进教育变革创新"。在人工智能支撑下，优质数字教育资源跨越山海，推动教育更加公平、开放。在西藏墨脱县，得益于多媒体器材配备到雅鲁藏布大峡谷深处、"智慧课堂"全覆盖，门巴族孩子小学入学率实现100%。在AIGC时代到来之际，更需要重新定义传统的知识、学习、教学、评价。

（1）知识：在AIGC时代，知识不再仅仅是静态的书本内容，而是一个动态的、日新月异的变化体。知识不仅应包括基础概念和原理，还应包括学习能力、创新能力、思维能力等。同时，随着人工智能技术的发展，获取知识的途径也变得更为便捷和广泛，我们需要重新思考如何在AIGC时代获取、消化和应用知识。

（2）学习：在AIGC时代，随着知识的不断变化，更需要强调学习能力，尤其是自主学习能力的培养。学习将更强调个性化和自适应，学生需要通过不断探索、实践和研究等方式来主动适应瞬息万变的知识体系。同时，也更需要注重培养自身的创新思维、批判性思维、综合思考思维，以适应快速变化的社会和技术环境。

（3）教学：AIGC时代对传统教学提出了新的要求和挑战。教学也将更注重知识的产生、变化和发展，以及如何满足学生的个性化需求。通过智能化的教学设计和个性化的学习支持，帮助学生发现并挖掘他们的潜力和才能。传统的师生模式也将由于AIGC的加入而发生转变，引导学生进行深入思考和自主学习。

（4）评价：AIGC驱动下的评价应该更加注重学生的综合能力和创新能力的培养，而不仅仅是对所授知识的记忆和应用。评价应更加注重学生的问题发现能力、信息检索能力，以及问题解决能力，同时也应该突破传统的应试模式，向更多元、更多样化的评价方式转变，以全面地了解学生的能力，甚至潜力。

4.2 AIGC赋能基础教育课程设计

基础教育中的课程设计对学生的学习和成长具有重要的影响，它不仅决定了知识的传授和技能的培养，还直接影响学生的学习动机、兴趣爱好和综合素养的提升。义务教育阶段的课程设计追求学科的全面性、基础性、综合性和普及性；而高中阶段的课程设计更强调专业化、知识的深度和广度，以及尊重学生的兴趣和特长。

在新的数字时代，传统的义务教育面临着日益凸显的挑战和压力。教学内容固定、教学方法传统以及教学模式局限等问题已经逐渐显露出其不足之处，而教师资源有限和地区教育资源分配不平衡更加剧了教育领域的深层次矛盾。在这样的背景下，亟须进行全面的教育改革，以适应数字时代的发展需求和教育模式的转型。

首先，教学内容的更新和多样化是当前改革的重要方向之一。传统的固定教学内容已经无法满足学生多样化的学习需求和社会发展的要求，因此需要加强对新兴知识、前沿技术和实践技能的引导和培养，打破学科壁垒，促进跨学科的融合和创新。

其次，教学方法和教学模式的创新是教育改革的关键之一。传统的教学方法局限于教师主导的课堂教学，缺乏互动性和参与性。而在数字时代，应充分利用信息技术、网络资源和在线教育平台，开展个性化、综合性的教学活动，激发学生的学习兴趣和创造力。

此外，解决教师资源有限和地区教育资源分配不平衡的问题是教育改革的关键所在。应加大对教师的培训和支持力度，提高其教学水平和专业素养。同时，优化教育资源的配置和管理，加强地区教育资源的统筹和整合，确保每个学生都能够享受到公平、优质的教育资源。

综上所述，传统的义务教育亟须进行全面的改革和创新，以适应时代发展的要求和学生个性化的学习需求，为培养具有创新能力和综合素质的未来人才打下坚实的基础。2023年5月，教育部办公厅印发《基础教育课程教学改革深化行动方案》，方案中提到"引导广大教师深入研究课程教材内容和课堂教学规律，创新教学设计和教学方法"。

AIGC可以帮助教师更好地明确学习目标、规划学习路径，以协助其高效地开展学习活动。教师可以用通俗的语句表达个人需求，AIGC在理解教师的教学意图后，基于模型内部参数系统将收集到的信息生成全新的文段作为答案。由于答案是针对特定的提问生成的，因此具有极强的针对性，可以满足教师的个性化需求[①]。例如，用户是高二信息技术学科的教师，希望获得能力提升工程2.0培训微能力选择建议，并将高中信息技术教学大纲、信息技术会考相关知识点、中小学教师信息技术应用能力校本应用考核规范等培训、考纲文件上传，同时将任教学科、任教学段、教学内容、教学目标、培训要求、考核目标等信息提供给ChatGPT。ChatGPT通过自然语言处理技术理解教师的问题，包括语法解析、关键词提取和上下文理解等，结合学科特点，并根据解决会考难题以及培养学生创造性思维等要求提供选择建议[②]。引入AIGC将给基础教育的课程设计带来显著变化，为教育领域提供了全新的可能性和机遇。

（1）智能化教学资源生成。

AIGC可以帮助教育工作者更加高效地生成课程内容。传统的课程设计需要教师花费大量时间和精力来准备教案和教材，而引入AIGC后，教师可以通过输入关键词或主题，快速生成丰富多样的、富有创意的课程、活动和教学资源，提高教学质量，节省时间和人力成本。通过AIGC技术自动生成教学PPT、

---

① 刘明，吴忠明，廖剑，等．大语言模型的教育应用：原理、现状与挑战：从轻量级 BERT 到对话式 ChatGPT[J]. 现代教育技术，2023，33(8): 19-28.

② 汪晨，刘永贵．基于生成式人工智能的教师自主学习模式探究：以 ChatGPT 为例 [J]. 软件导刊，2023，22(11): 219-225.

教学视频、习题库等，极大地减轻了教师的备课负担。这些教学资源不仅内容丰富、形式多样，而且能够根据学生的学习情况和需求进行个性化调整，提升教学效果。例如在语文课堂中，围绕《荷塘月色》《背影》等课文设计教案、提供课外素材和生成教学活动[①]，还可以智能生成情境图片、思维导图，有效提高教师备课效率。同时，AIGC可以根据课文内容自动生成教学PPT，包括课文的背景介绍、生字词的解释、重点句子的分析等。同时，还可以生成与课文相关的练习题，供学生进行巩固和拓展。

（2）智能化学习路径设计。

基于AIGC技术的学习路径设计能够根据学生的学习水平、兴趣偏好和学习风格等因素，为学生量身定制个性化的学习方案。学生可以在舒适的学习环境中发掘自身的潜力，帮助学生更好地理解和掌握知识，提高学习效果。这种学习路径的设计不仅考虑了学生的当前状态，还能够预测学生的未来发展，为学生的终身学习打下坚实的基础。例如，在数学课程中，AIGC可以根据学生的数学基础和学习能力，为学生设计个性化的学习路径。对于基础薄弱的学生，可以从基础知识入手，逐步提高学生的数学能力；对于学有余力的学生，可以提供更高层次的数学知识和挑战，激发学生的数学兴趣和创新思维。

这里以ChatGPT-4为例，进行中学地理课程的设计，与ChatGPT-4的交互为：

Q：假设你是一名中学地理教师，我是你的一名八年级学生，现在在学习"运用地图和相关资料，简要归纳中国地形、气候、河湖等的特征；简要分析影响中国气候的主要因素"这部分内容，但是我觉得从地图上快速准确地识别各种地形并简要归纳其特点对我来说是一个挑战，你能否帮助我学习这部分内容呢？

A：当然，我很愿意帮助你学习这部分内容，特别是在地形的识别和特点归纳方面。以下是一些学习和应用的建议：

---

① 卢宇，余京蕾，陈鹏鹤，等. 生成式人工智能的教育应用与展望：以 ChatGPT 系统为例 [J]. 中国远程教育，2023，43(4)：24-31，51.

学习地形特征：首先，我们可以通过地图、教科书和其他相关资源来学习中国的地形特征；了解山脉、高原、平原、盆地、河流、湖泊等地形的形状、分布和特点；重点关注中国的主要山脉（如喜马拉雅山脉、长白山脉、秦岭等）和平原（如华北平原、东北平原等）等。

观察地形图：在学习过程中，我们可以使用地形图来观察和分析中国的地形特征。地形图上的等高线、山脉、水系等符号可以帮助我们更直观地理解地形特征。通过观察地形图，尝试识别不同地形特征，并理解它们的形成原因和特点。

制作笔记和总结：当你学习和观察地形特征时，建议制作笔记并进行总结。将地形特征的名称、形状、分布和特点记录下来，并尝试用自己的话简要归纳每种地形的主要特点，这将有助于加深记忆和理解。

进行练习和实践：除了理论学习，实践也是学习地形特征的重要方式。可以尝试通过地图上的练习题或在线地理学习平台来测试自己对地形特征的识别和归纳能力。在实践中不断练习，逐渐提高准确性和速度。

寻求帮助和讨论：如果你在学习过程中遇到困难或有问题，不要犹豫向我提问或与同学们讨论。通过互相交流和分享，我们可以共同解决问题，并加深对地形特征的理解。记住，学习是一个逐步积累和提高的过程。随着时间的推移和实践的进行，你会逐渐掌握识别和归纳地形特征的技巧。我会尽力提供支持和帮助，确保你对这部分内容有一个全面的理解。如果你有任何问题，请随时向我提问。

同样的问题，深圳大学附属中学陈琳老师在论文[①]中使用了讯飞星火认知大模型进行提问，同样可以得出类似的设计灵感。总的来说，引入AIGC将为基础教育的课程设计带来新的思路和方法，有望提高教学效率、个性化学习体验和教育质量，但同时也需要综合考虑各种因素，确保其在教育领域的可持续发展和应用。例如，如何保证AIGC生成的内容质量和准确性，如何解决个性化学习的隐私和安全问题，以及如何培养教师和学生正确使用AIGC的能力等。

---

① 陈琳.生成式人工智能在中学地理教学中的应用路径初探[J].中学地理教学参考，2023（34）：15-20.

4.3 AIGC在中小学课堂中的应用

传统的中小学课堂通常采用的是传授式教学模式，即教师作为知识的传递者，学生则被动地接受和消化教师提供的知识，更像是一种主从式的传递途径。这里教师主导课堂，通过讲解、演示和练习等方式向学生传授知识，学生则通过听讲、记录和学习等方式进行知识的消化。在AIGC时代，这种主从模式将发生变化，AIGC可以充当学生学习的智慧伙伴，赋能学生学习，重塑学习空间、学习过程、学习方式，最大限度激发学生的潜能，增强学生的学习动机、兴趣和能力[①]。

（1）增加课堂专注力。

在中小学课堂中，尤其是小学课堂，学生的注意力往往难以持续集中。这可能是他们的年龄特点、好奇心以及对学习主题的兴趣程度等因素所致。AIGC可以通过丰富和有趣的方式引导学生的学习，提高他们的参与度和学习效果。首先，AIGC可以生成图像、音视频等多媒体教学资源，增强知识的趣味性，吸引学生的注意力，并可以激发学生的好奇心，让他们更积极地参与学习过程。其次，AIGC可以应用到虚拟现实技术中，为学生提供沉浸式的学习体验。学生可以身临其境地参与学习活动，如参观历史场景、探索科学实验等。这种互动性和参与感也可以极大提高学生的学习注意力。此外，AIGC还可以通过游戏化学习的方式引导学生学习，通过设计有趣的教学游戏，以及一些关卡挑战，让学生在娱乐中获取知识和技能。这里以高尔基的《海燕》为例，通过讯飞星火大模型和Midjourney生成插图，生成的图片如图4-1所示，其中图4-1（a）为讯飞星火大模型生成，提示语为"在苍茫的大海上，狂风卷集着乌云。在乌云和大海之间，海燕像黑色的闪电，在高傲地飞翔。"；图4-1（b）为Midjourney生成的四幅图，提示语为"on the vast sea::8, raging winds::7 swirling clouds::7, sea swallows::6 black lightning::9, soaring proudly::8, --no

---

① 杨宗凯，王俊，吴砥，等. ChatGPT/生成式人工智能对教育的影响探析及应对策略 [J]. 华东师范大学学报（教育科学版），2023，41(7)：26-35.

background，--no people"。

（a）讯飞星火大模型生成　　　（b）Midjourney生成

图4-1　高尔基《海燕》插图

（2）增加课堂互动力。

在中小学课堂中，通常是教师主动教学、学生被动接受知识的模式。在AIGC时代，这种师生模式将发生一系列变化。首先，AIGC可以作为教师的智能助手，为教学提供更多的资源。教师可以根据学生的年龄特点、兴趣爱好等因素，利用AIGC生成更丰富的教学资料、模式实验、教学游戏等，增加学生的参与度和互动性。其次，AIGC的应用也将带来教学方式的变化。传统的师生模式将逐渐演变为教师—AI—学生的三重模式。教师可以同时向AI和学生提问，以引导学生突破思维的限制，也可以让学生直接与AI对话，从而形成循序渐进的思维方式。这种模式将使教学更加多元化和个性化，提高学生的学习效果和学习动力。最后，在某些方面，AI可能会承担更多的教学任务，例如在自适应学习系统中，AI可以根据学生的学习进度和能力水平，生成适合的学习内容和练习任务，帮助学生更好地掌握知识。教师与AI的互动、学生与AI的互动，以及教师与学生、学生与学生之间的互动等将构成新的知识传播方式。

（3）提升课堂创造力。

教育理论认为："教学的艺术不只在于传授本领，更在于激励、唤醒和鼓舞学生"。创造性教学是培养学生创造性的关键，我们应该认识到每个孩子都有独特的创造力和天赋，应该尊重和发掘他们的个性特点，让他们的创造力在培养中得到充分的发展和发挥。通过AIGC，可以给基础教育的学生带来新颖、有趣的学习方法和丰富、独特的学习内容，激发学生的创造力和想象力，比如AIGC可以提供丰富多样的素材，可以生成各种各样的文本、图片、视频等内容，为学生提供灵感和创意的来源，拓展学生的思维和想象力，激发创造力的火花。同时，AIGC也可以提供循序渐进的问题引导，一步步带领学生去思考和探索未知领域，促进学生对问题进行深入思考和对解决方案进行探索。当然也要让学生明白，ChatGPT的创新能力是基于问题提示驱动的，虽然有一定的"创新性"，但是这种创新性必须要基于提问者自身的创新能力，离开了人的创造性很难有所作为①。

通过与AIGC的互动，可以丰富课堂内容、活跃课堂氛围、激发学生潜力、培养学习兴趣，学生可以不断拓展自己的视野和想象力，不断发掘自己的潜力和可能性。例如广州市南国学校的钟燕华在《生成式人工智能在初中地理跨学科融合中的应用》中谈到，学生通过向文心一言提问，补充海洋对人们生产生活产生的多方面、多角度的影响，使得思维更加全面，培养了其跨学科的综合思维。学生向文心一言的提问，参考如何创作诗歌，获取对自己学习有用的信息并进行整合，然后运用自己的知识并进行尝试，发挥主观能动性，进行诗歌创作的实践，进行跨学科融合的实践。再如，一位五年级教师Piercey分享了其利用ChatGPT将一名学生创作的故事重新改编成童谣、连续剧、儿童读物的过程。他详细解释了ChatGPT如何在一个五年级学生创作的简短故事中添加该学生想增加的元素，例如机器人、随机角色等，从而构建出更丰富的故事。他认为ChatGPT的出现为课堂增添了更多的趣味性和可能性，为学生提供了一些非常独特的范例，学生能学会如何将写作内容描绘得更加生动和有趣。ChatGPT不仅能创造出一段写实的故事、一篇精彩的文章、一首优美的诗，还能对写作类和编程代码类作业进行辅导。在写作方面，ChatGPT通过写作提示能鼓励学生更加深入地写作，提高其批判性思维能力。并且，ChatGPT能使学

---

① 沈威.ChatGPT：形成机理与问题应对[N].中国社会科学报，2023-03-07（A7）.

生认识不同的写作体裁与风格，以一种有趣的方式来帮助学生克服写作时的畏惧感。

4.4 AIGC在中小学生考核中的应用

中小学生考核以考试为主，考题较为固定，考试内容也通常涵盖课堂上讲授的内容。在考核环节，教师往往需要消耗大量的时间进行组卷、阅卷和结果分析。总的来说，传统的考核方式存在以下不足：

（1）侧重记忆而非理解。传统的中小学考核模式常常注重学生对知识点的记忆和机械性应用，而较少关注学生对知识的深入理解和灵活运用能力。这使得学生倾向于以背诵和应试为主，考核也一般以考试分数为主。

（2）侧重基础而非扩展。传统考核偏向于评估学生对基础知识的掌握程度，而较少涉及对知识的扩展、引申和综合应用。这将导致学生对学习的兴趣减退，影响学生主动学习和探索的积极性。

（3）侧重应试而非创新。基础知识是学生学习的基础，注重基础知识的掌握无可厚非，但不能过于侧重基础知识的记忆和应试，一味追求分数，而缺乏对学生创新能力和思维能力的培养。

AIGC的应用，将改变传统考核效率低下、周期过长等状况，在组卷、阅卷和析卷等方面能够起到很明显的辅助作用，大大缩短考核周期，提高考核的效率和准确性。

（1）组卷。AIGC可以辅助教师进行试卷的组卷工作，通过分析教学大纲、知识点和题库，AIGC能够生成合理的试题组合，确保试卷题目的覆盖面和难度适当。同时，AIGC还可以根据教师的需求，生成多个版本的试卷，以防止抄袭和作弊行为。

（2）阅卷。AIGC可以在阅卷过程中起到辅助作用，大大减轻了教师的工作负担，提高阅卷效率。通过训练模型，AIGC能够对学生的答卷进行自动评分，减轻教师的阅卷负担。对于客观题，AIGC可以通过比对学生答案与标准答案的匹配程度，快速而准确地给出评分结果，提高评估的效率和一致性。

（3）析卷。AIGC可以对试卷分数进行分析和解读。通过分析学生的答题情况、得分分布和常见错误，AIGC能够给出试卷的统计信息和建议。教师可以根据这些分析结果，了解学生的学习情况和知识掌握程度，并针对性地进行教学调整和改进，为后续的针对性教学提供依据。

这里以人教版小学五年级课文《鸟的天堂》（原文略）为例，使用讯飞星火大模型自动生成课后作业。

Q："我们吃过晚饭，热气已经退了。太阳落下了山坡，只留下一段灿烂的红霞在天边。我们走过一段石子路，很快就到了河边……"，请以这篇课文为例，生成三道语文作业题。

A：1. 请根据课文内容，描述一下你们在河边发现小船并划船的情景。

2. 请用课文中的语言，描绘一下你们看到的那株茂盛的榕树以及树上的鸟儿。

3. 请以"鸟的天堂"为主题，写一篇短文，描述你对这个地方的感受和体验。

Q：请以上文为例，生成一道选择题，要求有四个选项。

A：问题：在故事中，作者和他的朋友们在哪里发现了"鸟的天堂"？

a. 在河边的大榕树下

b. 在高塔下面的乡村

c. 在他们的学校里

d. 在船上

需要注意的是，在使用AIGC进行组卷、阅卷和析卷时，教师仍然需要进行监督和验证，以确保结果的准确性、合理性和公正性。最重要的是，学生成绩的考核有时候还需要结合平时课堂表现和参与情况等主观因素，这些就不能仅仅依赖于单一的考试评分，需要结合教师的教学综合测评。

4.5　AIGC在中小学教学评估中的应用

教学评价作为教学活动的组成部分之一，是教师的重要教学工具。教师在日常教育教学中为诊断学情、改进教学、引导学生发展而开展的以学生为评价对象的教学评价活动，对学生的影响直接而深远[①]。《基础教育课程教学改革深化行动方案》指出："注重核心素养立意的教学评价，发挥评价的导向、诊断、反馈作用"，是对教学评价的定位、性质和功能的说明。中小学教学评估对于改善教学质量、促进教师发展、优化教学资源、促进学生发展等方面都起到重要的作用。

（1）学校层面。教学评估有助于学校和教师了解教学效果，发现教学中存在的问题和不足之处，以便及时进行调整和改进，从而提高教学质量和教学效果。

（2）资源层面。教学评估可以帮助学校合理配置教学资源，根据教师的教学水平和学生的学习需求，优化课程设置和培养方案，提高教学效率和教学质量。

（3）教师层面。教学评估可以帮助教师了解自己的教学水平和专业能力，发现教学上的优势和不足，为教师提供明确的专业发展方向，进一步提高教学能力和专业水平。

（4）学生层面。教学评估可以帮助学校和教师更全面地了解学生的学习情况以及整体的成绩表现，发现学生存在的问题和困难，提供及时的支持和帮助，促进学生全面发展和个性成长。

以标准化考试为基础的评价一般要求所有学生在相同时间、相同任务中接受相同标准的测评，依靠高效度、高信度以确保在学生之间进行比较的准确性和可靠性，但限制了评价应对教育情境的灵活性和对因材施教的支持能力。同时，结果反馈周期长，降低了评价的诊断改进效用。在AIGC时代，评价内容和方式可以因人而异、因时而异、因事而异。在评价内容和方式上，AIGC能为评价改进提供新的赋能手段，更强调人际合作、人际系统的综合评价。在评价内容方面，固定式的知识问答转变为开放式的问题解决，学生将通过"人际+人机"的多方互动沟通协作形成综合解决方案，从而使传统以试卷为主的结果评

---

① 任春荣. 提升教师评价素养，发挥教学评价促进作用 [J]. 人民教育，2023(21)：60−63.

价变成情境化、问题式的综合型评价。在评价方式方面，AIGC发挥其动态性、多模态和伴随式等特征作用，在师生、生生等人际评价上增加了机器评价的辅助，可以在持续的人机交互对话中进行数据采集、自动化内容批改和评价，综合分析学生的学习情况和表现①。

AIGC在中小学教学评估中的应用可以帮助教师提高评估效率，制定个性化、多样化评估方式和支持教学个性化发展等，促进教学评估的全面发展和提升。

（1）快速生成评估工具，提高评估效率。

AIGC可以从考试试卷、作业题目、课堂测验、互动反馈、交流强化等多角度快速生成各种类型的评估工具，节省准备评估工具的时间，将更多的时间和精力放在评估结果的分析上。例如，广州市白云区景泰小学卢淑仪老师开设的英语与人工智能结合的绘本课"We Learn to Swim"，利用AIGC对学生复述的故事进行评估，反馈学生的语音、语调和口语表达能力，以及词汇掌握情况。

（2）实施个性化精准评估，注重细粒度评估维度。

AIGC可以根据不同学生的特点和表现，依据学生的实际情况，脱离千篇一律的评估方式，生成个性化的评估报告，为学生提供针对性的学习建议，帮助学生改进学习方法，提高学习效果。如广州市白云区贤丰实验小学的游婷婷老师以绘本《认识四边形》的教学设计为例，创新性地利用AIGC生成评价表格，通过以下几个方面进行教学评价：①通过学生和教师的互动，评估学生能否经过思考回答老师的提问；②查看学生完成课堂任务的情况，了解学生对所学知识的掌握程度；③通过点评小组的学案作业完成情况，检验学生的学习情况和目标的达成效果。

当然，需要注意的是，教育活动是以师生为主体、注重人文情感参与的交互活动，教学评估活动也不例外。AIGC下的教学评估看中的是被评价者可量化

---

① 刘邦奇，聂小林，王士进，等.生成式人工智能与未来教育形态重塑：技术框架、能力特征及应用趋势[J].电化教育研究，2024，45（1）:13-20.

的外显行为，而人的思想、情感、经验等重要内容则被剥离在评价之外。教师若过多地依赖AIGC来进行教学评估，完全以AIGC的评估结果作为评定学生的唯一依据，就会悬置评价过程中的诸多师生互动元素，忽视学生的情感状态、情绪变化对学习结果的影响[①]；同时，丁奕等[②]也指出基于算法与技术逻辑的教学评价，难以关照学生在学习过程中对教师的情感诉求，譬如教师在课堂中对学生心理状态的关注，在作业批阅过程中对学生的文字激励等。

---

① 宋乃庆，郑智勇，周圆林翰.新时代基础教育评价改革的大数据赋能与路向 [J]. 中国电化教育，2021（2）:1-7.

② 丁奕，吕寒雪. 当教师遇上 ChatGPT：挑战与应对之道 [J]. 当代教育论坛，2024（2）:10-18.

5

AIGC在高等教育中的应用前景

高等教育是教育的高级阶段，此阶段的学生具有一定的自主性和独立思考能力，追求的也不再是对基础知识的掌握，而是对学术知识、专业技能和个人发展的全面思考。AIGC为高等教育带来了新的机遇与挑战，在教师发展与队伍建设、学生学习与能力培养、课程建设与学科发展等多方面产生综合性影响。正如英国学者大卫·拜杜-阿努（David Baidoo-Anu）所言，以ChatGPT为代表的新一代人工智能彻底改变了现有的教育实践[①]。

5.1 高等教育的特征与需求

中国高等教育已经进入普及化新阶段，教育部高等教育司前司长吴岩指出该阶段呈现出多样化、学习化、个性化和现代化的特点。

（1）多样化：多样化意味着不能用一把尺子、一个标准衡量所有学校，也不能用一个维度来办大学，必须把"金字塔"变成"五指山"，把一个高峰变成多个高峰。

（2）学习化：大学生的学习不仅在课堂、在校内，也可以在课堂之外、学校之外，也就是说大学的形态发生了很多变化，形成了"人人皆学、处处能学、时时可学"的学习型社会。

---

① BAIDOO-ANU D, ANSAH L D. Education in the Era of Generative Artificial Intelligence (AI): Understanding the Potential Benefits of ChatGPT in Promoting Teaching and Learning[J]. SRRN Electronic Journal, 2023, 7(1): 52-62.

（3）个性化：个性化是要尊重学生个体的独特性，帮助每一个学生成才，真正做到因材施教。

（4）现代化：大学的各层领导和高等教育各级领导，要把高等教育和高等学校管理作为一门高深的学问，不断提高治理能力和实现治理水平现代化。

高校进入高质量发展阶段，必须紧抓人才培养这一根本任务，全面提高人才自主培养质量。2023年3月教育部等五部门印发《普通高等教育学科专业设置调整优化改革方案》，方案指出学科专业是高等教育体系的核心支柱，是人才培养的基础平台，学科专业结构和质量直接影响高校立德树人的成效、直接影响高等教育服务经济社会高质量发展的能力。方案强调高校要打破常规，服务国家重大战略需求；要打破学科专业壁垒，深化学科交叉融合；要定期开展学科专业自评工作，建设质量保障机制。

在首届数字教育与数字教研共同体建设研讨会上，围绕"生成式人工智能对教育领域产生何种影响"这一主题，清华大学人工智能国际治理研究院副院长梁正说道：教师们需直面人工智能对教育的影响，就如同今天要求教师们熟练使用计算机、会用幻灯片授课一样，是大势所趋，是任何人无法逃避的[1]。英国《卫报》2023年7月3日报道，剑桥大学代表参加了与24所罗素集团研究密集型大学的讨论。讨论结束后，他们在各自的大学发布了生成式人工智能工具使用指南。指南的五项指导原则包括：①大学将支持学生和教职员工具备人工智能素养；②工作人员应有能力帮助学生正确使用生成式人工智能工具；③相关部门将调整教学和评估方法，纳入人工智能使用的"道德标准"，确保平等地使用人工智能；④大学将确保维护学术诚信；⑤随着技术的发展，分享他们的成功经验[2]。

---

① 朱英杰，黄欣玥. 人工智能迭代速度超乎想象，对教育有何影响？ [N]. 人民政协报，2024-01-17（11）.

② 罗杰斯，刘媛. 大势所趋：ChatGPT 与英美高等教育 [J]. 教育国际交流，2023（6）：23-25.

5.2 AIGC赋能高等教育课程设计

AIGC在高等教育课程设计和教学内容生成方面的应用可以提高教学效率和质量，促进个性化学习和教学创新，为学生和教师带来更好的教育体验和成果。

优化课程设置，满足市场之需：人工智能可以通过学习大量的教学资源和文档，自动生成教案和教学材料。人工智能的出现不仅可能改变学科的教学方式，还可能改变教学内容。现在的人才市场需求可能会导致大学课程产生重大变化，高等教育的课程设计要立足国家战略、立足市场需求、立足未来发展。世界经济论坛发布的一份报告显示，到2025年全球一半的工作将由机器完成。这份报告称，这场"机器人革命"可以在全球范围内创造约9700万个工作岗位，但与此同时，这也将替代8500万个人工工作岗位。因此，高校教师在进行课程设计时，要综合考虑课程的学术性与实用性。AIGC可以通过对大量的就业数据、市场需求和行业趋势进行分析，预测专业和课程的应用前景，并对高等教育的课程设计和内容选择提供建议，比如哪些课程需要新开设、哪些课程需要适度调整、哪些课程内容需要变化等。当然，也需要注意AIGC的局限性，综合考虑个人因素和市场变化，以做出更全面和准确的决策。

加强学科融合，适应时代之需：随着科技进步和社会变革的加速，传统学科之间的界限日益模糊，各个学科之间相互渗透、相互影响的趋势日益明显。深化新工科、新医科、新农科、新文科建设，推进学科专业交叉融合，是适应时代发展的重要举措。跨学科的教育和培养模式也对课程设计提出了更高要求，不仅强调不同学科领域知识之间的横向联系，也要注重培养学生的跨学科思维、创造性思维和批判性思维。AIGC拥有强大的学习语料，具备大量的跨学科知识，而教师的知识储备主要集中在所教学科，对于跨学科的知识储备未必如AIGC一般完备。AIGC的引入，一方面，可以根据教师的指导和要求，生成符合交叉课程所需的教学材料，如课程课件、案例研究、实验设计、项目任务等；另一方面，还可以为学生提供跨学科的学习资源和练习题，以培养他们综合分析问题和解决问题的能力。

强调多元发展，满足个性之需：AIGC可以通过分析学习目标、学生特点和教学要求，生成适应性强、个性化的教学内容。不同的大学生有不同的偏好和能力，不同学科、不同专业的学生之间也存在较大的差异，个性化发展可以帮助学生充分认识和发挥自身优势，从而更好地规划自己的发展道路。同时，多元化发展也是全面发展的必然需求，除了专业学习外，大学生还应该参加各种社会实践、体育运动、艺术社团等活动，培养综合素养和创造力，更好地适应社会的多样性和变化。AIGC可以根据学生的兴趣、能力和学习风格，为每个学生制订个性化的课程学习计划，并提供丰富多样的学习资源，以满足不同学生的学习喜好和需求，让他们以自己擅长的方式学习。同时，AIGC也可以根据每个学生的自身情况，提供适合他们自身发展的实习建议和发展路径。这些都可以在专业课程设计时有所考虑和规划，AIGC也将对课程做出整体规划和评估。

举例来看，浙江传媒学院媒体工程学院的舒莲卿和杜辉在论文《ChatGPT在课程教学中的应用初探——以Python程序设计为例》中指出，教师可以使用ChatGPT生成课程知识点的相关教学内容，获取丰富的教学内容和教学素材，如Python程序设计课程知识点的讲解内容和示例代码。湖南农业大学的张翼然老师尝试将AIGC融入混合式教学，以确保教学资源和活动设计的质量与效果。教师在课程设计中可以通过以下几方面利用AIGC辅助教学：①制作课程PPT，教师可以使用AI工具，输入提示词，利用AI自动生成匹配课程内容的图片，甚至可以利用ChatGPT生成PPT内容脚本，再去Mindshow、Tome、Gamma等网站生成美观的PPT。②依据知识点自动出题，教师可以让AI根据指定的知识点和课程考查要求，自动生成格式规范且表达清晰的习题，减轻教师的工作量。③生成配套插图，使用文生图、生成式填充等AIGC工具，生成与教学内容匹配的无版权插图，增强课件的直观效果，便于学生对知识点的理解。

2023年8月，在成都举办的"AIGC与大学教育"主题研讨会提出"在如火如荼的AIGC时代，高校教育有望做到'千人千教学'"。在艺术设计领域，随着AIGC技术横空出世，相关"知识"和"技能"必然发生相应转变，同时呼唤设计专业课程体系构建的变革。传统图形创作工具将被AIGC衍生出来的如

Midjourney、Stable Diffusion、DALL·E 2等文生图工具所取代，甚至可以通过AIGC生成音频、视频、3D模型等多模态资源。AIGC作为辅助设计工具，常被用于绘画、动画、影视、产品、室内和景观等设计方案的快速生成，并被广泛用于收集数据、创新学习行为模式、获取设计素材以及激发创作灵感，为课程设计提供新思路和多模态的教学内容。AIGC辅助教学和虚拟现实互动为学生提供了丰富的学习素材和内容，定制出个性化的学习路径，为每个学生打造专属的学习内容，从而提高学生的学习积极性和自主性，促进教学从以知识传授为主向以自主学习为主转变。

以讯飞星火大模型生成"数据库原理"课程某一章节的思维导图为例，提问为"假设我是一名大学教师，给大一新生讲授"数据库原理"一课，讲到以下内容：'1. 数据库系统的基本概念：掌握数据、数据库、数据库管理系统、数据库系统等概念。2. 数据库管理技术的产生与发展：了解文件系统阶段、数据库管理阶段的特点，能从数据管理技术的发展过程中体会如何从问题出发理清解决方法的思路，理解推动数据库技术发展的主要动力。3. 数据模型的理解和应用：掌握数据模型的三个组成要素，掌握概念模型ER图的表示方法，了解层次模型、网状模型的优缺点，掌握关系模型的数据结构、数据操作、完整性约束。4. 数据库系统结构：掌握数据库系统的三级模式结构，理解并掌握数据库的二级影像功能以及数据独立性。'请根据所讲内容生成课程思维导图。"生成的思维导图如图5-1所示。

5.3 AIGC在高校课堂中的应用

新一代人工智能技术的出现，导致知识的传输不完全受制于教师和学生两类参与方，传授知识信息在空间上也不再局限于传统的课堂等传输渠道，空间上变得更加自由。[①]

---

① 余南平，张翌然. ChatGPT/生成式人工智能对教育的影响：大国博弈新边疆[J]. 华东师范大学学报（教育科学版），2023，41（7）：15-25.

数据库系统结构

1. 数据库系统的基本概念

1.1 数据与信息的区别和联系
- 数据的定义和特征
- 信息的涵义及其重要性
- 数据库与信息的关系理解

1.2 数据库的组成及特点
- 数据库存储结构概述
- 数据库的分类及特性
- 数据库设计的重要性

1.3 数据库管理系统(DBMS)功能
- DBMS的核心任务和功能
- DBMS提供的服务类型
- DBMS与操作系统的关系

1.4 数据库系统的构成要素
- 硬件资源的角色及其交互
- 软件组件及其应用
- 数据库系统的应用范围

2. 数据库管理技术的产生与发展

2.1 文件系统阶段的特点
- 文件系统的数据管理方式
- 文件系统管理中的局限性
- 文件系统到数据库系统的演进

2.2 数据库管理阶段的特征
- 数据库管理技术的关键技术革新
- 数据库管理阶段的优势与发展
- 数据库管理对数据处理的影响

2.3 数据库技术的发展过程
- 从问题出发的思考方法
- 数据库管理技术的逐步优化
- 当前数据库管理技术的趋势

2.4 推动数据库技术进步的动力
- 市场需求与技术挑战
- 硬件发展对数据库的推动作用
- 软件理论进步的贡献

4. 数据库系统结构的掌握

4.1 三级模式结构的理解
- 外模式、模式、内模式的相互关系
- 三级模式结构的定义和关系
- 三级模式结构带来的优势

4.2 数据库的二级影像功能
- 影像的定义和作用
- 影像如何提升数据处理效率
- 影像在查询和更新中的应用

4.3 数据独立性的两个级别
- 逻辑独立性的含义和影响
- 物理独立性的概念和应用
- 数据独立立对系统维护的意义

3. 数据模型的理解与应用

3.1 数据模型的三个组成要素
- 数据模型的结构描述
- 数据操作的类型和方法
- 完整性约束的作用

3.2 概念模型ER图表示法
- E-R图的基本符号和构图规则
- E-R图的表示示方法
- 实体、关系、属性的表示方法
- E-R图到其他数据模型的转换

3.3 层次模型与网状模型的评估
- 层次模型的结构特点
- 网状模型的灵活性和复杂性
- 两者在实际中的应用比较

3.4 关系模型的核心要素
- 关系模型的数据结构特点
- 基本的数据操作：增删改查
- 完整性约束的核心实现机制

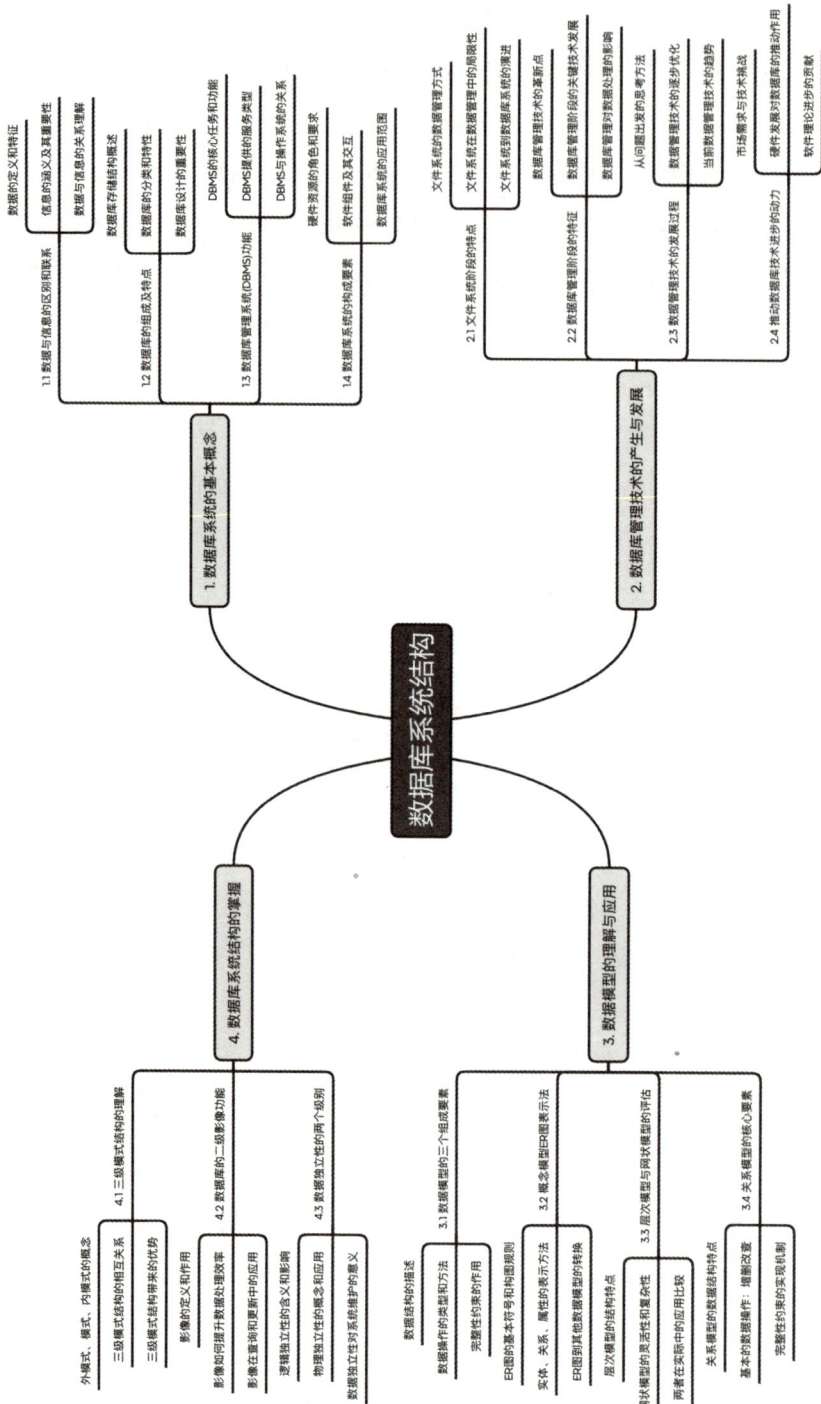

图5-1 "数据库原理"某一章节总思维导图（讯飞星火大模型生成）

（1）充当AI助教。

AIGC可以在课堂中充当AI助教的角色，通过其强大的计算和学习能力为教师提供更全面、个性化的教学辅助工具，也为学生提供内容更为丰富、互动性更强的学习资源。首先，AIGC可以在课堂上担任智能问答助手的角色，提供智能问答。课堂上，学生可以通过文本或语音直接与AIGC互动或向AIGC提问；基于海量的数据和知识背景，AIGC会即时提供准确而全面的回答，帮助学生理解和掌握知识。如美国哈佛大学医学院的学者通过研究验证了ChatGPT在美国医学执照考试（USMLE）中的优异表现，提出未来以ChatGPT为代表的大语言模型能够辅助医学教育。其次，通过分析学生的学习数据，AIGC可提供实时的学习反馈和个性化的学习建议，帮助教师及时了解学生对知识的掌握程度，并针对性地调整教学策略。同时，AIGC也可以根据学生的学习表现和需求，推荐适合他们的学习资源和参考资料，提供个性化的学习路径和学习计划。再次，AIGC丰富教学内容。针对知识点，AIGC可以快速生成文本、图像、音视频等多种形式的学习资源，为教师创造交互式的教学环境和生动有趣的教学材料，如可以通过简单的文字和生动的图像来解释复杂的知识。对于理论与实践结合的课程，AIGC可以提供虚拟实验室、模拟实践、角色扮演等交互方式，帮助学生进行实践性学习。

（2）提供不间断的个性化学习。

传统的课堂式学习方式为学生提供的是大众化、标准化的教育，对每个学生来讲，教学内容和教学进度通常是统一确定的，学生按照相同的步调进行学习。这种流水线式的教学模式忽视了学生的个体差异和学习的多样性，导致一些学生学习进度过快或过慢，无法充分接受知识，甚至有些学生因为接受能力较慢而出现厌学现象。通过AIGC呈递的知识更具开放性与灵活性，在打造个性化学习内容、构建知识网络上更优于教师，更能为学生的个性化学习提供有力支持。新一代人工智能技术可以通过对学生学习过程的跟踪和分析，为学生提供个性化的学习资源和学习计划，并能够全天候持续提供学习资源和服务。这种不间断的学习支持可以帮助学生更好地管理自己的学习时间，学生可以根据自己的学习能力和兴趣，灵活安排学习进度，不再受限于传统教学的时间和地点，提高学习效率。正如得克萨斯大学阿灵顿分校前校长Vistasp M. Karbhari所说，个性化学习和辅导方式打破了传统的教育模式，数字技术正在帮助教育从传统的同一教学内容、同一教学进度"一刀切"的流水线教学模式转变为一种可以自定义进度、自适应和个性化的学习范式。

（3）生成多模态创新性内容。

在高等教育课堂中，AIGC可以利用海量数据和强大算法生成具有创新性的多模态内容，为学生提供丰富的学习资源，提高知识的趣味性和交互性，促进学生的学术发展和创新能力的培养。①通过收集和整理多模态数据，如文本、图像、视频、音频等，AIGC为创新性内容创作提供了丰富的素材。②利用强大的算法和技术，AIGC将不同类型的数据进行特征提取和表示，并通过多模态融合和转化实现数据的交互和转换。这种多模态的内容生成能够创造出具有创新性的学习资源，激发学生的兴趣和想象力。③通过评估和优化生成内容的质量和创新性，AIGC可保证所生成的多模态内容符合高等教育的学术标准和创新要求。这种创新性、多模态内容的生成丰富了教学资源和教学方法，教师可以利用这些内容讲解复杂的概念和理论，激发学生的思维和创造力。学生可以通过与这些多模态内容互动并对其进行探索，加深对知识的理解和应用，提高学习效果和创新能力。此外，这种创新性、多模态内容的生成也促进了学生的跨学科学习和综合能力发展，培养了其跨学科思维和综合分析能力。通过打破传统教学模式的束缚，AIGC生成的创新性、多模态内容为学生提供了更加灵活、有趣和个性化的学习方式。

以Khanmigo工具为例，Khanmigo是可汗学院为了探索AI在未来教育中的应用而推出的一个创新项目，是一个基于ChatGPT-4技术的对话式AI系统，可以与学生和教师进行自然语言交流，为他们提供个性化的学习支持和指导支持。从教师角度来看，Khanmigo可作为辅助教学工具，帮助教师进行教学设计和管理，它通过对学生的学习数据和行为进行分析，帮助教师了解学生的学习进度、接受程度、兴趣以及困难等。从学生角度看，一是为每个学生生成个性化的学习路径和推荐内容，并可根据学生的反馈和表现实时调整。在学生学习完每门课程后，给出相应的评价和建议，并推荐下一阶段的学习课程。二是在学生学习过程中，提出一些开放式或探究式问题，逐步引导学生深入思考和分析，最终得出解决问题的方案。

在进行大数据学习时，经常受困于数据与信息的区别，这里以讯飞星火大模型为例进行提问："大数据处理中信息和数据的区别是什么？"并继续追问："从采集到的原始数据中提炼出有用的信息，需要具备哪些技术？"

Q：大数据处理中信息和数据的区别是什么？

A：在大数据处理中，信息和数据的区别主要体现在以下几个方面：

首先，数据是可以被采集并储存的一种量度，它直接记录了企业的原始活动，是进行统计和计算的基础。而信息则是根据采集到的数据所做出的决策或行动的数据。例如，汽车上的速度计时刻显示着数据，如果你看了这个数据，然后做出加减速的决定，这个数据就会转化为信息。

其次，数据只反映一定的具体数值，是静态的。相反，信息则是动态的，能够供给企业用于决策，指导生产，反映一定的经济内容。如果没有一定的经济内涵，那么它就不能算是信息。

最后，数据的处理主要关注如何有效地存储、管理和检索大量的数据。而信息的处理则更注重如何从这些数据中提取有用的内容，并将这些内容转化为对业务有价值的知识。

因此，我们可以理解，在大数据背景下，抓住有利信息至关重要，而数据就是信息的来源，有时候数据本身就是信息。人们常常将数据和信息作为决策的重要依据。

Q：从采集到的原始数据中提炼出有用的信息，需要具备哪些技术？

A：从采集到的原始数据中提炼出有用的信息，需要运用包括但不限于以下几种技术：

首先，进行原始数据处理。数据可能源于结构化、非结构化或半结构化的数据源。通过自动化或半自动化的技术手段，能提取出知识要素，即实体关系，并将其存入知识库的模式层和数据层。

其次，统计是一种基础且必要的数据挖掘手段，包括数据的收集、分析、解释和展示等。在数据挖掘中，统计模型用于诸如数据表征和分类之类的任务。

再次，机器学习被用于研究计算机如何基于数据进行学习。其主要研究领域是计算机程序，用于学习识别复杂模式并自动基于数据做出智能决策。机器学习的各类算法，是进行数据挖掘的重要理论支撑。

此外，数据库系统主要集中于为组织和最终用户创建、维护和使用数据库。它在数据模型、查询语言、查询处理、优化方法、数据存储、索引和访问方法等方面提供稳定支持。

最后，信息检索作为搜索文档或文档中信息的过程也是不可或缺的一环。

同时，数据采集作为数据分析和应用的第一步，其重要性不言而喻。它是从各种来源收集数据，并将其转换为可用格式的过程。这些数据可以来自传感器、互联网、数据库、文件等多种渠道。通过数据采集，我们能够获取有关市场趋势、用户行为、产品性能等方面的信息，为后续的数据分析和决策提供支持。

5.4 AIGC在大学课程考核中的应用

大学课程考核与中小学课程考核有着截然不同的目的。大学课程考核更加注重学生的能力和对专业知识的掌握，旨在培养学生的专业素养和独立思考的能力。大学课程的考核方式更为多样、考核内容更为全面、考核标准更为深入。

（1）自动生成练习题和考试题目。

AIGC可以自动生成更高质量的练习题和考试题目。首先，AIGC不仅可以根据学科特点和知识点的分布情况生成合理、准确的题目，还具备丰富的题型生成能力，以满足不同学科和学习目标的要求。其次，AIGC可以模拟学生考试，自动调整题目的难度和复杂程度。例如教师设计的试卷可以先让ChatGPT做一遍，从而对试卷的题目难度有一个大体的认知，以便作出相应的调整。最后，AIGC还可以根据教师的要求和教学计划，生成定制化的练习题和考试题目。通过教师设定的题目难度、数量以及知识点覆盖范围，AIGC可生成相应的题目，使教师可以更好地了解学生的学习进度和掌握情况，从而提供更具个性化和针对性的教学。

（2）自动批改学生的作业和试卷。

AIGC可以自动批改学生的作业和试卷。首先，AIGC可以对学生的作业和考试答卷进行自动批改。传统的作业和考试批改过程需要花费教师大量的时间和精力，AIGC能够在较短时间内进行自动评分，因此教师可以节省大量的批改时间，将更多的时间投入教学和科研中。其次，AIGC可以生成统一的批改和评分标准。在实际教学中，有些专业的课程需要多位老师联合教学，也将一起参与试卷的批改。当试卷的题型偏向于主观论述部分，不同的教师往往由于评判标准不一，评分有失公允。通过自然语言处理和机器学习技术，AIGC能够快速分析和评估学生的答案，并给出准确而详细的评分和反馈，不仅节省了教师的时间和精力，也提供了更客观和公正的评分标准。

（3）自动生成评估结果和分析报告。

最后，AIGC自动生成课程评估结果和分析报告。AIGC可以根据教师的评分标准和要求，对学生的答案进行多维度分析。试卷质量分析表是一种用于评估和分析考试试卷质量的工具，对于评估教学质量、改进教学方法和提高学生学习水平具有重要的作用。AIGC可以自动生成相应的试卷质量分析表，包括知识点覆盖范围，各个题型的得分率、难易程度等情况。教师和教育管理者可以根据试卷质量分析表，快速了解试卷的质量和学生的表现，为教学和教育决策提供参考。

正如香港工程科学院院士郭毅可所言，ChatGPT可大大改变教学模式，学生要懂问"最好的问题"，并且学校和教师有责任引导学生运用批判性思维去判断ChatGPT的答案或回复。"问对问题"往往比正确答案更为重要，问好问题对学生而言，本身就是为了培养他们的思维能力，若学生懂问，ChatGPT是很好的工具，可以改变教学及评核模式。郭毅可强调："如果一个人只会给答案而不会问问题，那么他就是死背书的，一个好的学习者，不应该死记硬背，而是活记活背、活学活用，问对的问题、好的问题，这样才能够在学习和成长的路上走得更远。"

以自动化编程课程考核为例，在大学的计算机科学系，编程课程的考核通常涉及大量的代码审阅和评估。AIGC技术在自动化编程课程考核中发挥了重要作用，具体应用如下：①自动评估代码。AIGC系统能够自动检查学生提交的编程作业，评估代码的正确性、效率、可读性和风格。系统可以即时给出评分和反馈，帮助学生了解自己在编程方面的优缺点。②智能错误诊断。当学生编程出现错误时，AIGC系统不仅能够指出错误的位置，还能提供详细的错误解释和修正建议，有助于学生迅速定位和解决问题，提升编程能力。③个性化复习建议。根据学生在编程考核中的表现，AIGC可以分析学生的薄弱环节，并为其提供个性化的复习资源和建议，帮助学生针对性地提升编程技能。

（4）辅助学生扩展写作思路和提升写作能力。

AIGC可以辅助教师进行题目生成、自动批改和自动评估，学生也可以用它来生成课程报告提纲，以此来扩展写作思路和提升写作能力。学生可以先确定报告的主题，再输入ChatGPT中进行处理；ChatGPT会根据输入的主题和相关信息自动生成初步的报告提纲，包含引言、主要内容和结论等部分；学生可以根据生成的提纲进一步思考和拓展各个部分具体的内容。以ChatGPT-4为例进行提问，要求生成课程大纲。

Q：陕西留坝是陕南地区历史上最古老的县城之一，"前瞰三秦，后蔽四川"，素有"秦汉咽喉"之称，"明修栈道，暗度陈仓"的典故就曾发生在这里。在漫长的历史演变中，昔日的留坝栈道几乎已不复踪迹，而留坝县丰富的风土文化依然鲜活。假设你是一名大学生，在田野调查作业中调研了陕西留坝，如何以文旅融合为主题写一份调研报告。

A：调研报告：陕西留坝的文旅融合

一、引言

陕西留坝是陕南地区历史上最古老的县城之一，位于秦岭山脉的南麓，地理位置优越，自古以来就扮演着重要的交通枢纽角色。留坝素有"秦汉咽喉"之称，历史上曾发生过"明修栈道，暗度陈仓"的典故，这个小县城见证了无数历史的变迁。虽然昔日的留坝栈道已经几乎不复存在，但留坝县依然保留着丰富的风土文化，文旅融合成为该地区发展的重要方向。

二、留坝县的文化资源

历史文化遗迹：留坝县拥有丰富的历史文化遗迹，包括古栈道遗址、古城墙遗址、古建筑群等。这些遗迹见证了留坝的历史变迁，为游客提供了了解当地历史的机会。

民俗文化：留坝县的民俗文化传承丰富，有着独特的节日庆典、民间艺术表演等活动。例如，每年的农历正月初三，留坝会举办盛大的"麻糖节"，吸引了大量游客前来观赏和参与。

自然景观：留坝县地处秦岭山脉的南麓，自然景观得天独厚。山水相间的美景、清新的空气以及丰富的生态资源，为文旅融合提供了良好的基础。

三、文旅融合的发展机遇

旅游资源整合：留坝县可以整合历史文化遗迹、民俗文化和自然景观等资源，打造丰富多样的旅游产品。例如，可以开发历史文化主题的旅游线路，使游客在游览古栈道、古城墙等遗迹的同时，亲身体验当地的民俗文化。

农业观光与农产品推广：留坝县的农业资源丰富，可以将农业观光与农产品推广结合起来，让游客在欣赏美景的同时，了解当地的农业发展情况，并有机会品尝到新鲜的农产品。

文化创意产品开发：留坝县可以通过开发文化创意产品，将文化元素与旅游产品相结合，提升游客的体验感。例如，可以设计出以留坝栈道为主题的纪念品，吸引游客购买并带回家。

四、文旅融合的挑战与对策

缺乏专业人才：要实现文旅融合的目标，留坝县需要培养和引进相关领域的专业人才。可通过设立相关专业课程、组织培训班等方式，提高当地人才的专业水平。

基础设施建设：为了吸引更多游客，留坝县需要加大基础设施的投入，包括道路、酒店、旅游设施等方面的建设，提升旅游的便利性和舒适度。

文化保护与利用平衡：在推动文旅融合的过程中，需要注意保护好文化遗产的原始性和纯粹性，避免过度商业化和文化虚化。可以通过建立相应的管理机构和制定保护政策，确保文化资源的合理利用。

五、结论

留坝县作为陕南地区历史上最古老的县城之一，拥有丰富的文化资源和自然景观。通过文旅融合，可以将这些资源整合起来，为游客提供更好的旅游体验。然而，实现文旅融合需要面对一些挑战，如缺乏专业人才和基础设施建设等。通过合理规划和有效管理，留坝县有望在文旅融合的道路上取得更大的发展。

需要注意的是，学术诚信、学术深度、独立思考和学术能力的培养是高校课程考核的核心目标，学生应该通过自主思考和研究来展示他们对课程内容的理解。2023年1月，就有学生利用ChatGPT代写论文。大约在同一时间，一项针对1000名美国大学生的调查中，有近三分之一的受访者表示他们使用了ChatGPT来完成作业[①]。在高校课程考核中，学生使用ChatGPT来生成论文并不被建议，其使用在学术写作方面存在一些风险和不恰当之处：

首先，使用ChatGPT生成论文可能违反学术诚信原则。学术界强调学生应该通过自主思考、独立研究和创作来展示他们对课程内容的理解。使用ChatGPT生成论文可能涉及学术作品的抄袭，削弱了学生的学术诚信和独立思考能力。因此，在高校课程考核中，学生应该遵守学术道德规范，避免使用ChatGPT来代替自己的研究和写作过程。

其次，使用ChatGPT生成的论文可能缺乏学术深度和原创性。ChatGPT是基于网络上公开的大规模数据集进行训练的语言模型，能够生成连贯流畅的文本，但并不一定能够提供具有学术深度和原创性的观点。而高校课程考核旨在培养学生的学术能力和独立思考能力，要求他们能够进行独立的研究和分析，提出自己原创的观点和论证。

最后，ChatGPT生成的文本可能存在错误或不准确的信息。尽管ChatGPT经过训练拥有广泛的知识，但它仍然可能产生错误的信息或不准确的观点。在高校课程考核中，学生需要具备辨别信息真伪的能力，需要展示对课程内容的准

---

① Pollfish Surveys. NEARLY 1 IN 3 COLLEGE STUDENTS HAVE USED CHATGPT ON WRITTEN ASSIGNMENTS[EB/OL]. (2023-01-23)[2024-02-26]. https://www.intelligent.com/nearly-1-in-3-college-students-have-used-chatgpt-on-written-assignments/.

确理解和正确的知识应用。因此，依赖ChatGPT生成的文本可能会引入错误或误导信息，从而影响学生的学术表现和成绩。

5.5 AIGC在高校教学评估中的应用

《教育部关于普通高等学校本科教学评估工作的意见》指出，教学评估是评价、监督、保障和提高教学质量的重要举措，是我国高等教育质量保障体系的重要组成部分。开展教学评估的目的是促进高等学校全面贯彻党的教育方针，推进教学改革，提高人才培养质量，增强本科教学主动服务经济社会发展需要和人的全面发展需求的能力；促进政府对高等学校实施宏观管理和分类指导，引导高等学校合理定位、办出水平、办出特色；促进社会参与高等学校人才培养和评价、监督高等学校本科教学质量。

高等教育开展教学评估与基础教育开展教学评估有很大的不同，主要体现在：

（1）基础教育以基础知识的掌握和综合素养的培养为主，教学评估注重学生对基本概念和技能的理解；而高等教育更加注重学生专业能力、学术能力和创新能力的培养，教学评估更加关注学生在专业领域的学术成果和研究能力的发展。

（2）基础教育中的评估方法更多是考试、作业等，也可以通过学生评价、教师观察和同行评价等方式开展；高等教育中的评估方法更为多样，除考试和作业外，还包括学术论文、实验报告、项目展示、演讲分享等，也可以采用问卷调查、同行评价、学生评教等方式。

（3）基础教育的教学评估中教师通常扮演着主导角色，学生和家长也会参与评估过程，提供对教学的反馈和建议；高等教育中，教师具有更高的专业素养和研究能力，教学评估更多是由教师主导的过程。

由于高等教育和基础教育的差异，以及学生的发展阶段和学习目标的不同，在设计和应用AIGC进行教学评估时，需要充分考虑不同教育阶段的特点和目标，以确保评估的准确性和有效性。在高等教育中，更加追求专业性和学术性，AIGC生成的评估内容也应更加注重学生对专业知识的理解和运用，以及批判性思维和创新能力的发展，评估标准也应更加细化和更有针对性，同时评估的内容和问题可以更为开放。

传统的考试评价方式常用于衡量一段时间内学习者在学习方面取得的进步，主要存在提供信息有限、反馈滞后和个性化评价不足等缺点[①]。人工智能时代的教学评估在内容、方式和结果上都发生了转变，如胡钦太等人提出构建基于人工智能的高等教育评价体系有五大关键技术：评价模式的构建、评价指标的构成、基于智能感知的常态化检测、智能评价算法的选择、诊断式评价及干预系统的设计[②]；吴立宝等人提出通过对象层、数据层、技术层和应用层四个层面的系统架构，搭建人工智能下课堂教学评价的实践路径，指向课堂语言分析、课堂行为分析、课堂情感分析与课堂教学评价体系四大应用场景[③]。也有学者指出，"诸如ChatGPT的生成式人工智能为传统形式的教育评估敲响了丧钟"[④]。AIGC赋能的评估将提供更为规范、更有效率、更为丰富和更具创新性的评估系统。

（1）规范评估标准：针对不同学科和课程，评估标准应因材施教。不同学科领域有不同的学习目标和知识体系，AIGC可以根据不同学科和课程的特点，制定更为细化和具体的评估标准，确保教学评估的合理性。

（2）提高评估效率：AIGC能够自动化评估流程，并对大量的评估数据进行分析，从中挖掘有价值的信息和模式，快速生成评估结果和反馈，为教师提供更全面的参考和决策依据，进而提高教学效果。

---

① 白雪梅，郭日发.生成式人工智能何以赋能学习、能力与评价？[J].现代教育技术，2024，34（1）：55-63.

② 胡钦太，伍文燕，冯广等.人工智能时代高等教育教学评价的关键技术与实践[J].开放教育研究，2021，27（5）：15-23.

③ 吴立宝，曹雅楠，曹一鸣.人工智能赋能课堂教学评价改革与技术实现的框架构建[J].中国电化教育，2021（5）：94-101.

④ STOKEL-WALKER C. AI bot ChatGPT writes smart essays—Should professors worry?[J/OL]. Nature News, 2022 [2023-03-14]. https://www.nature.com/articles/d41586-022-04397-7.

（3）丰富评估形式：AIGC具备跨模态分析功能，能够对学生的音频、视频、图像、文本等多模态作品进行评估，它还能对项目报告、设计方案、实验结果等复杂内容进行深入剖析，有助于教师更准确、全面地评估学生的能力和表现。

（4）创新评估内容：AIGC通过生成创新的内容，如开放性的问题和评估、实际场景模拟、创意作品评估等，激发学生的综合思维、创新思维能力和批判思维能力，促进学生全面发展。

借助AIGC可以突破传统的单一式评估方式，从自动评分、行为分析、心理评估、教学设计评估、辅助教学评估、自动测评、答疑评估、教学评估等多维度全方面展开教学评估。下面将详细说明每个维度的应用和其在教学评估中的意义。

（1）自动评分：AIGC可以通过自动化技术对学生的作业、测验或试卷进行评分。通过提前训练模型，AIGC能够快速而准确地给出评分结果，减轻教师的工作负担，并提高评估的效率和一致性。这有助于确保评分的客观性和公正性。

（2）行为分析：AIGC可以分析学生在学习过程中的行为和表现。通过收集学生的学习数据、交互记录、学习轨迹等信息，AIGC能够识别学生的学习模式、行为习惯和学习策略，并提供基于行为分析的评估结果。这有助于教师了解学生的学习情况，发现学生的潜在问题和需求。

（3）心理评估：AIGC可以应用心理学原理，对学生的心理状态和学习情绪进行评估。通过分析学生的言语、情感表达和行为特征，AIGC能够预测学生的情绪状态、学习动机和认知负荷，并为教师提供心理评估的结果和建议。这有助于教师了解学生的心理需求，提供个性化的支持和指导。

（4）自动化教学设计评估：AIGC可以评估教学设计的质量和有效性。通过分析教学材料、教学活动和教学策略，AIGC能够评估教学设计的合理性、可行性和创新性，并提供反馈和改进建议。这有助于教师优化教学设计，提高教学效果，从而提升学生的学习体验。

（5）个性化辅助教学评估：AIGC可以辅助教师进行教学评估。通过分析教师的教学行为、语言表达和学生反馈，AIGC能够评估教师的教学质量和效果，并提供教学改进的建议。这有助于教师不断提升自身的教学能力和促进专业发展。

（6）智能化自动测评：AIGC拥有自动测评功能，可以对作业或考试题目进行自动测评，并给予智能评价。在教学评估中，这些自动测评结果可以作为评估学生学习成果和教师教学效果的重要依据。

（7）智能化答疑评估：AIGC可以生成智能问答系统，在课后及时回答学生提出的疑问。在教学评估中，评估者可以考察这个智能答疑系统在实际教学中的应用效果，以及它对学生学习积极性和教师工作负担的影响。

（8）数据驱动教学评估：AIGC技术可以从学生的学习数据中获取有价值的信息，并将其用于指导和改进教学。在教学评估中，评估者可以利用这些数据进行深入分析，了解教师的教学效果、学生的学习情况以及教学改进的方向。

当然，也需要注意平衡技术的应用和人工的参与，确保评估的准确性和公平性。同时，教师的专业知识和教学经验仍然是评估过程中不可或缺的重要因素，应与AIGC相辅相成，共同提高教学质量。

6

AIGC在职业教育中的应用前景

6.1 职业教育的特征与需求

职业教育是我国教育体系中的重要组成部分，与普通教育不同，它更强调直接面向实践应用场景，并需要快速适应社会对职业需求的变化。

6.1.1 直接面向实践应用

职业教育与普通教育的一个显著区别在于，职业教育更加注重实践教学。实践教学是职业教育中非常重要的一个环节，它有助于学生更好地理解和掌握理论知识，同时也有助于培养学生的实践能力和创新精神。职业教育的根本目的是培养应用型人才，因此在教学内容上更注重实践应用。在教学过程中，职业教育强调实际操作和动手能力的培养，学生应熟练掌握各种职业技能和操作方法。例如，在汽车维修专业中，学生不仅需要学习汽车理论知识，更需要通过大量的实际操作来掌握汽车维修技能。

职业教育的实践教学注重培养学生的实际操作和动手能力。在教学过程中，教师会引导学生进行实际操作，通过动手实践来发现问题、解决问题。这种教学方式能够提高学生的实践能力和创新精神，使学生在未来的职业生涯中更好地适应市场需求和企业需求。实践教学与理论教学在职业教育中是相辅相成的。实践教学能够帮助学生更好地理解和掌握理论知识，而理论知识则为实践教学提供有力的指导。在实践教学中，结合理论知识进行讲解和指导，学生能够更好地将理论与实践结合，提高学习效果。

例如，在电子商务专业中，实践教学通常包括网上商城建设、网络营销策划、电子商务平台运营等方面的内容。学校会为学生提供各种电子商务实践平台和工具，让学生在实践中理解电子商务理论知识，学习和掌握电子商务的运营和管理技能，提高电子商务的运营和管理能力。同时，学校也会积极开展校企合作，与企业合作开展电子商务项目，为学生提供更多的实践机会和就业机会。

职业教育不仅注重学生的技能培养，还注重学生的职业素养培养。职业素养包括职业道德、职业态度、职业行为等方面。在职业教育中，通过课堂教学、实践操作、企业文化熏陶等多种方式，培养学生的职业素养，使其具备高度的责任感和敬业精神，成为企业和社会所需要的高素质人才。

6.1.2 快速适应社会变革

由于职业教育直接面向社会实践应用，因此职业教育需要快速适应因社会变化而产生的新的职业需求，社会的发展和技术的进步会不断推动职业领域的变革。职业教育作为与社会经济发展紧密相关的教育类型，必须紧跟时代的步伐，不断更新教育内容和方法，以满足社会对人才的需求。

随着科技的快速发展和社会需求的不断变化，新的职业不断涌现。例如，随着人工智能和大数据技术的应用，数据分析师、AI工程师等职业应运而生；随着环保意识和环保政策的加强，环保工程师、环境咨询师等职业需求不断增加。这些新职业的出现对职业教育提出了新的挑战。为了适应这种变化，职业教育需及时跟进，开设相关课程，教授学生掌握新职业所需的技能和知识，以培养出适应市场需求的高素质人才。近年来，为了应对逐渐出现的新技术和新业态，人力资源社会保障部会不定期发布新的职业岗位，涵盖各个行业，如社区网格员、在线学习服务师、碳排放管理员、民宿管家、自动驾驶安全员、服务机器人应用技术员等。

市场经济的发展对人才的需求也在不断变化。企业需要具备创新精神和实践能力的高素质人才来推动业务的发展。职业教育作为培养应用型人才的重要途径，必须根据市场经济的需求变化来调整教育内容和方式，以满足企业对人才的需求。随着经济的发展和产业结构的调整，就业市场的需求在不断变化。职业教育必须根据就业市场的变化来调整教育内容和方式，以帮助学生更好地适应就业市场的变化。例如，随着电商行业的快速发展，企业对电子商务人才的需求不断增加。职业教育需要及时开设电子商务专业，教授学生电商运营、网络营销等技能，以适应市场的需求。在跨境电商逐渐成为趋势的情况下，电子商务专业亟须加强对学生跨境电商运营、国际市场营销等方面的技能培养。同时，在数据驱动的电商环境下，加强数据分析与应用能力的培养成为一项重要的任务。通过不断更新和调整教育内容和方法，电子商务专业能够快速适应因社会变化而产生的新的职业需求，从而更好地满足市场需求，为学生的职业发展提供坚实支撑。

随着社会经济的快速发展和职业竞争的加剧，个人的职业发展已经成为一个重要的议题。学生希望通过接受职业教育，获得具备竞争力的技能和知识，从而更好地适应市场需求和实现个人价值。因此，快速适应因社会变化而产生的新职业是增强职业教育吸引力的关键。当职业教育能够紧密跟随市场需求和技术发展，提供与新职业相关的课程和教育服务时，它就能更好地满足学生和社会的需求。这不仅可以提高职业教育的社会声誉，还可以吸引更多的学生选择职业教育，促进职业教育的持续发展。

6.1.3 提升培养质量与影响力的迫切需求

随着科技的飞速发展，职业教育正面临着前所未有的复杂竞争环境。技术的进步为职业教育带来了新的机遇和挑战，要求职业教育不断创新和变革以适应时代的需求，并不断提升自身的影响力。

面对复杂多变的社会需求和竞争环境，相比其他普通教育，职业教育机构更为关注市场需求和行业发展趋势，应及时调整和更新教学内容，确保所培养的学生能够适应企业需求的变化。职业教育应紧密结合市场需求，根据行业发展和企业需求调整专业和课程设置。这样可以确保学生所学知识与市场需求相匹配，提高其就业竞争力。例如，北京市教育委员会公布的2023年职业教育专业目录增补清单中，"智能"是高频词。中职专业增补了"装备制造大类"的智能网联汽车技术专业，职业本科专业增补了"能源动力与材料大类"的钢铁智能轧制技术专业、"交通运输大类"的高速铁路智能供电技术专业。还有一些传统专业也被赋予了新概念，例如"交通运输大类"增设了高速铁路通信技术专业，"财经商贸大类"增设了统计与大数据分析专业等。

现代技术的发展为职业教育提供了丰富的教学资源和手段，使教学质量和效果大幅提升。例如，虚拟现实（VR）和增强现实（AR）技术的应用，使学生拥有沉浸式的学习体验，使理论与实践更加紧密地结合。在线学习平台的普及，打破时间和空间的限制，使得学生可以随时随地进行学习。人工智能技术则可用于个性化教学，根据学生的学习情况智能地推荐学习资源和方法，从而使得职业教育的资源管理更加高效和精准。通过收集和分析学生的学习数据、课程数据等，可以更好地把握学生的学习需求，优化课程设置和资源配置。同时，云计算技术使得教育资源得以共享，不同地区、不同学校的教育资源可以实现互通，提升整体教育水平。

面对复杂的竞争环境，提升并宣传自身影响力也是职业教育成功的关键。宣传推广是提升职业教育影响力的关键环节。职业教育机构应创新宣传推广方式，通过多种渠道宣传自身的教育特色、办学成果和社会服务能力。在信息化社会中，新媒体成为信息传播的重要渠道。职业教育可以利用这些平台，借助AIGC内容生成工具，自动生成具有明确目标导向的文本、图像和视频等内容，发布教育资讯、推广教育理念、展示教育成果等，提升自身的影响力和知名度。同时，通过这些平台，学校可以与学生、家长、企业等各方建立更加紧密的联系，收集反馈和建议，不断改进教育服务。

6.2　AIGC赋能职业教育专业更新

由于职业教育具有面向社会变化进行不断调整的特征及需求，AIGC时代下，技术对职业教育的影响被进一步放大，既包括AIGC对职业的替代带来的挑战，也包括AIGC赋能职业教育变革的新机遇。

6.2.1 AIGC对职业的替代和更新

AIGC（人工智能、大数据、云计算等技术的融合）对职业替代的挑战是多方面的[①]，它正在以前所未有的速度改变着我们的工作和生活方式。

AIGC技术的发展使得许多传统岗位变得多余，尤其是在制造业和服务业中。例如，自动化生产线上的机器人可以高效地完成装配、包装等任务，而无须人工干预。这导致大量从事这些简单重复性工作的劳动者面临失业的风险。同时，随着AIGC技术在客服、销售等领域的广泛应用，许多传统的客服和销售岗位也可能被智能语音助手和虚拟销售代理所取代。随着AIGC技术的普及，许多岗位对技能的要求发生了根本性变化。传统技能如手工操作、简单计算等逐渐失去市场，而编程、数据分析、机器学习等新型技能则成为职场新宠。这使得许多从事传统岗位的人不得不进行职业转型，以适应新的就业市场需求。例如，一位有着多年会计工作经验的会计师发现，随着云计算和大数据技术的发展，传统的会计工作方式已经无法满足企业的需求。为了提高自己的竞争力，她决定学习数据分析和机器学习等技能，将自己的职业发展方向从传统的会计转向数据分析师。经过一段时间的努力和学习，她成功转型为一名数据分析师，并在新的领域取得了不错的成绩。

并且，相较于之前的人工智能，ChatGPT最显著的特点在于其文本生成能力。传统的人工智能主要用于观察、分类和解析信息。然而，以ChatGPT为代表的生成式人工智能不仅限于处理和分析现有数据，还具备创造新内容的能力。这意味着ChatGPT已经具备了类似人类的技能，能够以类似人类的方式进行创造性工作，从而在社会生产和生活的多个方面发挥辅助作用。尽管目前该技术在理解语言和情感交流方面仍存在局限性，但其在海量数据分析和整合以及人类语言学习等方面已经达到了较高水平。在这样的背景下，ChatGPT对职业的替代和更新相比之前的技术变革更加凸显。

AIGC技术的发展催生了许多新兴行业和岗位，如人工智能工程师、数据

---

① 徐国庆，蔡金芳，姜蓓佳等. ChatGPT/ 生成式人工智能与未来职业教育 [J]. 华东师范大学学报（教育科学版），2023，41(7)：64–77.

科学家、云计算架构师等。这些新兴行业和岗位不仅为求职者提供了更多的就业机会，还使得就业结构更加多样化。但与此同时，这种变化也带来了一些挑战。对于那些缺乏相关背景和技能的人来说，想要涉足这些新兴行业并不容易。例如，随着人工智能技术的迅速发展，越来越多的企业开始招聘人工智能工程师来开发和应用人工智能技术。这使得人工智能工程师成为一个热门职业。然而，对于那些缺乏相关背景和技能的人来说，想要成为一名人工智能工程师并不容易。他们需要学习大量的专业知识，掌握复杂的算法和编程技能，才能胜任这一岗位。

6.2.2　AIGC赋能职业教育专业设置变革

面对AIGC技术对职业替代和更新的挑战，以及由此不断催生的新兴岗位，职业教育需要主动变革专业设置，以迅速适应社会需求的不断变化，在这一过程中，AIGC技术本身可以赋能职业教育的专业变革过程。

专业设置是职业教育人才培养的重要环节，专业的课程设置及专业知识结构等直接影响职业教育人才培养质量。利用AIGC等技术，既可在专业课程设置方面进行优化完善以适应社会变化及个性化教学要求，又可更进一步设置新的专业。AIGC等技术的发展为职业教育带来了新的机遇，使其在专业设置方面更加超前、精准和具有时效性。

首先，AIGC等技术可以帮助职业教育机构实时了解市场需求和行业趋势，进而更加迅速地调整和更新专业设置。传统的职业教育机构在设置专业时，往往需要经历漫长的调研和论证，而且受到各种因素的影响，很难做到及时更新。然而，借助AIGC对大量数据的分析，我们能够实时获取市场动态和行业变化的反馈，为职业教育机构提供更具时效性的信息支持。例如，利用人工智能技术建立智能监测系统，可以实时监测市场需求和行业趋势，并将相关信息反馈给职业教育机构。职业教育机构可以根据这些信息及时调整和更新专业设置，增强人才培养的针对性和有效性。同时，还可以对职业教育的专业设置进行评估。

其次，AIGC等技术可以帮助职业教育机构预测未来市场需求和行业发展趋势，从而更加超前地设置专业。随着科技的不断进步和社会经济的快速发展，新的行业和职业不断涌现，而传统的行业和职业也可能面临转型和升级。AIGC等技术可以通过对历史数据的深入剖析，结合人工智能算法，预测未来市场变化和行业发展趋势，为职业教育机构提供更具前瞻性的专业设置思路。例如，通过建立专业预测模型，对未来市场需求和行业发展趋势进行预测，为职业教育机构超前规划专业设置提供支持。

最后，利用AIGC强大的内容生成能力，可以更加高效、精准地生成符合职业教育需求的专业及课程内容设置。在专业层面，利用AIGC技术对行业报告、招聘数据、社交媒体讨论等进行深入分析，可以揭示当前和未来的市场需求。基于这些分析，AIGC可以生成一系列与市场需求紧密相关的专业方向建议。通过分析相关行业的关键词、职位描述以及技能要求，AIGC可以自动或半自动地生成新的专业名称和详细描述，包括专业的培养目标、核心课程、就业前景等信息，为学生提供清晰且详细的专业选择参考。利用AIGC的内容生成能力，还可以轻松地组合不同学科领域的知识和技能，创建跨学科的专业。在课程层面，基于专业的培养目标和市场需求，AIGC可以辅助教师自动生成课程大纲。大纲内容包括课程名称、学时分配、教学内容、实验项目等关键信息，可为教师提供全面的教学指导。AIGC还可以分析现有的教材和教学资源，根据课程大纲的要求推荐最合适的教材和资源。同时，它还可以生成定制化的教学材料，如案例分析、实验指导等，以丰富教学内容，便于教师更好地组织和表达教学内容，同时还可以在教学过程中动态生成课件和教材，从而提高教学效率和教学质量。

AIGC技术的自然语言生成能力使得职业教育的内容更新变得更为便利。随着行业发展和技术进步，职业教育的内容需要不断更新。AIGC技术可以帮助教育机构动态地更新教学内容，确保学生所学知识与市场需求同步。通过实时采集行业动态和趋势，AIGC技术可以生成新的教学资源和学习材料。同时，它还可以根据学生的学习反馈自动优化生成课程内容和教学方案，提升教学效果和满意度。

6.3 AIGC赋能职业教育培养模式变革

6.3.1 AIGC赋能职业教育个性化教学过程实现

如何通过个性化的教与学实现因材施教，一直是教育的重要理念，职业教育也不例外。AIGC丰富的自然语言交互及生成能力能够很好地赋能职业教育的个性化教学过程。[①]

首先，在智能交互方面，通过先进的自然语言处理技术，AIGC能够开发出更加智能化的机器人为学生服务。这些机器人不仅可以模拟人类的对话交流，还能够理解和分析学生的语言，为学生提供个性化的学习建议和辅导。学生可以随时随地与机器人进行自然语言的交互式学习，打破传统的学习方式和时间限制，让学习变得更加便捷和高效。

其次，AIGC技术可以通过分析学生的学习行为和学习历史，了解他们的学习风格和偏好，智能推荐满足学生个性化需求的学习资源。例如，根据学生的学习进度、兴趣和成绩，智能推荐相关课程、学习资料和拓展知识，帮助学生构建个性化的知识体系。基于学生的学习风格和学习能力，人工智能可以为每个学生制订个性化的学习计划，以适合他们的学习进度，帮助他们更好地规划和管理学习时间。

此外，AIGC技术还可以通过智能辅导和反馈机制，帮助学生及时发现自己的学习盲区和出现的错误。AIGC通过对学生学习成绩和学习表现的深入分析，评估每个学生的学习能力和知识水平，精确地指出学生在知识点上的不足之处，并提供针对性的辅导和练习，为他们设计难度适中的学习任务和内容。这种有针对性的反馈机制不仅提高了学生的学习效率，还能够帮助他们更好地规划自己的学习计划和目标。

对于职业教育的教师而言，教师可以使用AIGC技术生成针对学生在职业教育中可能遇到的问题而做出的样本回答。通过这样的方式，教师可以帮助学

---

① 曾光，黎新华. 智能技术赋能职业教育课堂教学改革的技术表征、内在机理及创新路径 [J]. 教育与职业，2023(13)：84–89.

生有效地提升他们的技能，并为应对现实世界的各种情况做好准备；还可提供对学生的反馈，通过实时监测学生的学习活动，并根据学习数据生成即时的反馈和建议。这不仅可以为学生提供个性化的评价和反馈，还可以为教师提供数据分析和决策支持，节省时间并提高他们的反馈质量。教师可以凭借人工智能的帮助，更好地了解学生群体的整体学习情况，优化教学策略和课程设计，提高教学效果。

总之，AIGC等技术能够通过智能分析，深入挖掘每个学生的学习特点和偏好，为每个学生提供个性化的学习资源和方式。这种个性化的教学匹配方式，不仅提高了学生的学习效果，还增强了他们的学习兴趣和动力。与此同时，教师也可以从人工智能的反馈中，更深入地了解学生的学习状况，从而制定更精准的教学策略。

6.3.2　AIGC赋能职业教育丰富实践场景构建

职业教育在培养学生的实际技能和操作能力方面至关重要。在传统的职业教育中，学生往往需要通过实地实习或操作真实设备来积累实践经验。然而，这种方式不仅成本高昂，还存在一定的安全风险。而AIGC等技术的发展为职业教育带来了前所未有的机遇，这些先进的技术使得为学生和教育者提供更加真实、沉浸式的实践和培训场景成为可能，使学生在无风险的环境中得到充分的训练，从而提高技能水平。[①]例如，在航空维修专业中，学生可以使用AI技术模拟飞机故障情况，进行故障诊断和修复的实践操作。这种模拟方式不仅节省了购买飞机和相关设备的成本，还避免了实际操作中可能产生的安全风险。同时，学生可以通过模拟实践操作，更好地理解和掌握航空维修的知识和技能。

此外，在职业教育中，AIGC技术可以提供丰富的教学素材，包括文本、图像、视频和音频等形式的内容。这些素材不仅可以用于课堂教学，还可以用于学生的自学和复习，帮助学生更好地理解和掌握知识和技能。首先，AIGC技

---

① 曾金. 生成式人工智能 ChatGPT 推动职业教育数字化发展的应用场景 [J]. 当代职业教育，2023(4)：37-44.

术可以生成与课程内容相关的文本素材，这些素材可以作为教材、课程资料的辅助内容，帮助学生更好地理解课程知识。例如，在计算机编程课程中，教师可以利用AIGC技术生成各种编程题目的解题思路和代码示例，这些示例可以帮助学生更好地理解编程概念和技巧以提高他们的编程能力。

其次，AIGC技术可以生成图像素材，如图表、流程图、示意图等。这些素材可以将复杂的概念和过程可视化，帮助学生更好地理解课程内容。例如，在机械维修课程中，教师可以利用AIGC技术，生成各种机械部件的示意图和工作流程图，以帮助学生更好地理解机械维修的过程和技巧，提高他们的维修技能。

此外，AIGC技术还可以生成视频和音频素材。这些素材可以为学生提供更为直观、生动的学习体验，增强他们的学习兴趣和理解能力。以烹饪课程为例，教师可以借助AIGC技术，生成各种菜品的制作过程视频，让学生能更好地理解烹饪技巧和方法，从而提高他们的烹饪水平。同时，AIGC技术还可以生成如语音教程、语音讲解等音频素材，为学生提供更加灵活便捷的学习方式，方便他们随时随地地学习知识和技能。

传统的职业教育中，理论学习和实践操作往往是分开进行的。但AIGC技术的应用使得理论与实践能够更加紧密地结合。例如，学生可以在模拟实践中即时获得理论知识支持，而教育者也可以根据学生的实际操作情况调整理论教学的内容和深度。同时，由于这种模拟实践具有高度真实性，学生的技能水平和实践能力可以得到有效提升。当学生进入真实的工作环境时，他们已经具备了一定的实践经验和实践能力，能够更快地适应工作岗位。传统的职业培训往往受到时间、地点和设备的限制。但AIGC技术打破了这些限制，学生可以在任何时间、任何地点进行实践操作，而且不需要额外的设备和资源。这种灵活性使得学生可以根据自己的时间安排学习进度，大大提高了学习效率。

6.3.3　AIGC赋能职业教育组织运行机制变革

在传统的教育体系中，学校、班级和学科往往作为相互独立的单元存在，学生之间的交流和合作大多局限于各自的班级或学科内。这种隔离式的教育模式在一定程度上限制了学生的视野和综合能力。然而，随着AIGC技术的引入，教育领域正迎来一场深刻的变革。AIGC技术通过其强大的内容生成和优化能力，重塑了学习空间的概念。它不仅生成了物理学习空间，为学生提供了安全、舒适的学习环境，还构建了知识空间，这个空间内汇聚了海量的学习资源和知识库，供学生随时随地探索和学习。更重要的是，AIGC技术还创造了虚拟实践空间，让学生在模拟的环境中进行实验和操作，从而获得宝贵的实践经验。[①]

这些学习空间相互重叠，共同构建了一个跨学校、跨班级、跨学科甚至跨时空的学习共同体。在这个共同体中，学生和教师可以进行更为便捷和深入的交流和合作，共同解决问题、分享经验和知识。这种跨界的合作不仅极大地提升了学生的学习体验，还激发了他们的学习热情和探索欲望。学习共同体的形成不仅显著提高了学生的学习成效，更在潜移默化中培养了他们的团队协作精神和创新能力。在跨界的交流和合作中，学生学会了如何与他人有效沟通，如何在团队中发挥自己的优势，如何从不同的角度思考和解决问题。这些能力对于他们个人成长和未来的职业发展都具有重要意义。

此外，在传统的教育运行机制中，政府、学校、企业和社会等在协同治理方面的效率常常不尽如人意。由于缺乏一个有效的群智决策系统，各方的资源和优势难以得到充分发挥，教育治理的效果不尽如人意。这种情况在很大程度上限制了教育的发展和进步。然而，随着AIGC技术的不断发展，我们看到了解决这一问题的曙光。AIGC技术通过构建人机协同的群智决策系统，为政府、学校、企业和社会等提供了一个全新的协同治理平台。这个平台充分利用了人工智能的数据分析能力和人类的判断力，实现了双方的优势互补，从而提高了教育治理的效率和效果。

具体来说，AIGC技术通过大数据分析和机器学习等技术手段，对海量的教育数据进行了深入挖掘和分析，为决策者提供了更加全面、准确的信息支

---

① 毛政珍. 人工智能与传统职业教育"课程、课堂、评价"的耦合性研究 [J]. 黑河学刊，2023(5)：74-79.

持。同时，这个系统还具备强大的智能决策能力，可以根据不同的情境和需求，自动生成最佳的决策方案，为决策者提供更加科学、可靠的决策依据。通过AIGC技术构建的人机协同群智决策系统，政府、学校、企业和社会等各方可以更加紧密地协作，实现资源共享和优势互补。同时，这一系统还有助于提高教育的执行效果，使得各项政策措施能够更加迅速、准确地得到落实。AIGC技术通过构建人机协同的群智决策系统，为解决传统教育运行机制中的问题提供了一种全新的方案。它不仅提高了教育的管理效率和决策水平，还为各方提供了一个更加开放、透明的沟通渠道，使得教育治理更加科学、合理。我们有理由相信，随着AIGC技术的不断发展，未来的教育将变得更加高效、透明和开放。

在师生关系方面，传统的职业教育往往会面临教学环境单一、互动元素不足的问题，导致学生的学习体验不尽如人意。传统的职业教育学习环境的信息交流往往是单向的，教师将知识传递给学生，而学生之间的交流与协作较少。这种单向的教学模式往往缺乏师生、生生之间的有效互动，无法满足学生多样化的学习需求。这种模式忽略了学生之间互动带来的知识共享、经验交流、合作学习和思想碰撞等优势。学生之间因缺乏深入的交流与合作，无法共享彼此的资源和经验，限制了学习效果的进一步提高。借助AIGC等先进技术手段，现代职业教育可以打造更加多元化的学习环境。通过模拟真实的岗位场景，提供丰富的互动元素，加强师生、生生之间的交流与合作，充分挖掘学生的潜力和创造力。这样的学习环境不仅能够提高学生的学习效果，还能够培养他们的团队协作和创新能力，为未来的职业生涯做好充分准备。

6.4 AIGC赋能职业教育影响力提升

如何提升社会认可度和影响力，是职业教育应对不断变化的社会环境时需要深入探索的关键问题。借助AIGC等技术，可以在全社会宣传职业教育理念、促进职业价值观形成，进而提升职业教育的影响力。

6.4.1　AIGC助力职业教育理念宣传

随着人工智能技术的快速发展，AIGC等先进技术为职业教育带来了前所未有的机遇。借助这些技术，职业教育可以更有效地向全社会宣传自己的教育理念，提升自身的影响力。

首先，AIGC技术的内容生成能力为职业教育提供了更广阔的宣传和推广空间。通过分析不同受众的特点和需求，AIGC等技术可以制作生动的视频、图文等形式的内容，通过社交媒体等渠道进行广泛传播。例如，OpenAI发布的视频生成工具Sora，能根据用户提示生成长达60秒的高质量逼真视频，视频内容非常贴近真实场景，能够显著降低制作成本，展现出了巨大的应用潜力。AIGC技术可以制作专门针对学生和家长的宣传视频，这些视频不仅生动有趣，还能展示职业教育的特色和优势，激发他们对孩子未来职业发展的憧憬和热情。此外，对于企业而言，AIGC技术可以提供行业趋势分析、人才需求预测等服务，帮助他们了解职业教育的发展动态，以便更好地寻找到合适的人才。

其次，借助AIGC语言交互能力，职业教育机构可以与网民进行互动，及时了解他们对职业教育的需求和反馈。这种互动不仅可以增强机构与潜在学生之间的联系，还可以为机构提供宝贵的反馈信息，帮助他们进一步优化宣传策略，提升宣传效果。利用社交媒体平台的AIGC及人工智能算法推荐也可为职业教育机构的宣传提供有力的支持。通过精准推送宣传内容给目标用户，可以大大提高传播效率，使宣传效果更为显著。借助精准定位和定制化内容，职业教育可以更好地吸引目标受众，进一步推动职业教育的可持续发展。

此外，虚拟现实（VR）和增强现实（AR）技术可以为职业教育宣传提供沉浸式的体验。借助这些技术，参观者可以亲身体验模拟的职业教育课堂、实训场所等，更直观地了解职业教育的实际效果。这不仅可以增强参观者的参与感和体验感，还可以为他们提供个性化的学习路径和推荐相关职业发展方向。例如，职业院校可以利用VR技术为潜在学生提供"虚拟校园之旅"，让他们身临其境地感受校园环境和学习氛围。这种新颖的宣传方式能够吸引更多的人关注和了解职业教育。

6.4.2 AIGC促进公民数字职业价值观养成

随着数字技术的快速发展，数字职业已成为当今社会的重要组成部分。数字职业价值观的养成对于培养适应未来社会需求的公民至关重要。AIGC技术作为数字时代的产物，在促进公民数字职业价值观养成方面具有巨大的潜力。

首先，AIGC技术通过提供多元化的数字职业认知体验，帮助公民全面了解数字职业的内涵和特点。例如，利用虚拟现实（VR）和增强现实（AR）技术，AIGC可以创建逼真的虚拟职业环境，使公民能够亲身体验各种数字职业的工作内容和场景。这种沉浸式的体验方式不仅可以激发公民对数字职业的兴趣，还能加深他们对数字职业要求和挑战的认知。

其次，AIGC技术能整合丰富的在线教育资源，为公民提供系统的数字职业知识培训。这些培训资源涵盖了数字职业的各个方面，包括技能要求、行业趋势、职业发展路径等，有助于公民对数字职业形成全面的认知。通过在线课程、模拟实训、互动问答等学习形式，公民可以自主地获取数字职业知识，提升自己的数字素养和职业技能。AIGC技术还能通过智能推荐和个性化学习路径设计，为公民提供定制化的数字职业学习体验。这种个性化的学习方式有助于公民根据自己的兴趣和需求，高效地学习和掌握数字职业技能。

此外，AIGC技术为数字职业交流与互动提供了便利的平台。通过在线社区、论坛等交流渠道，公民可以围绕数字职业展开讨论、分享经验、寻求帮助。这种互动式的交流方式有助于公民形成开放、包容的数字职业心态，增强对不同数字职业的理解和尊重。此外，AIGC技术还能促进跨界合作与创新。例如，在AIGC平台上，来自不同领域的数字职业人士可以共同参与项目合作、技术研发等活动，实现资源共享和优势互补。这种跨界合作不仅推动了数字职业的创新发展，还为公民提供了更广阔的数字职业发展空间。

7

AIGC在互联网教育中的应用前景

7.1 互联网教育及其发展历程

7.1.1 互联网教育是什么

互联网教育是在教育信息化背景下，通过互联网及移动通信、大数据、云计算、社交平台、搜索引擎等信息技术与教育的深度融合，有效实施教学、学习和管理活动的教育[①②]，是在互联网背景下动态发展所形成的一种教育形态。互联网对教育的影响固然巨大，但无法颠覆教育的本质[③]，也就是说，互联网教育的核心仍然并且始终是教育本身[④]。一切与互联网产生联系的或以互联网为载体的教育形式都可以被纳入互联网教育的范畴，诸如远程教育、在线教育、翻转课堂等都可视作互联网教育的不同形式[⑤]。

随着"互联网+"概念的提出，"互联网+教育"一词应时而生，进一步丰富了互联网教育的内涵。现如今，互联网教育早已不是互联网和教育的简单相加。换言之，不能简单地认为将互联网技术运用于教育教学过程就是在实践互

---

① 易凌云. 互联网教育与教育变革 [D]. 武汉：华中师范大学，2017.

② 上海市杨浦区人民政府办公室. 上海市杨浦区人民政府办公室转发区改委制订的《杨浦区支持互联网教育产业发展若干政策（试行）》的通知 [J]. 上海市杨浦区人民政府公报，2015（2）:10-11.

③ 翟小宁. 互联网时代，教育的变革与坚守 [N/OL]. 光明日报，2016-02-23[2024-01-20]. https://epaper.gmw.cn/gmrb/html/2016-02/23/nw.D110000gmrb_20160223_1-15.htm.

④ 张彦通，张妍."互联网+教育"的本质与内涵 [J]. 国家教育行政学院学报，2018（1）:62-68.

⑤ 任恺."互联网+"背景下的课堂范式转型 [J]. 当代教育与文化，2016，8（3）:59-64.

联网教育，从运用互联网技术到互联网教育的实现，还需要充分整合理念、模式以及主体等其他要素[①]。在这样的语境下，互联网教育并非局限于在线教育这一种形式，也不仅仅是线上教育和线下教育的简单结合，而是融合众多要素后所形成的新的教育生态。何为"新"？其实质在于人才培养、课堂教学、教育服务等环节在模式上的创新。总结而言，互联网教育基于互联网这一基础要素，给教育带来了全方位、深刻的变革，构建了教育发展的新生态[②③]。

7.1.2 我国互联网教育的发展历程[④⑤]

互联网教育离不开互联网的支撑，我国互联网教育的发展历程与互联网技术的发展密不可分，同时又与我国教育信息化建设等行动计划息息相关。立足于技术、政策和实践三个维度，以下结合一些重要事件对我国互联网教育的发展历程展开介绍。

（1）起步阶段（1994—2000年）。

20世纪90年代，第一次互联网浪潮背景下，我国互联网教育基础设施建设拉开帷幕，为后续互联网教育的普及奠定了坚实基础。

①CERNET成功开通。

最具代表性的事件之一是中国教育和科研计算机网CERNET示范工程的实施。1994年，清华大学等高校建设的CERNET试验网成功开通，成为我国第一个使用TCP/IP协议的全国计算机互联网络；经过一年多的时间，CERNET提前通过验收，其所连接的100多所高校也因此成为中国第一批互联网用户。后来，CERNET与位于美国的下一代互联网交换中心STARTAP和位于日本的亚太地区高速网APAN交换中心实现连接，进而与国际学术性互联网络实现互联互

① 李鹏，杨红萍."互联网＋教育"的实质与实践 [J]. 教学与管理，2019（27）:9-11.

② 南旭光，张培."互联网＋"教育：现实争论与实践逻辑 [J]. 电化教育研究，2016，37（9）:55-60+75.

③ 赵慧娟."互联网＋"时代高职课堂教学的学习流程再造分析 [J]. 成人教育，2017,37(6):68-72.

④ 张伟静. 弹指一挥间，中国教育信息化巨变 70 年 [J]. 中国教育网络，2019(10)：7-10.

⑤ 杨策，刘益东. 中国互联网教育发展历程研究 [J]. 河北师范大学学报（教育科学版），2017，19（6）:78-83.

通①。经过多年的发展，CERNET主干网连接了全国超过2000所高校和科研单位，服务用户超过2000万人，成为我国教育信息化的重要基础设施②。CERNET主干网拓扑图如图7-1所示。

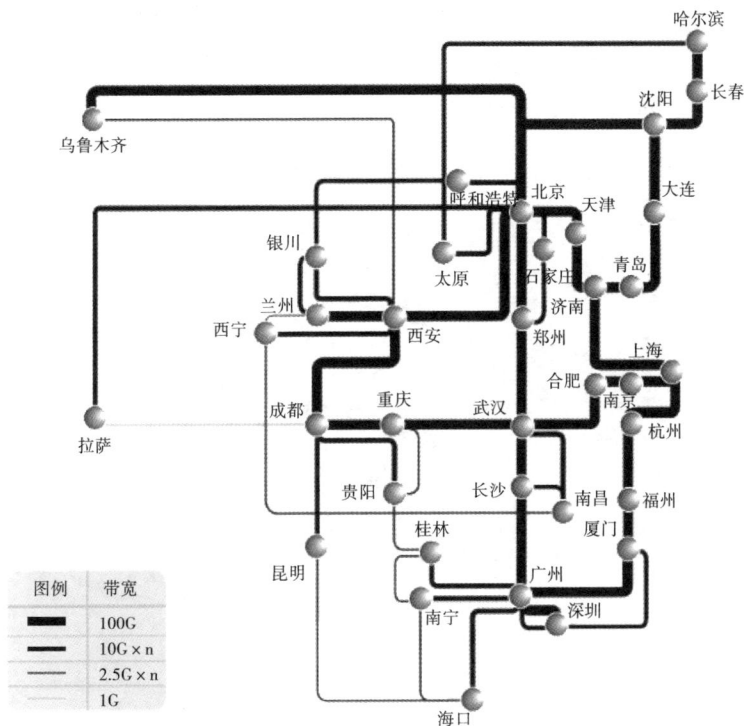

图7-1　CERNET主干网拓扑③

②远程教育进入视野。

从1997—1999年，与远程教育相关的通知和政策文件接连发布，远程教育被纳入国家层面的统筹计划。例如，1998年，教育部将现代远程教育工程列入

① 中国互联网络信息中心. 2000 年 ~ 2001 年互联网大事记 [EB/OL].（2009-05-26）[2024-01-20].https://www3.cnnic.cn/n4/2022/0401/c87-914.html.

② 清华大学网络科学与网络空间研究院.清华大学网络研究院力保 CERNET 稳定运行，全力 护 航 高 校 抗 疫 [EB/OL].（2022-05-22）[2024-01-20]. https://www.insc.tsinghua.edu.cn/info/1184/2565.htm.

③ 清华大学网络科学与网络空间研究院.中国教育和科研计算机网 CERNET[EB/OL].[2024-01-29].https://www.insc.tsinghua.edu.cn/sypt/CERNET.htm.

《面向21世纪教育振兴行动计划》，要求"建立全国大学生招生远程录取、计算机学籍管理、毕业生远程就业服务一体化的信息系统"[①]；同年，全国普通高校招生网上录取系统正式投入使用。从实践来看，我国最早的互联网培训机构"101远程教育网"于1996年开通[②]，相关报道如图7-2所示，这标志着教育市场正式加入互联网教育的发展浪潮中。2000年开始，以网易、搜狐为代表的互联网企业纷纷布局教育应用的开发，表明我国互联网教育的运营主体逐渐走向多元化。

图7-2　101远程教育网开通的媒体报道[③]

（2）建设阶段（2001—2010年）。

建设阶段的互联网教育主要以数字资源的建设与开放为发展重点，中国高等教育文献保障系统（CALIS）和国家精品课程的建设是这一阶段的代表性事件，取得了重要成果。

①CALIS建设。

CALIS是面向所有高校图书馆的公共服务基础设施，是我国文献资源保障

---

① 湖南省教育厅.国务院批转教育部《面向21世纪教育振兴行动计划》的通知[EB/OL].（2008-08-29）[2024-01-26].http://jyt.hunan.gov.cn/jyt/sjyt/xxgk/zcfg/flfg/201702/t20170214_3989965.html.

② 刘畅，孙健，杨鹏程.浅谈中国"互联网＋教育"模式的发展[J].中国校外教育，2019（30）：59-60.

③ 鲸媒体.101教育21年巨变，传统的网校时代一去不复返？[EB/OL].（2017-12-20）[2024-01-26].https://mp.weixin.qq.com/s/N93-aTpS_JKBjOjrpAWzfA.

体系的重要组成部分，其发展历程如图7-3所示①。2001年，CALIS"九五"相关建设通过国家验收，创立"全国中心—地区中心—高校图书馆"三级文献信息保障模式的服务网络。2004—2006年期间，CALIS开启"十五"建设，旨在进一步扩大文献保障和服务体系规模，构建具有国际先进水平的开放式中国高等教育数字图书馆（CADLIS）②。建设期间，对"九五"期间研发的馆际互借系统进行了升级改造，建成分布式的"CALIS文献传递服务网"并启动服务，使得不同高校的读者能够通过该网络相互借阅馆藏。2010年，"中文名称规范联合数据库检索系统"正式发布，成功实现了内地（大陆）和港澳台地区中文名称规范资源的统一检索，极大促进了文献资源的互联与共享。

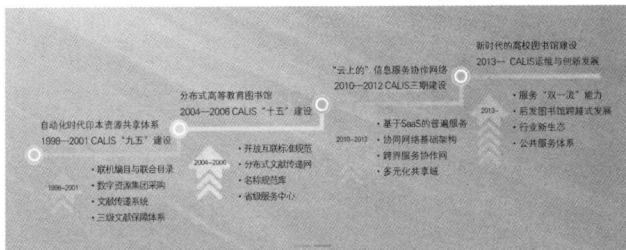

图7-3　CALIS发展历程

②国家精品课程建设。

2003年，教育部先后印发精品课程建设工作的通知和实施办法，明确提出施行"课程上网"的运行管理模式，要求各高校使用网络开展精品课程的教学与管理，并通过网络免费开放和共享教学大纲、教案、习题等课程资源③。2007年，教育部启动"国家精品课程集成项目"建设工作，旨在利用信息技术对已有国家精品课程进行集成，搭建共享服务平台，进一步推动互联网优质教

① 来源：http://www.calis.edu.cn。

② 王文清.中国高等教育数字图书馆（CADLIS）系统建设回顾和展望 [J]. 数字图书馆论坛，2009（12）：22-31.

③ 教育部.教育部关于启动高等学校教学质量与教学改革工程精品课程建设工作的通知 [EB/OL].（2003-04-08）[2024-01-26].http://www.moe.gov.cn/s78/A08/gjs_left/s5664/moe_1623/s3843/201010/t20101018_109658.html.

育资源的共建共享①。自实施办法提出至2010年，国家精品课程无论是在数量上还是在覆盖面上都取得了丰硕成果：累计评审出国家精品课程超过3000门，覆盖全国32个省、自治区和直辖市，覆盖13个一级学科和70个二级学科②。

（3）应用阶段（2011—2016年）。

应用阶段互联网技术已被应用于教育领域，平板教学、翻转课堂、在线教育等教学模式从初步试探逐渐走向深化。

①"互联网+"的提出。

在国内，易观国际董事长兼CEO于扬在2012易观第五届移动互联网博览会上首次提出"互联网+"的理念，认为未来"互联网+"是所在行业目前的产品和服务与未来多屏全网跨平台用户场景结合之后产生的一种化学公式③。2015年，《国务院关于积极推进"互联网+"行动的指导意见》指出，"互联网+"是把互联网的创新成果与经济社会各领域深度融合，推动技术进步、效率提升和组织变革，提升实体经济创新力和生产力，形成更广泛的以互联网为基础设施和创新要素的经济社会发展新形态；文件还明确指出，要鼓励互联网企业提供网络化教育服务，鼓励学校利用数字教育资源及教育服务平台，逐步探索网络化教育新模式④。"互联网+"的提出进一步促进了互联网与教育领域的融合发展，助推互联网教育模式不断创新，"互联网+教育"得到了国家层面的重视，开始成为教育领域的重要话题。例如，教育部印发的《教育信息化2.0行动计划》明确构建一体化的"互联网+教育"大平台⑤。此后，国务院常务会议确定，要推进"互联网+教育"，鼓励符合条件的各类主体发展在线教育，为职

---

① 教育部高等教育司.关于申报"国家精品课程集成项目"的通知[EB/OL].（2007-03-02）[2024-01-26].http://www.moe.gov.cn/s78/A08/s4532/200703/t20070302_120866.html.

② 中国教育网.国家精品课程建设[EB/OL].（2012-09-04）[2024-01-26].https://www.edu.cn/xxh/fei/jcyy/jx/zy/201209/t20120904_838736.shtml.

③ 网易科技报道.易观国际董事长CEO于扬："互联网+"[EB/OL].（2012-11-14）[2024-01-20].https://www.163.com/tech/article/8G8VCEVN00094N6H.html.

④ 国务院.国务院关于积极推进"互联网+"行动的指导意见[EB/OL].（2015-07-04）[2024-01-20].https://www.gov.cn/zhengce/content/2015-07/04/content_10002.htm.

⑤ 教育部.教育部关于印发《教育信息化2.0行动计划》的通知[EB/OL].（2018-04-18）[2024-01-20].http://www.moe.gov.cn/srcsite/A16/s3342/201804/t20180425_334188.html.

业培训、技能提升搭建普惠开放的新平台①。

②"三通两平台"建设。

2012年，"三通两平台"的概念在全国教育信息化工作电视电话会议上被首次提出，即"宽带网络校校通、优质资源班班通、网络学习空间人人通"②。2015年国际智慧教育展览会上，天闻数媒联手华为推出了"三通两平台"整体解决方案，如图7-4所示③。截至2015年，"三通两平台"工程超出预期目标，其中："宽度网络校校通"进展明显，全国中小学互联网接入率上升到85%，多媒体教室拥有率达77%，学校的网络化教学环境得到改善；"优质资源班班通"成效显著，音乐、美术、英语等课程开课率得到提高，服务范围覆盖偏远地区超过400万个孩子，更多人通过信息化的方式享受到了优质教育

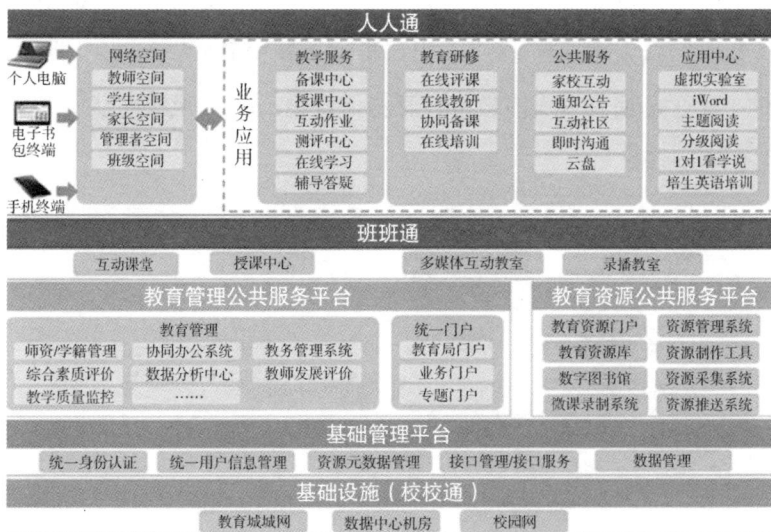

图7-4 "三通两平台"整体解决方案

---

① 每日经济新闻.2022年所有学校接入互联网！国务院大力推进"互联网＋教育"，鼓励各类主体发展在线教育[EB/OL].（2019-08-29）[2024-01-20].https://www.gov.cn/zhengce/2019-08-29/content_5425524.htm.

② 教育部.刘延东国务委员在全国教育信息化工作电视电话会议上的讲话[EB/OL].（2012-11-02）[2024-01-20].http://www.moe.gov.cn/srcsite/A16/s3342/201211/t20121102_144240.html.

③ 陈春井，秦芳.2015国际智慧教育展：天闻数媒联手华为推出"三通两平台"[EB/OL].（2015-12-21）[2024-01-26].https://hn.rednet.cn/c/2015/12/21/3868669.htm.

资源；"网络学习空间人人通"发展迅速，开通网络学习空间的学校超过全国学校的30%，数量增长超过4000万个，应用范围覆盖各级各类教育，推动了教学方式的转变①。

（4）融合阶段（2017—2021年）。

融合阶段开启的重要标志是《教育信息化2.0行动计划》的印发，互联网技术与教育教学的深度融合是该阶段的主要特点。

2018年，教育部制定了《教育信息化2.0行动计划》，标志着我国正式进入互联网教育2.0时代。计划提出要"努力构建'互联网+'条件下的人才培养新模式、发展基于互联网的教育服务新模式、探索信息时代教育治理新模式"的基本目标，明确要在2022年基本实现"三全两高一大"的发展目标，如图7-5所示。《数字中国发展报告（2020年）》显示，截至2020年底全国中小学（含教学点）互联网接入率达到100%，出口带宽达到100 M的学校比例为99.92%，98.35%的中小学已拥有多媒体教室，教育信息化2.0行动成效明显③。

图7-5 "三全两高一大"发展目标②

① 教育部.教育部关于印发刘延东副总理在第二次全国教育信息化工作电视电话会议上讲话的通知 [EB/OL].（2015-12-29）[2024-01-20].http://www.moe.gov.cn/srcsite/A16/s3342/201601/t20160120_228489.html.

② 搜狐网.重磅｜一张图看懂《教育信息化 2.0 行动计划》！[EB/OL].（2018-04-20）[2024-01-26].https://www.sohu.com/a/228894908_529048.

③ 国家互联网信息办公室.数字中国发展报告（2020年）[EB/OL].（2021-07-02）[2024-01-26].http://www.cac.gov.cn/2021-06/28/c_1626464503226700.htm.

阅读材料

新冠疫情背景下的停课不停学

新冠疫情期间，在线教育的需求急剧攀升，我国互联网教育迎来了重要考验，除了已有的互联网基础设施以外，国家中小学网络云平台（2022年3月正式改版升级为"国家中小学智慧教育平台"）、中国大学MOOC等互联网课程教育平台以及学习通、腾讯会议、钉钉等在线教学平台都为全国各级各类院校的"停课不停教、不停学"工作提供了重要支撑。例如，国家中小学网络云平台上线了4649课时的小学、初中、高中各学段主要学科的课程学习资源和丰富的专题教育资源，为1.8亿中小学生的在线学习提供了有力支撑。新冠疫情客观上推动了我国互联网教育进一步普及，在线教育进入新的发展阶段，并带来更深层次和更高质量的教育体系变革。

（5）智创阶段（2022—）。

智创阶段开启的重要标志是2022年11月ChatGPT的发布。AIGC在互联网教育领域应用的兴起是这一阶段的重要事件，也是当今互联网教育发展的新趋势。

《教育信息化2.0行动计划》的实施为AIGC在互联网教育的应用奠定了良好的政策基础。2022年底，ChatGPT在社交媒体火爆出圈，受到了广泛关注。如图7-6所示，根据调查机构Writerbuddy的调查结果，2022年9月至2023年8月期间，ChatGPT的访问量达到了146亿次，是访问次数最多的AI工具[①]。此后各式各样的AIGC工具层出不穷。在互联网教育领域，已有高校、科研单位和互联网企业投入到AIGC的研发当中，开发了面向不同场景的AIGC产品。例如，浙

---

① Writerbuddy.AI Industry Analysis: 50 Most Visited AI Tools and Their 24B+ Traffic Behavior[EB/OL].[2024-01-30].https://writerbuddy.ai/blog/ai-industry-analysis.

江大学联合高等教育出版社、阿里云和华院计算等单位共同研制了专注于人工智能专业领域教育的垂直大模型"智海-三乐"，该模型具备智能问答、学习导航、试题生成等功能[①]；华东师范大学上海智能教育研究院与微软亚洲研究院合作研发了中文写作智能辅导系统"小花狮"，实现对中文作文的自动化评阅[②]；高途考研正式发布了考研规划与答疑产品"高途AICan"，用于提供更个性化的咨询服务[③]。随着这些大模型和相关产品的不断落地，AIGC在互联网教育领域的普及程度和应用程度将逐渐提高，助力互联网教育朝着智能化的方向发展。

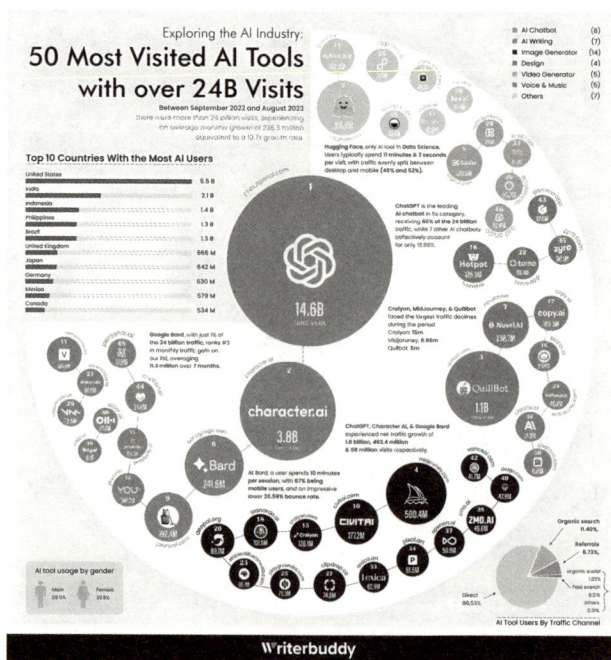

图7-6　50个访问量最多的AI工具

---

①　浙江大学上海高等研究院."智海－三乐"教育大模型正式发布，赋能101计划《人工智能引论》教与学[EB/OL].（2023-08-22）[2024-01-20].http://sias.zju.edu.cn/2023/0823/c57510a2792888/page.htm.

②　来源：https://elion.ecnu.edu.cn/write/list.htm。

③　网易.高途正式发布高途考研AICan，定位为考研规划与答疑产品[EB/OL].（2023-04-13）[2024-01-20].https://www.163.com/dy/article/I27I1N99051480G7.html.

7.1.3　互联网教育与传统教育

互联网教育与传统教育的区别是什么？举个简单的例子，一所学校、一位老师、一间教室，这是传统教育中的典型场景；而一张网、一个移动终端、几百万学生、学校任你挑、老师任你选，则是互联网教育的常态[①]。

在新的时代浪潮下，互联网教育会取代传统教育吗？显然，互联网教育并不会完全取代传统教育，传统教育中人与人的思维、认知和情感相互碰撞、相互影响，是在线教育等互联网教育形式所不能代替的[②]。我们应该以融合、创新和动态的视角看待互联网教育与传统教育的关系，即：互联网教育可视为互联网与传统教育相融合而产生的新形态，是对传统教育进行重塑的产物。

具体而言，这种重塑是多维度的：一是重塑了知识获取渠道，知识获取的渠道不再被教师、学者和专家等少数人所垄断，而是开放多元的、不受时空所限的；二是重塑了教师角色，教师不再是权威的知识传授者，而是学生获取知识的引导者[③]；三是重塑了教学形式，传统教育往往局限于"老师讲、学生听"的形式，互联网教育则打破了固有组织形式，实现弹性教学和个性化学习[④]。

互联网教育虽然弥补了一些传统教育的不足，但也带来了新的挑战[⑤]。例如，在沉浸式教学过程中，学生的注意力往往会被游戏、动画等吸引，从而导致注意力不集中，降低了课堂教学的效果、背离了教育的初衷和本质。再如，在互联网空间，大量的教育资源充斥其中，可能导致信息过载，具体表现为师生无法有效地筛选出对自己有用的教育资源，这在本质上反映出师生信息素养与互联网教育发展相错位的问题。又如，在线上课堂中，老师很难实时观测到学生的真实学习状态，零回答、零互动可能成为常态，传统教育中的师生互动

---

① 豆俊杰，王强."互联网＋教育"：冰火两重天 [J]. 辽宁教育，2015（16）:49-51.

② 秦虹，张武升."互联网＋教育"的本质特点与发展趋向 [J]. 教育研究，2016, 37（6）:8-10.

③ 赵国庆."互联网＋教育"：机遇挑战与应对 [J]. 中国科技奖励，2015（8）:39-41.

④ 俞明雅，叶波."互联网＋"能促进教育公平吗？：兼论"互联网＋"教育公平的挑战与应对 [J]. 教育科学研究，2017（4）:15-18, 23.

⑤ 徐冉冉."互联网＋教育"面临的机遇与挑战 [J]. 中国教育学刊，2016（1）:99.

被削弱。因此，如何合理布局互联网教育的发展路径，实现互联网教育与传统教育的优势互补，是教育领域必须解决的时代问题。

7.2 AIGC时代下的互联网教育

AIGC时代来临，互联网教育也迎来了许多新的发展机遇，借助AIGC可实现更多智慧化、互动化的教育设计，将进一步降低教育成本、促进教育公平。

7.2.1 AIGC时代互联网教育的特征

（1）AIGC与互联网教育双向赋能[①]。

AIGC时代，AIGC与互联网教育相互依存、相互促进，呈现双向赋能的关系。从AIGC赋能互联网教育的角度来看，AIGC对互联网教育的理念和模式产生了新的影响，越来越多的师生开始接受"生成式学习"这一模式。例如：在AIGC出现之前，学生往往需要通过互联网检索获取学习资源，而现在只需要向AIGC工具输入需求就能直接获取；同样，对于教师而言，以往备课时往往需要自己上网收集素材，现在只需要向AIGC工具提供少量的课程信息，AIGC工具就能够生成文章、视频等多模态的教学素材。AIGC正在以一种全新的姿态改变信息获取方式，逐渐渗透到互联网教育的各个场景中。随着人工智能技术的快速发展，AIGC工具也在快速迭代，生成内容的质量也在不断提高。从互联网教育赋能AIGC的角度来看，互联网教育为AIGC开拓了新的发展空间，不断推动AIGC朝着专业化的方向发展，使得AIGC在原有面向通用领域的基础上创新出面向互联网教育领域的新模型和新设计。越来越多的企业、高校和科研院所开始布局互联网教育领域的AIGC，目前已经诞生了许多专为互联网教育领域而设计的AIGC工具。

---

① 彭绍东. AIGC 时代基于双向赋能的人工智能教育创新框架 [J]. 教育文化论坛，2023，15（4）：12-26.

（2）人机交互模式的更新①。

AIGC时代互联网教育的人机交互将更加人性化、个性化和智能化。人机交互是指人类通过触摸、文字、语音等形式与计算机或其他机器进行双向信息交互的过程，通常包括信息的输入、处理、输出以及用户反馈四个环节。对于信息输入环节而言，传统互联网教育模式下，往往需要输入计算机能够理解的信息格式才能够获取相应结果。例如，在信息检索时，用户需要搭配合适的检索词、检索字段和逻辑运算符，才能够最大限度地检索到所需要的信息；而对于AIGC工具而言，其拥有自然语言理解与处理能力，因而用户在检索信息时能够输入更加灵活的语言；与此同时，AIGC工具能够与用户开展多轮交互，有助于识别出用户的真实意图。对于信息输出环节而言，传统互联网教育模式下输出的信息往往是分散的，需要用户自行将其整合组织在一起；而在AIGC的加持下，输出的信息将更加符合用户需求，用户在使用AIGC工具检索信息时，只需要提前指定信息输出的格式，就能轻松获得相应格式的信息。总结而言，AIGC时代下的互联网教育产生了以自然语言为载体的人机交互新模式，相较于传统互联网教育中的人机交互，AIGC赋能下人机交互的体验和效率都有了明显提升。

（3）大数据赋能互联网教育②。

AIGC时代大数据将进一步赋能互联网教育。互联网教育建立在以数据为核心的基础上，可以说，没有数据就没有互联网教育。互联网时代，各类教育实践活动中产生的大量数据通过互联网进行流通和交互，孕育形成了教育大数据。教育大数据的核心数据源头是"人"和"物"。"人"既包括学生、教师和教学管理者，也包括学生家长；"物"则包括校园网站、信息系统、服务

---

① 中银证券 .AIGC深度报告：颠覆人机交互模式，内容生产进入新时代 [EB/OL]. （2023-05-14）[2024-01-29].https://pdf.dfcfw.com/pdf/H3_AP202305141586620570_1.pdf?1684083293000.pdf.

② 吴南中，黄治虎，曾靓，等 .大数据视角下"互联网＋教育"生态观及其建构 [J].中国电化教育，2018（10）：22-30.

器、多媒体设备等各种教育设施①。教育大数据在互联网教育活动的评测方面发挥着至关重要的作用。例如，基于大数据平台，教师能够很方便地评估学生的学习成果，通过学情分析生成每个学生的个人画像，进而实施个性化、精准化教学；学校通过对大量教学数据的分析和挖掘，可以对教学质量进行评估，有助于探索新的教学方法和技巧，促进教学质量的提高。

随着AIGC时代的到来，大数据的重要性愈发明显，很重要的原因是AIGC模型的训练需要以大量数据为基础，这些数据的来源包括但不限于网络文本、书籍、知识库等，显然已经超出了上述教育大数据的范畴。换言之，在AIGC的赋能下，互联网教育所需要的大数据不再局限于教育大数据这类行为数据，而是"包罗万象"的大数据，可以来源于各个渠道、各个领域。正是由于大数据对AIGC模型的支撑，AIGC才能很好地应用于互联网教育。从这个角度来看，大数据通过AIGC间接促进了互联网教育的发展。

（4）学习的自主化②。

互联网教育背景下，学习模式由以"教"为中心逐渐转向为以"学"为中心，学生拥有了"怎么学""学什么"的自主权，不必依赖于课堂和书本。例如，基于在线课程平台，在课程学习前，学生可以自主选择感兴趣的课程、自主制订学习计划；在课程学习过程中，学生可以自主安排学习进度、自主决定学习重点；在课程学习后，学生可以自主选择是否分享学习经验、自主评价课程的教学质量等。AIGC的出现为学习者提供了更多选择，学习者能够根据需求自主选择和使用适合的AIGC工具。不难看出，学习的自主化在互联网教育中体现得淋漓尽致，这一方面得益于互联网教育资源的日益丰富，另一方面也归功于AIGC起到的促进作用。

（5）学习的个性化③。

个性化学习的实现离不开人工智能和大数据等技术的融合发展，可以从

---

① 邢蓓蓓，杨现民，李勤生.教育大数据的来源与采集技术 [J]. 现代教育技术，2016，26（8）:14-21.

② 张岩."互联网 + 教育"理念及模式探析 [J]. 中国高教研究，2016（2）:70-73.

③ 李海峰，王炜."互联网 +"时代的师生关系构建探析 [J]. 中国教育学刊，2018（7）:81-87.

两个层面理解个性化的内涵。一方面，学习个性化是学习自主化的结果，体现为主观层面的个性化，是学习者结合自身实际情况自发做出的个性化选择。例如，在AIGC带来的新的人机交互模式下，学习者能够输入个性化的需求，从而获取个性化的反馈结果。另一方面，学习个性化是通过大数据分析得到的结果，体现为客观层面。学习资源的个性化推荐就是典型案例：AIGC工具通过对学习者的行为数据进行分析和预测，向其推荐可能感兴趣的内容，这在因材施教的同时也提升了学习者的积极性。

7.2.2　AIGC时代互联网教育的需求

（1）更新和优化基础设施。

我国虽然在互联网教育基础设施的普及方面已取得了显著成果，但随着时代发展也必将面临基础设施的更新和优化问题。

就互联网基础设施的更新而言，其更多反映的是一种时代需求。在AIGC浪潮到来之前，教育部等多部门就明确提出要推进新型基础设施建设，包括信息网络、平台体系、数字资源和智慧校园等六个重点方向。其中，平台体系新型基础设施建设的内容中明确提出要构建互联互通、应用齐备、协同服务的"互联网+教育"大平台[①]。AIGC时代背景下，人工智能、大数据等现代信息技术的快速发展和应用，极大推动了互联网教育模式的创新发展，将进一步催生新的时代需求，这是更新教育基础设施的重要原因。

就互联网基础设施的优化而言，其更多反映的是现实需求。未来，相关基础设施的优化可从以下三个方面展开。一是搭建流畅的通信平台，确保信号能够稳定传输，网络系统能够及时响应用户的应用需求。二是普及便利的学习工具。学习工具的便利性既体现为帮助学习者提高学习效率，也体现为工具的易用性。三是提供适合的学习资源，例如，学习资源内容要与学习目标相契合，

---

① 教育部，中央网信办，国家发展改革委，等.教育部等六部门关于推进教育新型基础设施建设构建高质量教育支撑体系的指导意见[EB/OL].（2021-07-01）[2024-01-28].https://www.gov.cn/zhengce/zhengceku/2021-07/22/content_5626544.htm.

学习资源的理解难度要与学习者的能力水平相适配[①]。

（2）优质有效的AIGC服务。

当前，AIGC在互联网教育领域的应用还处于较早期的发展阶段[②]，尚存在需求缺口。在这样的时代背景下，应鼓励企业、高校等多元主体参与到互联网教育AIGC服务行业中，推动互联网教育不断朝着智能化的方向发展。在开发相关AIGC工具的过程中，应注重提升AIGC的质量和有效性，这既是互联网教育智能化的发展需求，也是AIGC在互联网教育领域大规模应用的前提。事实上，这样的需求适用于与AIGC相结合的所有领域。

就AIGC的质量而言，可信度和真实性是主要存在的问题。例如，在与AI对话的过程中，可能出现"一本正经地胡说八道"的现象。这种现象在专业领域被称为"AI幻觉"，需要通过技术改进和监管评估来削弱其影响[③]。就AIGC的有效性而言，其往往表现为内容有效性和使用有效性两方面。其中，内容有效性是指能够真正理解并满足用户需求，这对AIGC大语言模型的自然语言处理能力提出了较高要求，离不开先进技术的支撑；使用有效性是指AIGC服务与互联网教育的对应场景相结合，并且目标用户都能容易地获取相应的服务内容。

（3）创新的教育理念与模式[①]。

AIGC时代背景下，互联网教育要想紧跟发展浪潮，就需要形成新的教育理念和教育模式。教育理念的创新体现为：既要以开放的心态看待AIGC，也需要辩证看待AIGC对互联网教育的影响。换言之，一方面要主动接触并了解AIGC在互联网教育中的应用，充分发挥AIGC在互联网教育中的优势，提高互联网教育的效能；另一方面则需要牢牢把握教育的本质，不应该丧失人在教育中的主体地位，即：AIGC无法完全代替教师在教育中的引导作用，更不能代替

---

① 黄荣怀，张慕华，沈阳，等.超大规模互联网教育组织的核心要素研究：在线教育有效支撑"停课不停学"案例分析 [J].电化教育研究，2020，41（3）：10-19.

② 光明网.教育＋AIGC，未来将走向何方？行业大咖热议 [EB/OL].（2023-10-30）[2024-01-29].https://tech.gmw.cn/2023-10/30/content_36929743.htm.

③ 科技日报.AI为何会"一本正经地胡说八道"[EB/OL].（2023-11-24）[2024-01-28].https://caijing.chinadaily.com.cn/a/202311/24/WS656047cea310d5acd87704a0.html.

学生在教育实践中自主思考的过程。

教育模式的创新是对教育理念创新的实践，也就是将AIGC工具正式引入教育活动。从教育管理的角度来看，教育模式的创新表现为多元主体协同参与——教育管理不仅仅只靠学校，而且需要政府、企业、研究机构等多方的协同参与，如此才能确保互联网教育在政策引导、内容质量、师资配备、技术支持、教学评估等各环节形成良性循环。例如，AIGC工具在互联网教育的正式应用离不开政策的支持，在实际应用的过程中需要学校和有关企业保持良性沟通，协同开展AIGC工具的应用培训、应用反馈收集以及应用效果评价等工作。从教学的角度来看，教育模式的创新则表现为弹性教学——教学不必拘泥于固定的时空和组织方式，而是根据教学目的、学习内容和学生的个性化特征灵活开展。例如，教师可以使用AIGC工具或产品生成不同难度的练习题，以适用于不同知识水平的学生群体；学生遇到难题也并非只能向教师咨询，而是可以直接通过AIGC获得针对性的解答与反馈。

（4）培养AIGC能力[①]。

通俗地讲，AIGC能力包含两个层面，一是认识和理解AIGC观念和伦理的能力；二是运用与人工智能相关的技术、工具或产品获取所需内容的能力。无论是教师、学生、研究人员还是其他教育工作者，AIGC能力的培养都是必要的。AIGC能力是时代发展的必然要求，也是互联网教育领域所必须具备的能力素养。从能力的发展阶段来看，AIGC能力由低到高可分为理解阶段、应用阶段和创造阶段。理解阶段是指能够意识到AIGC给互联网教育带来的机遇、挑战以及遵守人工智能伦理的重要性，并对AIGC的实现过程有基本的理解；应用阶段是指能够结合互联网教育的具体场景，负责任地辨别、选择和使用合适的AIGC工具；创造阶段是指能够通过合乎伦理地改造、组合AIGC工具，制定面向特定需求的AIGC解决方案，并能批判地反思和评价互联网教育中AIGC的作用。

---

① 苗逢春.生成式人工智能及其教育应用的基本争议和对策[J].开放教育研究，2024，30（1）:4-15.

7.2.3　AIGC在互联网教育中的应用路径

要想了解AIGC在互联网教育中应用路径，则需要厘清AIGC应用于互联网教育需要具备怎样的前提条件。结合已有的应用案例，AIGC在互联网教育中的应用离不开以下三大要素。

一是应用场景。应用场景是产生相关需求的直接原因，可分为技术场景和教育场景两类。其中，技术场景又可分为文本生成、图像生成、视频生成等场景；教育场景则包括在线备课、在线教学、在线测评等现实场景。

二是应用对象。应用对象可简要分为教师、学生、教育研究人员以及教育管理人员四大类。在实际应用中，应用场景既可能与某一类应用对象关联，也可能与多类应用对象关联。例如，在线备课场景通常只与教师关联；在线教学场景则往往需要师生共同参与，即与教师和学生均产生了关联。

三是应用工具。根据组织维度，应用工具可分为平台式和嵌入式两类。平台式应用工具是基于一体化平台开发的，其能够作为独立工具或平台的分支工具而应用；嵌入式应用工具则需要嵌入到其他的软件、平台中才能够应用。根据功能维度，应用工具可分为集成功能应用工具和特色功能应用工具两类。集成功能应用工具能够在多个场景中发挥多种功能，功能较为多样；特色功能应用工具则只针对特定场景发挥特定功能，功能特色明显。相关应用工具的分类如表7-1所示。需要说明的是，就表中所列举的平台式AIGC工具而言，目前难以通过个人层面进行实际使用，但能够通过官方网站获取介绍性的信息。

表7-1　互联网教育领域AIGC应用工具的分类

维度	类别	举例
组织维度	平台式AIGC工具	腾讯乐享、好未来、科大讯飞智慧教育
	嵌入式AIGC工具	通义听悟、通义灵码
功能维度	集成功能AIGC工具	ChatGPT、文心一言、讯飞星火
	特色功能AIGC工具	PrepAI、Hi Echo、MathGPT

综上所述，可将AIGC工具在互联网教育中的应用路径视为应用场景、应

用对象和应用工具三个要素相结合的结果。在现实生活中，应用场景、应用对象和应用工具都十分丰富，因而形成的应用路径也是多种多样的，难以一一枚举。因此，这里仅围绕在线备课、在线教学、在线测评和在线自学四个场景总结出AIGC应用于互联网教育的四条典型路径，如表7-2所示。

表7-2　AIGC应用于互联网教育的典型路径

应用路径	应用场景	应用对象	应用工具
路径1	在线备课	教师	CourseFactory AI CoPilot、LearningStudioAI
路径2	在线教学	教师、学生	通义听悟、Hi Echo
路径3	在线测评	教师、学生	小花狮、PrepAI
路径4	在线自学	学生	MathGPT、通义灵码

7.3　AIGC在互联网教育中的应用实例

当前，AIGC在互联网教育中的应用正处于快速发展阶段，诸如ChatGPT、文心一言等综合性AIGC工具更是能够轻松应用于多个互联网教育场景。与此同时，教育类AIGC工具也越来越多，其中的部分工具同样能够适用于多个互联网教育场景。例如，AI助教能既用于帮助教师开展在线教学、带来沉浸式体验，也能用于辅导学生课后的自主学习。

基于上述AIGC应用于互联网教育的典型路径，本节选取在线备课、在线教学、在线测评和在线自学作为四个互联网教育的典型场景，针对每个场景选择两个实例展开介绍，以帮助读者切实体验AIGC在互联网教育中的应用。实例主要围绕AIGC工具简介、案例演示和功能特点三部分展开，其中，功能特点是基于案例演示总结的，部分实例还结合案例演示描述了AIGC工具所存在的局限。下面的实例重点在于使用AIGC工具完成互联网教育场景中的特定任务，为学生、教师、教育管理工作者等提供可借鉴的实践参考，但难以面面俱到地展示AIGC工具的所有功能，相关功能细节仍有待持续深入探索。

7.3.1　AIGC赋能在线备课

（1）课程设计助手——CourseFactory AI CoPilot[①]。

①简介。

CourseFactory AI CoPilot是一款能够帮助教师快速设计在线课程的工具，其初始界面如图7-7所示。教师可以从零开始设计课程，只需通过简单的设置，就能快速自动生成课程概要、课程结构、课程任务等内容，从而节省了教师备课的时间和精力。目前，CourseFactory AI CoPilot已经与超过50家企业进行合作，创建了200多门课程，其中150多门课程专门为Coursera（在线教育平台）而设计。

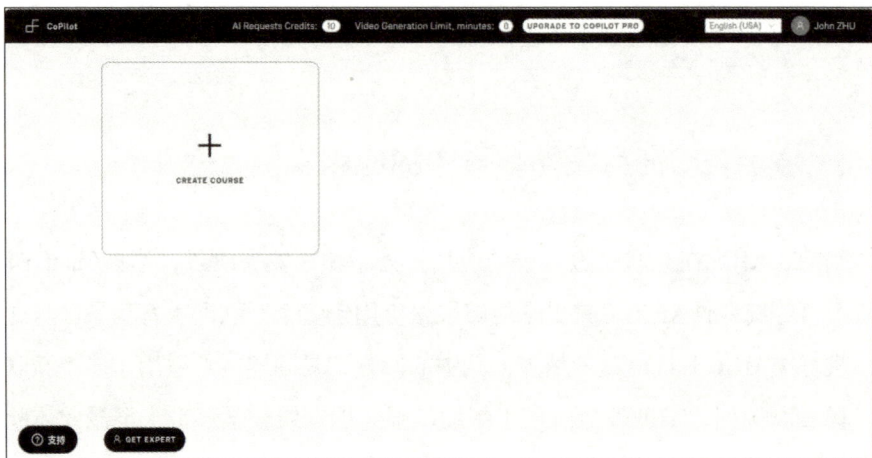

图7-7　CourseFactory AI CoPilot初始界面

②案例演示：生成课程大纲。

生成课程大纲之前，教师需要在课程设置界面填写与课程有关的信息，包括课程概要、课程参与者、课程目标以及课程涉及的知识等。如图7-8所示，本案例将尝试生成"科学计量学"课程的大纲。

---

① 来源：https://coursefactory.ai。

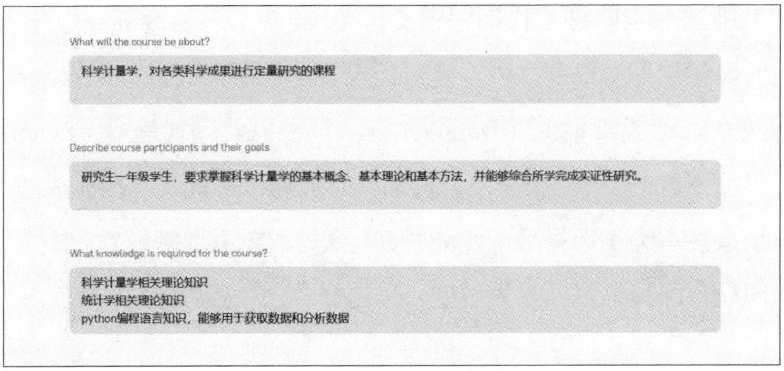

图7-8　课程设置界面1

如图7-9所示，教师可上传用来创建课程的本地材料。生成语言（CONTENT LANGUAGE）不支持中文，可选择包括英语在内的八种语言，默认为美式英语。生成课程类型（Course type）可选择预录课程（Pre-recorded course）和直播课程/网络研讨课程（Live Course/ Webinar course）两种。本案例未上传材料，生成语言选择美式英语，生成课程类型选择直播课程/网络研讨课程，课程持续时间（Webinar duration）设置为1小时。

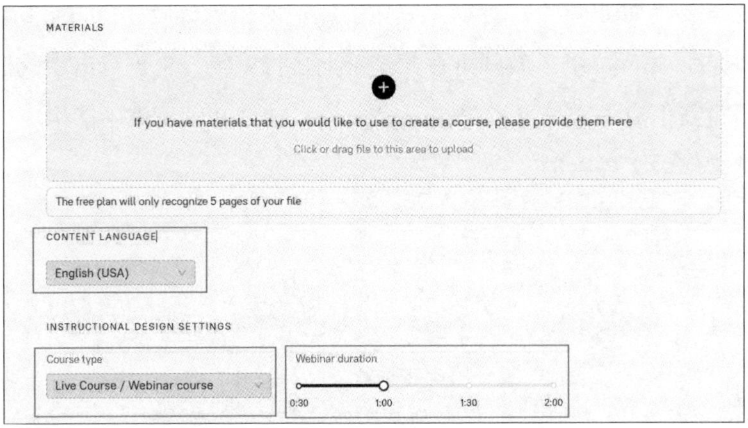

图7-9　课程设置界面2

如图7-10所示，共有四种课程模式。分别为：慕课（MOOC）——优化课程以便在大规模学习平台使用；基于项目（Project Based）——优化课程以便开展项目小组的学习模式；作业原型（Assignments Prototypes）——生成作业原型以便教师进一步修订；长期课程支持（Long Courses Support）——支持长达十四周的课程周期。除此之外，还可以设置课程所需的知识水平（Required knowledge level）、持续时间（Duration，weeks）以及课程练习（Practice）的强度。点击界面下方的自动生成（Auto generate）则将一键式自动完成所有步骤，直接生成结果。本案例选择慕课（MOOC）模式，知识水平设置为中等，持续时间设置为四周，课程练习设置为适度，未选择自动生成模式。

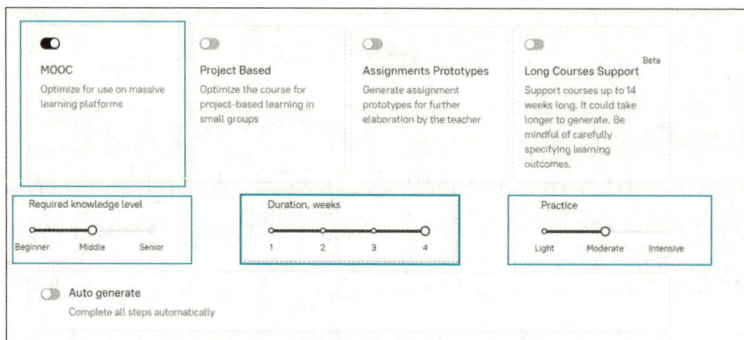

图7-10　课程设置界面3

　　课程概要界面如图7-11所示，成功生成了课程的标题（Course title）和描述（Course description），教师可在此基础上自行编辑，也可点击生成框右侧的星状符号重新生成内容。这说明CourseFactory AI CoPilot虽然不能生成中文，但能够正确理解中文提示词。

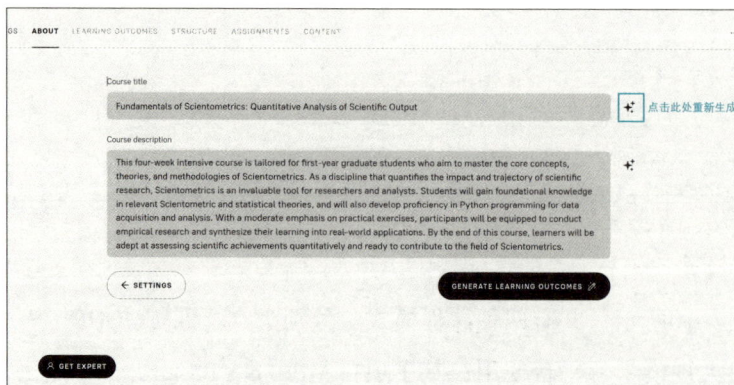

图7-11　课程概要界面

如图7-12所示，生成了A～E共五类本门课程所期望达到的学习成果（LEARNING OUTCOMES），每一类各包括两个子项，教师可基于此点击添加、删除或者重新生成选项编辑目标效果。

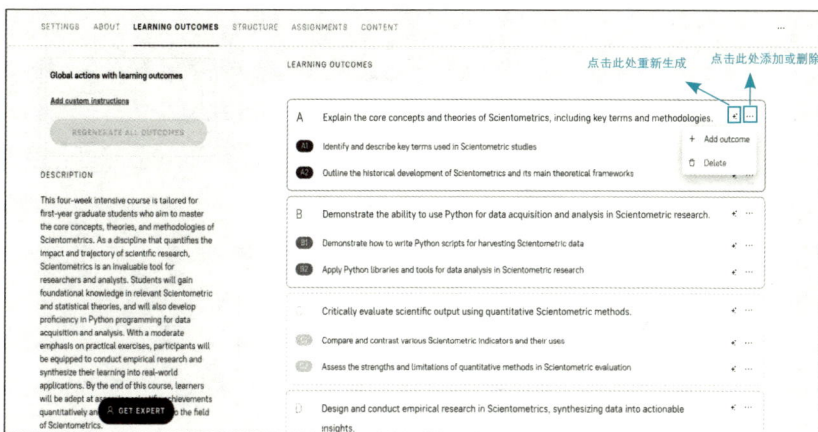

图7-12　学习成果界面

生成的课程大纲界面如图7-13所示。教师可对照左侧课程学习成果（COURSE LEARNING OUTCOMES）查看课程大纲（COURSE STRUCTURE），可点击增加、删除、移动、编辑或重新生成选项修改大纲内容。编辑完成后点击"EXPORT"将大纲导出为PDF等多种格式。

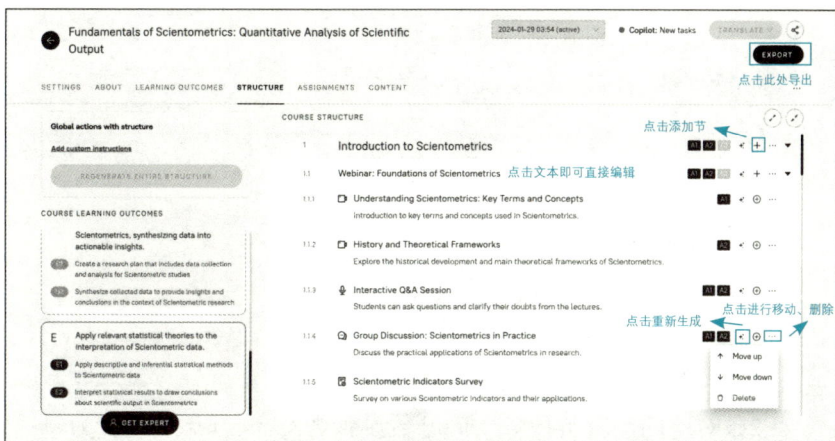

图7-13　课程大纲界面1

教师还可以重新选择大纲中每一条内容对应的学习成果。如图7-14所示，以1.1.1条为例，其对应A1这一学习成果。

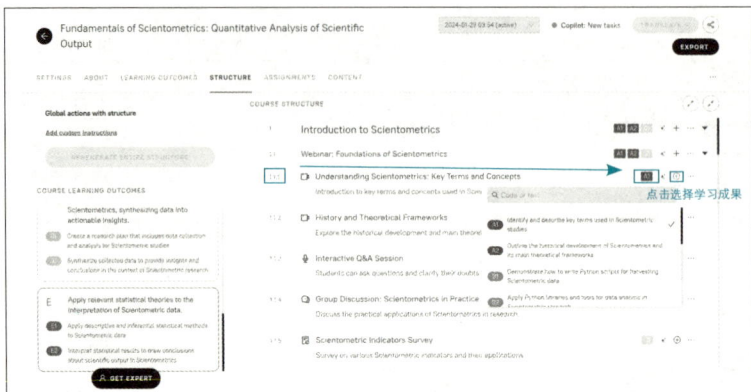

图7-14　课程大纲界面2

教师能够为每一节添加、更改不同类型的课程任务，如图7-15所示，课程任务共包括小组任务、对话、调查、讲座等11种类型。例如，1.1.1条对应的是讲座类课程任务。

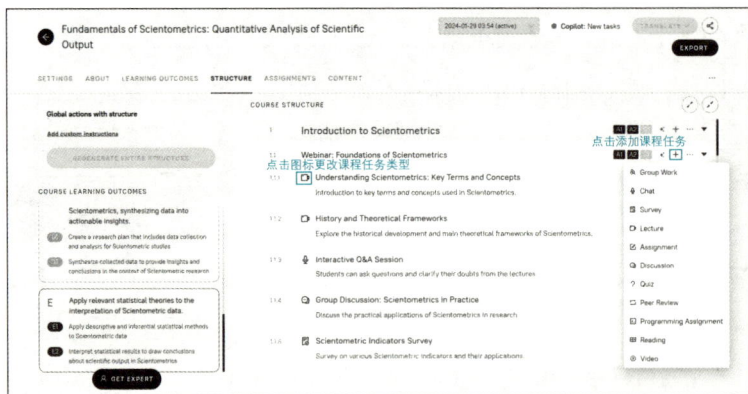

图7-15　课程大纲界面3

教师可从左侧的任务清单中选择测验（Quiz）类课程任务生成测验。本案例选择1.2.2条对应的测验类任务，问题数设置为8，问题类型设置为单选题。点击生成测验选项生成对应的测验题目，如图7-16所示。

图7-16　课程任务生成界面

　　教师可从左侧的任务清单中选择一项阅读类课程任务，生成有关的阅读素材。如图7-17所示，选择2.2.1条对应的阅读任务，点击生成阅读素材选项成功生成阅读素材。

图7-17　阅读素材生成界面

③功能特点。

　　为教师快速生成课程大纲。CourseFactory AI CoPilot能够为教师一键生成课程大纲，并在此基础上进行编辑和导出，具有较好的交互功能。生成的课程大纲内容丰富、层次结构清晰，与课程的学习成果相对应。教师还能够根据教学需求为课程的每一节设置不同类型的课程任务，减轻了课程设计的负担。

　　为教师生成测验和阅读素材。CourseFactory AI CoPilot能够帮助教师就测验类任务和阅读类任务自动生成相应的测验题目和阅读素材，节省了教师寻找素材、编写题目的时间，同时也为教师的备课提供了参考思路。

（2）在线课程创建工具——LearningStudioAI[①]。

①简介。

LearningStudioAI是一款创建在线课程内容的工具，初始界面如图7-18所示。教师只需在框中输入课程主题就能一键生成课件。课件创建后，教师可以很方便地对其进行下载和分享。

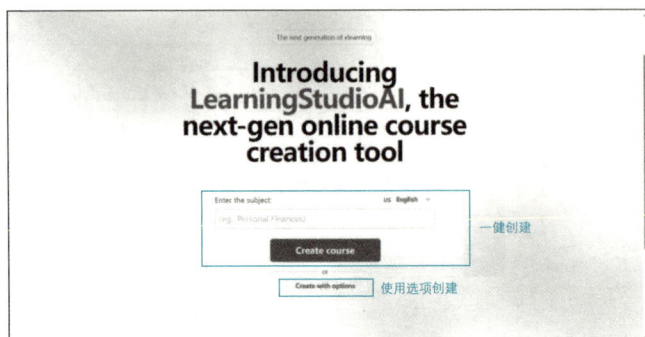

图7-18　LearningStudioAI初始界面

②案例演示：生成课程课件。

如图7-19所示，LearningStudioAI提供了创建课程的四种方式，分别为：根据主题快速创建（Quick）、AI引导创建（Guided）、导入文件创建（Import File）和从空白开始创建（New from Blank）。本案例选择"AI引导创建"这一方式。

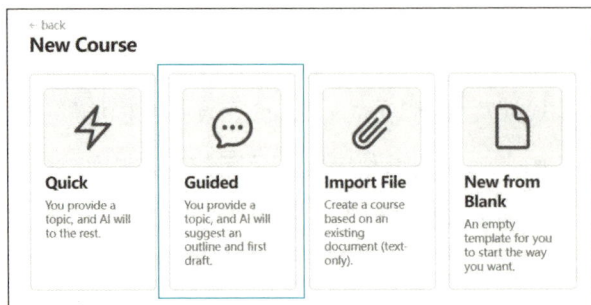

图7-19　LearningStudioAI课程创建界面

---

① 来源：https://learningstudioai.com。

本案例尝试通过对话创建一门以"时间管理（time management）"为主题的课程课件，部分对话场景如图7-20所示。在对话过程中，教师需要确定课程层次。与此同时，AI助手会根据主题生成可编辑的课程大纲，并提供可选择的课程建议。本案例选择的课程层次为基础（Basic），采用AI自动生成的大纲继续创建课程。

图7-20　AI指导创建课程的对话界面

如图7-21和图7-22所示，LearningStudioAI生成了"时间管理"主题的课件，包括"优先次序（Prioritization）""效率（Efficiency）""重点（Focus）""实践（Practice）"和"视频（Videos）"五个版块。教师可通过右侧栏选项对课件进行编辑、分享和下载。

图7-21　课程课件封面

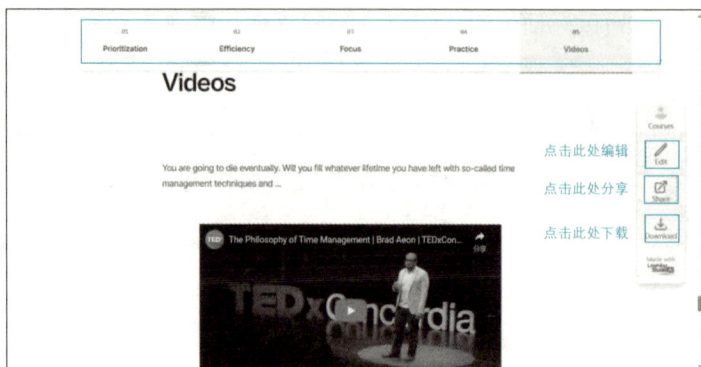

图7-22　课程课件视频部分

③功能特点。

帮助教师快速生成课件。LearningStudioAI能够根据提供的主题和材料快速生成课件，节省了教师搜集资料和制作课件的时间，提高了备课效率；生成的课件具有可编辑性，教师可以在此基础上进行相应的修改，使课件内容更为个性化。教师也可以使用LearningStudioAI获取与课程主题相关的视频、测验等资源。

帮助教师拓展思维。在AI引导创建课程的过程中，AI助手生成的课程大纲和相关建议能够在一定程度上为教师提供参考依据，从而激发教师的创新思维，促进教师不断探索更有效的课程设计方法。

④存在的局限。

一方面，AI助手的对话逻辑较为固定，教师无法自由、灵活地向AI助手提出个性化问题；另一方面，相较于前面的CourseFactory AI CoPilot工具而言，LearningStudioAI的AI助手生成的课程大纲仅有一级标题，较为简单、不够深入。

7.3.2　AIGC赋能在线教学

（1）课堂总结助手——通义听悟[①]。

①简介。

通义听悟是基于阿里云通义千问大语言模型而开发的音视频处理工具，主

---

① 来源：https://tingwu.aliyun.com。

要用于对音视频的转写、整理与总结，其本质功能是将音频和视频转化为图片和文字的形式，电脑端的初始界面如图7-23所示。通义听悟能够轻松应用于课堂、办公、采访、直播等多个学习、工作场景。它的功能强大而全面，能够自动提取关键词；能够智能提炼全文摘要、章节速览和发言总结；能够批量转写音视频文件并且区分发言人，等等。目前，通义听悟已支持电脑端、手机端和浏览器插件。

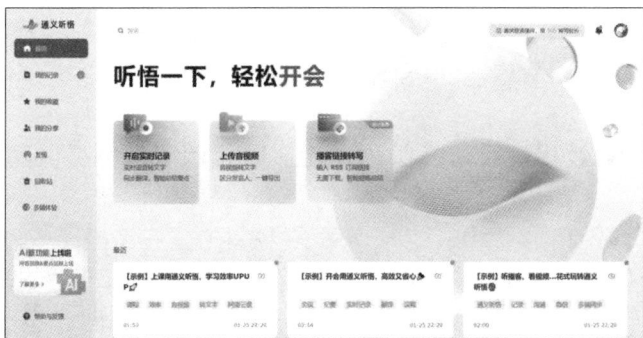

图7-23　通义听悟电脑端初始界面

②案例演示：在线课程内容总结。

本案例以浏览器插件的形式使用通义听悟，需要提前在浏览器端安装并启动该插件。使用插件时的初始设置界面如图7-24所示，用户需要选择是否同时录制本地麦克风、音视频语言类型以及是否翻译。设置完成后，点击"开启实时记录"并共享对应的浏览器页面便可正式使用。

以中国大学MOOC的在线课堂为例，如图7-25所示，通义听悟能够实时将音频转化为文字。

图7-24　通义听悟浏览器插件
初始设置界面

图7-25　通义听悟实时音频转文字的示例

线上教学的过程中，通义听悟还能实时显示字幕并提供翻译功能，如图7-26所示。

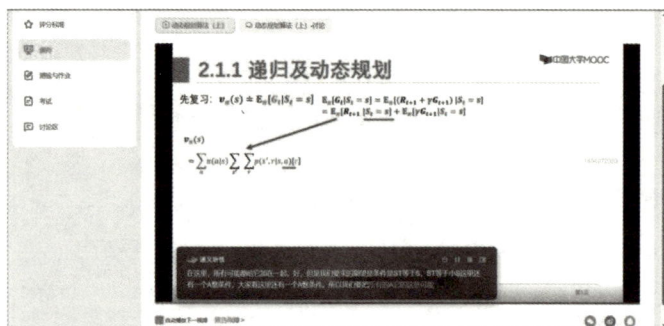

图7-26　通义听悟实时显示字幕的示例

如图7-27所示，通义听悟可自动总结在线课程的关键词和全文概要。

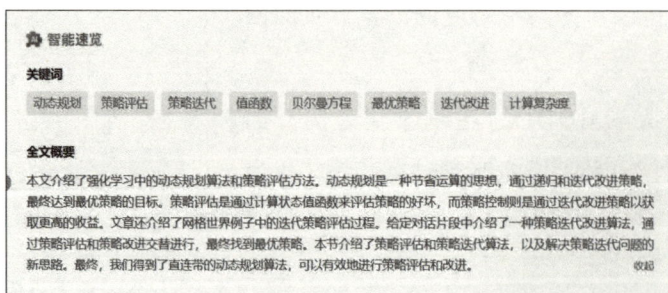

图7-27　通义听悟关键词与全文概要生成结果

如图7-28所示，通义听悟自动将在线课程的内容分为了"动态规划算法和策略评估""策略迭代改进算法"和"策略评估和策略迭代算法"三部分，可供用户进行编辑和复制。

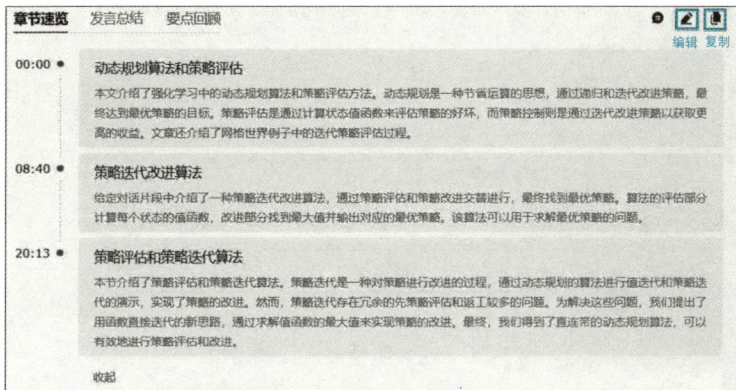

图7-28　通义听悟章节速览结果

如图7-29所示，通义听悟可将课程内容总结为多个要点，不仅可供用户进行编辑和复制，还能通过点击"回顾"直接定位到文本和音频的原位置，帮助用户回顾课程内容，相关界面如图7-30所示。

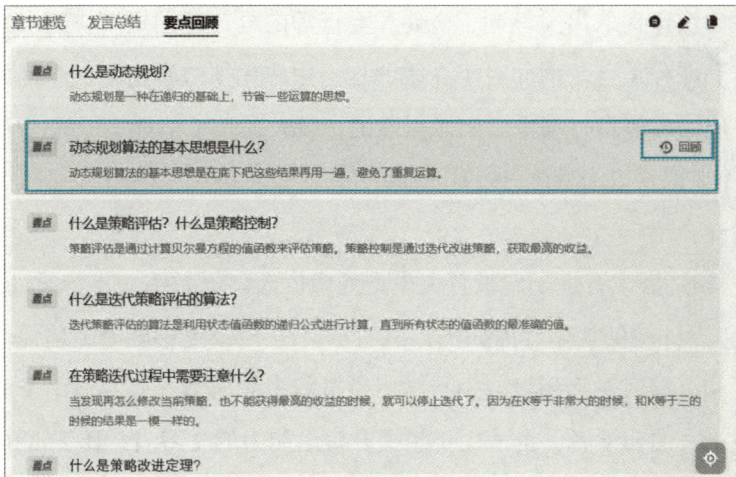

图7-29　通义听悟要点回顾列表

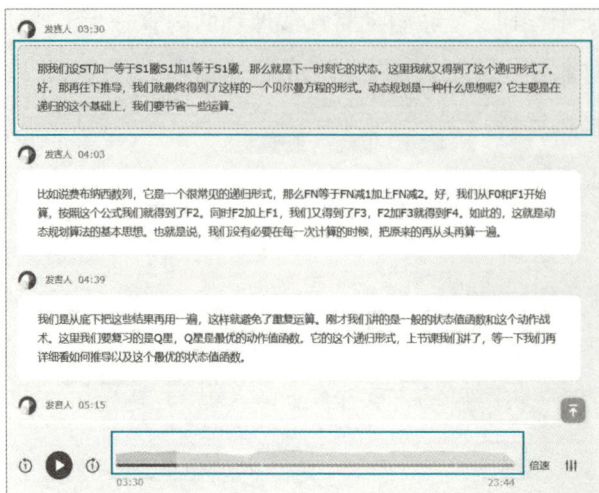

图7-30 通义听悟要点回顾定位

③功能特点。

实时提供翻译字幕。通义听悟能够基于音频实时提供字幕，帮助用户快速理解课程内容。尤其对于在线英文课程而言，用户既可以选择观看英文字幕，也可以将其直接翻译为中文字幕，有效提高了用户在线课程的学习效率。

快速梳理课程内容。通义听悟能够全程记录在线课程的音频并将其转化为文本，从中快速提取出关键词、概要和要点等内容，帮助用户快速回顾课程的主要内容和课程重点。因而对于在线课程，用户无须边听边记，而是可以根据上述AI生成的内容自行编辑形成课程笔记，极大提高了整理笔记的效率。

（2）虚拟人口语教练——Hi Echo[①]。

①简介。

Hi Echo是搭载有道子曰教育大模型的虚拟人口语教练，支持通过App或小程序使用，App端的初始界面如图7-31所示。Hi Echo能够随时随地提供标准纯正的发音和沉浸式对话环境，引导学习者进行多轮对话。其既适用于从零开始学习一门语言的初学者，也适用于想提升口语能力的学习者。Hi Echo提供了多个虚拟人形象，涵盖了大量的话题和场景，用户可以随意选择感兴趣的内容展

---

① 来源：https://hiecho.youdao.com/#/web。

开对话，并快速获得对话结果报告。

②案例演示：虚拟教练在线英语口语教学。

人物选择界面如图7-32所示。用户可查看每位虚拟教练的详细情况，并从中选择想要对话的人物。

图7-31　Hi Echo App初始界面　　图7-32　Hi Echo人物选择界面

点击初始界面的左上角即可进入人物设置界面，如图7-33所示。用户可结合自身实际情况设置发音、语速、对话阶段、对话等级与目标。

场景对话界面如图7-34所示。用户既可选择界面上方的"任意聊"自定义对话场景，也可选择已有的对话场景。

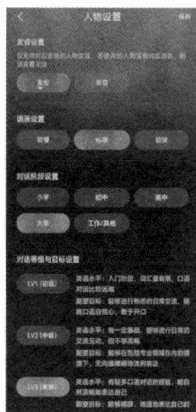

图7-33　Hi Echo人物设置界面　　图7-34　Hi Echo场景对话界面

完成上述设置和选择后，用户便可与虚拟教练开始英语对话。本案例中未选择场景，直接与虚拟教练Echo开展自由对话，界面如图7-35所示。在对话过程中，用户可对虚拟教练的语句进行翻译。

口语结果报告界面如图7-36所示。最上方为对本轮对话用户口语的评分，包括总评分、发音评分和语法评分。针对需要修正的发音，Hi Echo智能生成了AI润色、AI建议和发音建议三部分内容，用户能够很容易地将其与自己的发音相对照。

图7-35　Hi Echo口语对话界面　　　　图7-36　Hi Echo口语结果报告界面

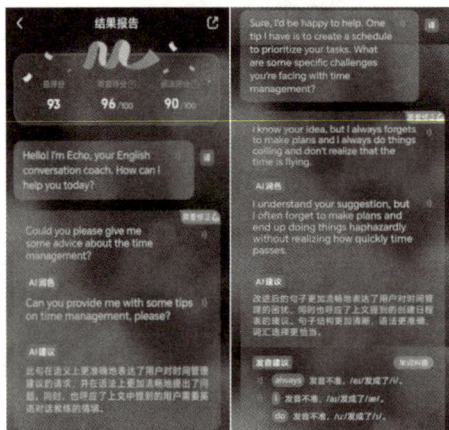

③功能特点。

提供个性化口语学习体验。Hi Echo为用户提供一对一的口语教学服务，用户能够进行一系列的个性化设置，包括选择喜欢的虚拟教练、设置对话的难度以及选择想要的话题和场景。

生成高质量结果报告。口语对话结束后，Hi Echo能够快速生成结果报告。报告内容不仅仅包括评分，还包括具体细节的发音修正建议。针对某一语句，Hi Echo给出的修正建议不仅仅局限于语句的发音和语法，还考虑了整体的对话逻辑，因而口语结果报告的整体质量较高。

7.3.3　AIGC赋能在线测评

（1）作文智能辅导系统——小花狮[①]。

①简介。

小花狮作文智能辅导系统（简称小花狮）由华东师范大学上海智能教育研究院和微软亚洲研究院联合研发，是一款基于大语言模型的自动化中文作文评分系统，为中小学师生提供了便利的写作教学平台、先进的写作学习工具和完善的素养评估系统。小花狮能够通过分析语言特征对作文质量进行评价，生成具有可解释性的点评意见。小花狮包括教师端和学生端两个子系统，其中，教师端包括班级管理、作文管理和作文批改三个模块，可实现自动作文评阅、评阅结果修改、语音点评、学生互评、范文推荐和打回修改功能；学生端包括班级作业、范文集和随笔天地三个模块，可实现拍图识别、文字校对、自动评阅参考、教师评阅反馈和多次修改上传功能。

②案例演示：自动评阅作文。

在"班级作业"模块，学生选择对应的作业任务，如图7-37所示。

图7-37　小花狮学生端界面

以作业"第五单元：介绍一种事物"为例，学生可选择"拍照上传"，将

---

①　郑蝉金，郭少阳，夏薇，等 . 小花狮：基于大语言模型的中文作文智能辅导系统 [J]. 教育测量与评估，2023，4（3）.

作文以照片或截图的形式上传至系统，如图7-38所示。

图7-38　班级作业界面

系统对作文的评阅结果包括得分、字词句点评和综合点评三部分，如图7-39所示。其中，得分栏的评阅内容均可自动生成，既包括"教师寄语"这一整体性的评价，还从审题、内容和表达三个层面对作文进行点评；字词句点评展示了对作文部分字词句的评价结果，评价角度更加细致，分为"还需努力"和"作文亮点"两类；综合点评包括段落点评和同学点评两部分，段落点评是基于作文每一段内容生成有针对性的点评结果。

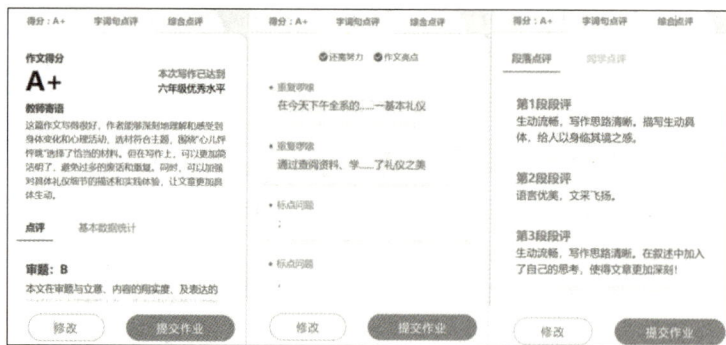

图7-39　班级作业评阅结果

进入小花狮学生端"随笔天地"模块，界面如图7-40所示。界面左侧可选择"拍照上传"和"直接新建"两种形式上传作文文稿；界面右侧为已经评价的历史记录。

图7-40　随笔天地界面

在新建作文界面，学生需要输入作文标题和内容，完成作文后可选择保存或批改。如图7-41所示，一篇以"重温礼仪之美"为题的作文已完成，共计1212个字。

图7-41　新建作文界面

与"班级作业"模块类似，"随笔天地"的作文评阅结果分为总评、字词句点评和段落点评三部分，如图7-42所示。学生可针对上述评价结果快速定位到原文位置进行修改。

图7-42　随笔天地评价界面

③功能特点。

多维度自动评阅，辅助教师评阅作文。小花狮能够从段落、字词句等多个维度自动评阅作文，生成初步的评阅结果，尤其能够自动分析作文字词句中存在的细节问题，既减轻了语文教师评价作文的工作负担，也能为教师的正式评阅提供参考。

快速生成评阅结果，促进学生自主思考。小花狮能够快速生成作文评阅结果，相较于传统的作文评阅方式而言，极大地缩短了从写作到反馈的时间。同时，学生也能够根据实时的评阅结果自主修改作文，有助于学生写作能力的提高。

④存在的局限。

评阅结果质量还有待提升。具体表现为：总体评价和段落点评较为笼统，对于作文写作的指导性还不够强；字词句点评虽然指出了存在的问题或亮点，但还可以进一步提供有针对性的修改建议；评阅范围局限于作文本身，未来可结合外部知识库给出更加明确的写作指导，拓宽学生的写作思路。

（2）试题生成工具——PrepAI[①]。

①简介。

PrepAI是一款AI驱动的试题生成工具，旨在帮助教育工作者轻松快速地生成试卷。PrepAI可根据已有素材生成判断题、多选题、填空题等多种类型的试题。教师可以选择生成题目的数量，数量上限包括15道、25道、50道以及一切可能的数量；对于多项选择题，还可以选择简单、中等、困难三种难度等级。试卷生成后，教师可对其进行管理和编辑，进而方便后续下载试卷和实施测验。

②案例演示：英语阅读理解试题生成。

PrepAI试题设置界面如图7-43所示，教师需要设置试卷标题（Enter A Title For Question Paper）、内容来源（Content Source）、试题类型（Question Types）以及试题数量（Question Count）。其中，内容来源主要包含文本、视频和文档三种类型：文本既可以选择PrepAI自带的主题搜索结果（PrepAI

---

① 来源：https://www.prepai.io。

Search），也可以选择自行键入或粘贴；视频既可以选择本地的视频文件，也可以提供Youtube平台的视频链接。本案例选择一篇题为"Museum in Baltimore"的高中英语阅读文章作为内容来源，题目类型设置为中等难度的多选题（Medium MCQ），题目数量上限设置为10道。

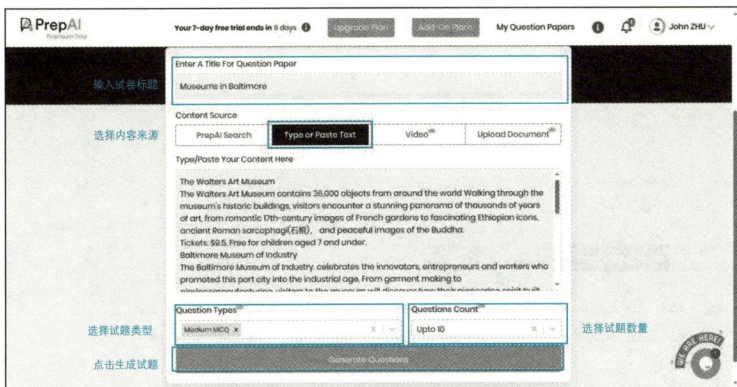

图7-43　PrepAI试题设置界面

试题生成界面如图7-44所示，由左侧的目录栏可知生成了8道中等难度的多选题。教师可直接查看每道试题的答案，并根据需要编辑或删除试题。

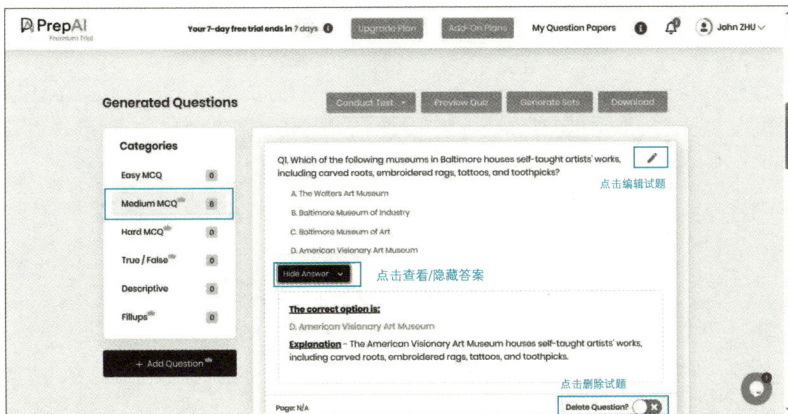

图7-44　试题生成界面

试题编辑界面如图7-45所示，教师可以对试题答案、选项内容进行修改，还能够上传图片以丰富试卷的内容。所有试题编辑完成后可选择执行测试

（Conduct Test）、预览测试（Preview Quiz）、生成测试集（Generate Sets）以及下载试卷（Download）。

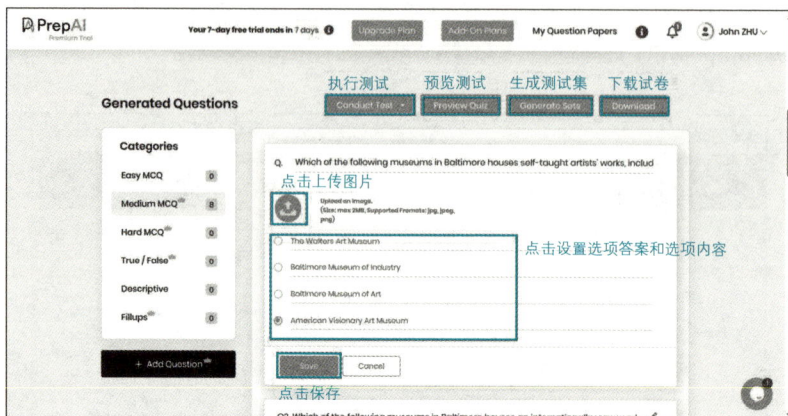

图7-45　试题编辑界面

试卷编辑完成后的预览界面如图7-46所示，教师可将试卷下载为PDF、EXCEL或WORD格式文档以便保存。

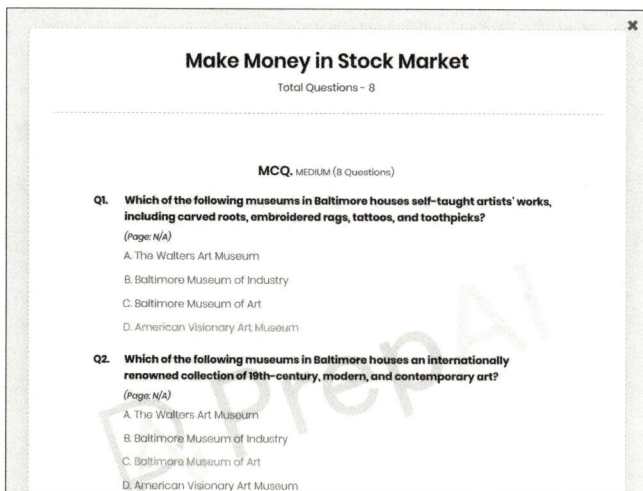

图7-46　试卷预览界面

执行测试的界面如图7-47所示。案例中设置测试的标题为"test - 1"，截止时间为2024年1月28日上午3时20分，每道题分值为10分，满分80分。

图7-47　执行测试界面

　　学生完成测试后，教师通过测试报告能直观看到尝试的测试总数、完成的测试总数、最高分、最低分、中位数得分以及得分最高的三位学生。如图7-48所示，仅有1位学生完成了本次测试，测试成绩为40分。

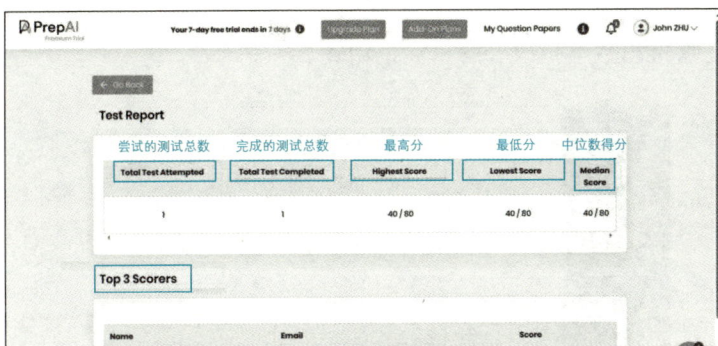

图7-48　测试报告界面

　　③功能特点。

　　帮助教师快速生成试题。只需要点击几次鼠标，PrepAI便能基于输入的内容自动生成多种类型的试题，为教师正式编写试题的工作提供参考思路。教师也能够结合教学的实际情况，对已有试题进行个性化编辑，减轻了教师编写试卷的负担。

　　帮助教师在线实施测验。PrepAI让测试变得更加简单，支持对自己和他人开展在线测试。教师能够轻松下载和分享试卷，并可通过手机即时测验，以便快速检验学生的学习成果，掌握学生的测验完成情况。例如，试卷编辑完成后，教师可以先自行开展测试，提前把控试题的质量和难度，以便设置试卷完成的时间和对应题目的分数，之后再向学生分享试卷。

7.3.4 AIGC赋能在线自学

（1）数学大模型——MathGPT[①]。

①简介。

学而思九章大模型（MathGPT）是以讲题和解题算法为核心的数学大模型，其初始界面如图7-49所示。其能够帮助解答小学、初中和高中不同阶段的各类数学问题，涵盖选择题、填空题和应用题等丰富的题型。值得一提的是，针对不理解的数学知识点，MathGPT能够以讲故事的形式进行解释，从而促进学生对知识点的理解。除此之外，MathGPT还支持题目中英文翻译、题目推荐和试题结构化生成等多样的功能，适合中小学学生自主开展数学学习。未来，MathGPT还将推出数学批改和解析润色功能。

图7-49 MathGPT初始界面

②案例演示：求解数学问题。

用户既可以选择题库中已有的数学题目，也可以通过上传图片、键入的方式自行编辑问题。如图7-50所示，随机选择一道数学选择题，MathGPT从分析、详解和点睛三个维度对该选择题给出了解答。

---

① 来源：https://www.mathgpt.com。

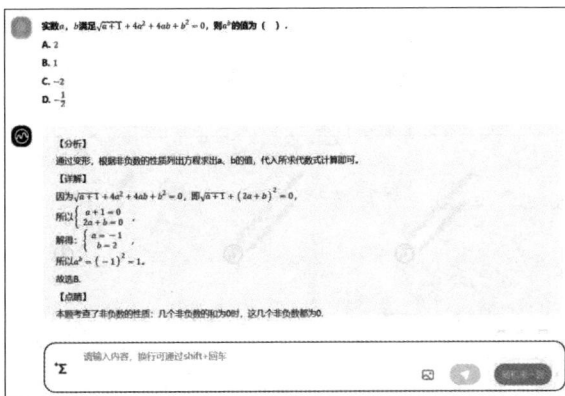

图7-50 MathGPT解题界面

如图7-51所示，两次对MathGPT进行追问，均能生成合理解释。

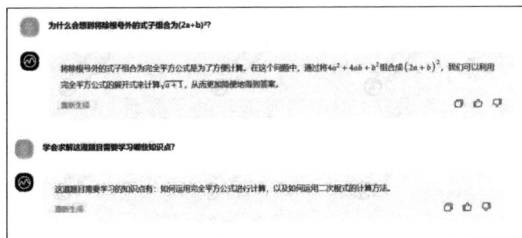

图7-51 追问回答界面

如图7-52所示，向数学故事助手提问，生成了关于"完全平方公式"这个知识点的解释和故事。

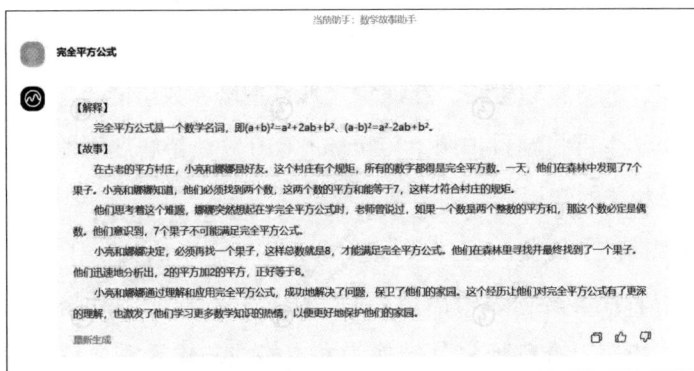

图7-52 数学故事助手界面

如图7-53所示，将题目输入至题目推荐助手，生成了中等难度和较易难度的同类型题目。

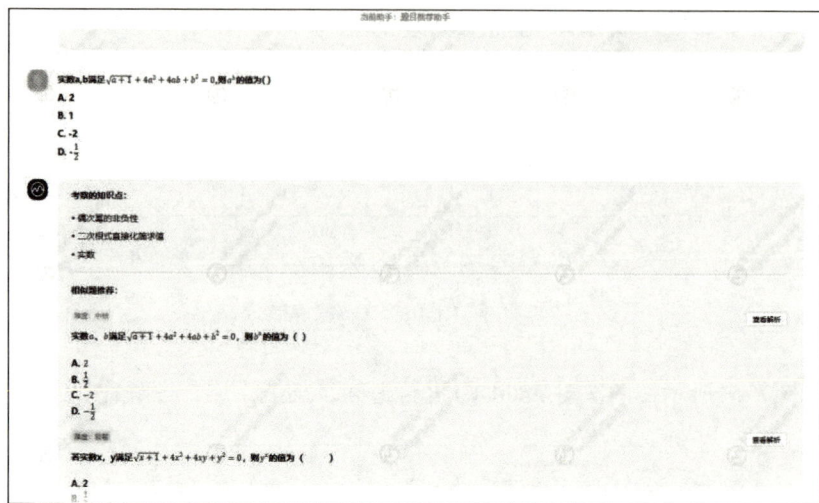

图7-53　题目推荐助手界面

③功能特点。

为学习者提供丰富的数学教育资源。MathGPT拥有丰富的数学试题库，学习者可以自主选择相应学段和相关知识点的数学题目作为练习题。如果学习者对某一类题目感兴趣，只需向题目推荐助手提供一个题目样例，就能生成不同难度级别的相似数学题，满足学习者个性化的学习需求。

为学习者提供多元化的自学途径。MathGPT具备数学学科的题目解答、题目推荐、题目翻译、知识点解释等多种功能，学习者可以利用MathGPT答疑解惑、巩固知识、练习解题思路，在课堂之外自主培养数学能力。例如，在遇到数学难题时，学生可将题目拍照上传至MathGPT以获得解题思路，还能够进一步检索与题目相关的知识点，巩固学习成果。

为学习者提供了便捷的交互环境。MathGPT输入框提供了数学公式的编辑功能，学习者能够轻松编辑出想要的数学公式；对于图片格式的数学题，MathGPT也能快速、准确地将其转换为文本格式。输入需要解答的题目后，MathGPT能够快速生成结构化的解析内容，学习者还能就此进一步提问。

（2）代码编写助手——通义灵码[①]。

①简介。

通义灵码是一款基于通义大模型的智能编码工具，能够识别30余种语言，支持Java、Python、C/C++等主流语言，同时兼容Visual Studio Code、JetBrains IDEs等主流编程工具，具备代码智能生成和研发智能问答功能，能够为开发者带来更加高效和流畅的编码体验。

②案例演示：辅助编写网页爬虫代码。

本案例选择在Visual Studio Code中安装通义灵码。安装成功的界面如图7-54所示，左侧即为与通义灵码的对话区域。

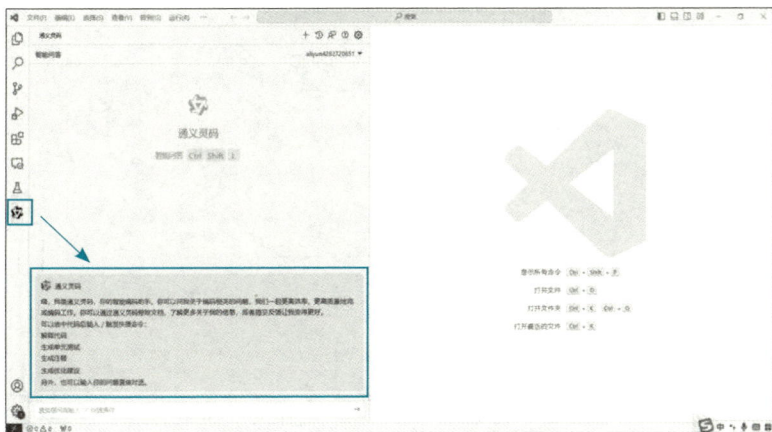

图7-54　通义灵码安装成功界面

自然语言生成代码界面如图7-55所示。在本案例中，输入需求"写一段爬取百度网页的爬虫，要求使用函数，函数的参数为网页链接。"，成功生成了相应的代码和注释。

在编写代码的过程中，通义灵码会自动帮用户续写代码。如图7-56所示，自第10行起均为自动生成的代码，这部分代码在编码界面中呈灰色，按Tab键即可采用。

———————

① 来源：https://tongyi.aliyun.com/lingma。

图7-55　自然语言生成代码界面

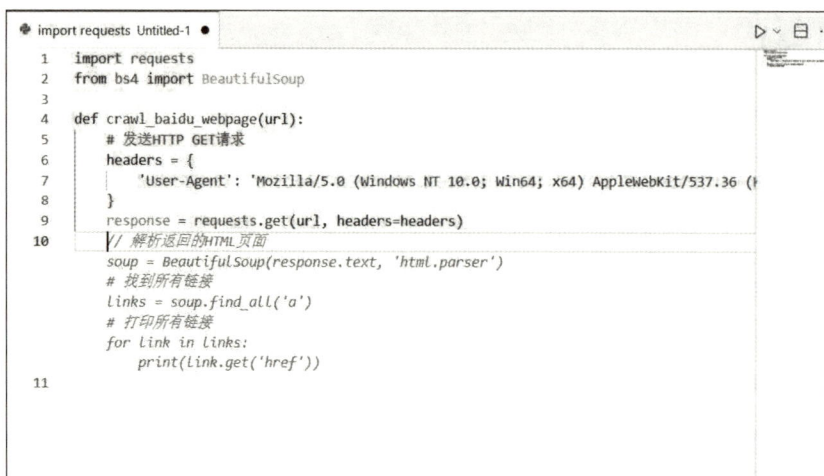

图7-56　代码续写界面

代码解释界面如图7-57所示。本案例中，选中含有"headers"的部分代码，成功获得了对headers参数的正确解释。

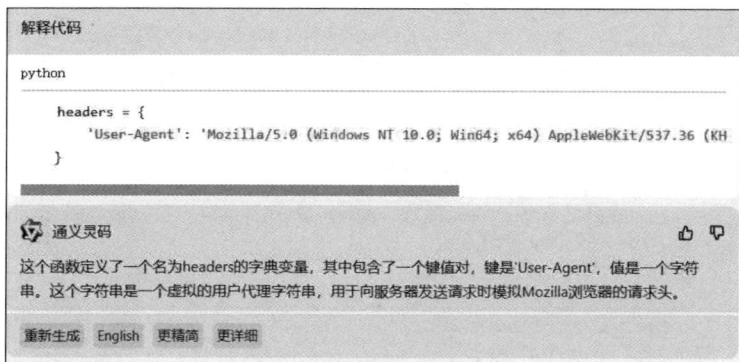

图7-57 代码解释界面

在本案例中，提出问题"用代码爬取App数据的具体步骤？"，成功获得了详细步骤，如图7-58所示；继续追问"请进一步说说如何通过逆向工程爬取App数据"，也顺利获得了相应答案，如图7-59所示。

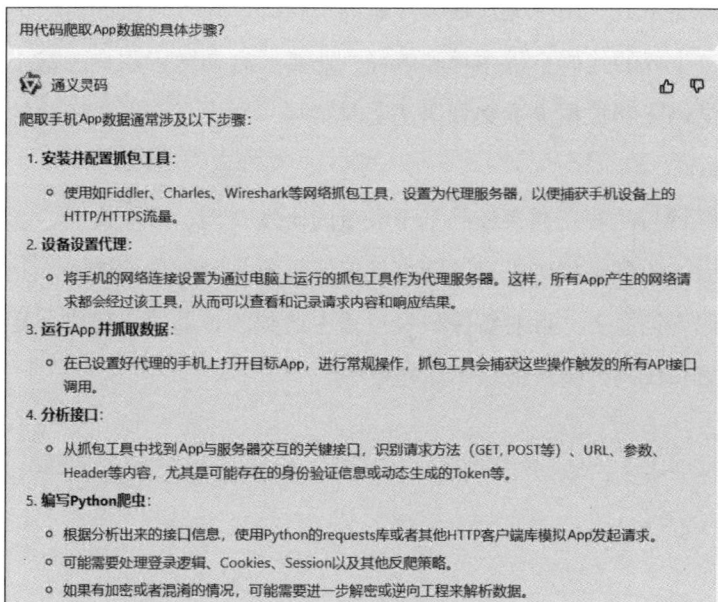

图7-58 智能问答界面

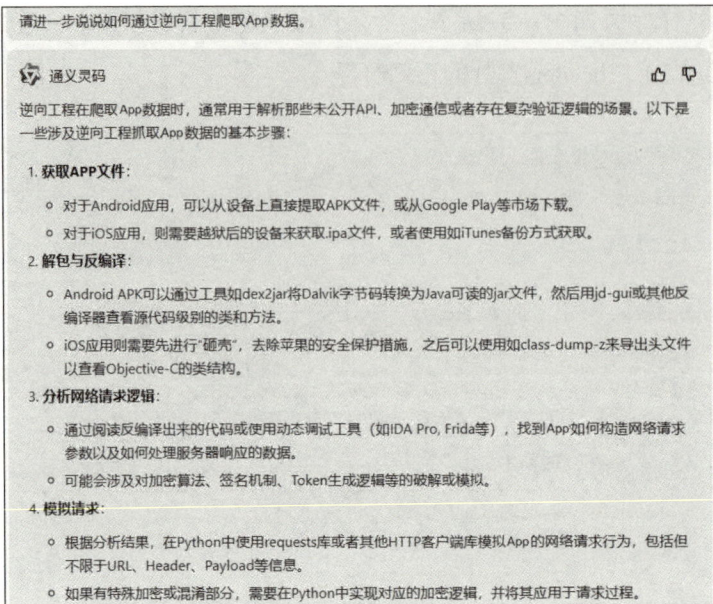

图7-59　智能问答界面（追问）

③功能特点。

代码智能生成。用户无须从零开始编写代码，输入自己的需求便能生成对应的代码，生成的代码自带注释和解释，非常适合初学者用户。基于已有的代码，通义灵码能够根据上下文和语法实时续写，以满足有一定经验的用户的编码需求。

代码解释与问答。通义灵码基于大量的研发文档、产品文档、通用研发知识及阿里云云服务文档等进行了问答训练，具备答疑解惑的能力。其能够为用户提供代码咨询服务，针对解决研发过程中遇到的难题给出建议，帮助用户进行代码构思和代码排错，提高了编程效率。

8

从信息素养到AIGC数字素养

生成式人工智能不仅正在迅猛地改变着人类生活，也开始影响教育领域。百度创始人、董事长兼首席执行官李彦宏[①]在第十五届新东方家庭教育论坛上指出"生成式人工智能时代带来的最重要的改变是如何帮人省时间""生成式人工智能对教育的影响，不是对老师或家长的取代，而是效率的提升"。

在生成式人工智能时代，智能工具的使用能够削减教师重复性工作，使教师得以将宝贵的时间和精力集中到培养学生思考和创新的能力上。同时，在AIGC的助力下，教育能够更加融入生活的方方面面。通过各种智能设备和工具，我们可以更加便捷地获取知识、学习技能，提升自身的专业水平和竞争力。个体要适应人工智能环境，就要具备AIGC数字素养，让AI技术和工具助力自我发展和成长。

8.1 AIGC数字素养与信息素养的关系

8.1.1 信息素养的内涵

1974年，美国信息产业协会主席保罗·佐尔科茨（Paul Zurkowshi）在美国图书馆和情报科学委员会上首次提出信息素养（Information Literacy）的概念：信息素养就是利用大量的信息工具及主要信息源使问题得到解答的技术

---

① 多知网.俞敏洪对话李彦宏："生成式 AI 时代最重要的改变是如何帮人省时间"[EB/OL].(2023-10-15)：[2024-01-22].https://new.qq.com/rain/a/20231025A001D700.

和技能。1989年，美国图书馆协会将信息素养定义为个人能意识到何时需要信息，并且有能力去定位、评估以及有效使用信息的能力。2015年，美国大学与研究图书馆协会发布的《高等教育信息素养框架》提出：信息素养是一套综合能力，包括批判地发现信息，了解信息的产生和评价，以及如何利用信息创造新的知识并合理地参与社区学习。2018年，英国图书馆和信息专业协会将信息素养定义为对我们所发现和使用的任何信息进行批判性思考并作出平衡判断的能力。

总结国内外信息素养及其教育理论成果，信息素养的概念可以被界定为：在信息社会中个体成员在生活、学习和工作三大现实场景下所需要具备的信息意识、信息知识、信息能力和信息伦理等多个方面的总和[①]。

（1）信息意识。信息意识是指个人对各种信息的自觉心理反应，包括对信息的感受力、注意力等。良好的信息意识是具有较高信息素养的前提。

（2）信息知识。信息知识就是有关信息的基本知识，包括信息相关概念、信息相关理论、信息相关方法等。具备信息知识的人知道什么是信息，怎么查找信息等。

（3）信息能力。信息能力是指顺利完成相关信息活动所必需的并直接影响信息活动效率的个性心理特征，包括信息理解能力、信息发现能力、信息检索能力、信息获取能力、信息组织能力、信息分析能力、信息评价能力、信息利用能力、信息交流能力等。

（4）信息伦理。信息伦理是指人们在从事信息活动时所展现的伦理道德，知道在网络虚拟空间中什么该做，什么不该做。能否恪守良好的信息伦理，是衡量一个人信息素养高低的标志之一。

8.1.2 信息素养的发展

随着信息社会的发展和信息技术的进步，信息素养的类型在不断增加。如图8-1所示，目前主要包括计算机素养、数字素养、数据素养、算法素养、人

---

① 潘燕桃，肖鹏.信息素养通识教程 [M].北京：高等教育出版社，2019：15-16.

工智能素养，以及步入人工智能时代以后的AIGC数字素养。

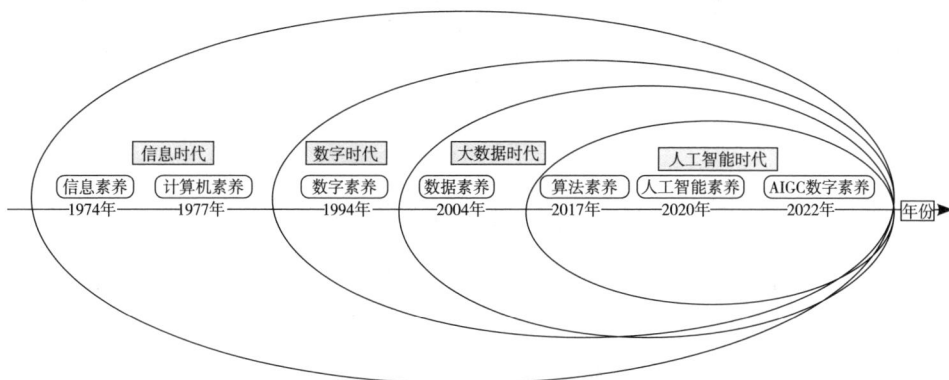

图8-1 信息素养的发展

第三次工业革命开启了由计算机引领的信息时代，由此产生了计算机素养。计算机素养是指了解计算机文化，掌握计算机应用技能，合理使用计算机技术，遵守使用计算机的伦理道德。

21世纪以来，计算机技术和网络技术的普及使得人类步入了数字时代，数字素养由此诞生。作为数字化的产物，数字素养注重数字形式信息的创新、应用和管理能力，体现了新时代的特征。

在先进技术工具的辅助下，数据生产走向了全面化。在大数据时代，每个人随时随地都在创造数据。人类不仅是数据的贡献者，更应该成为数据的受益者。要想实现这一目标，需要培养良好的数据素养。数据素养是指在了解各项数据的意义和价值后，具备利用数据的意识和基本能力，同时具备大数据思维，适应大数据时代的变迁与发展。

随着人工智能时代的到来，技术环境对社会发展的影响更加深入。算法的广泛应用塑造着新的社会结构与规则，也对人们的信息处理能力提出了更高的要求，随之产生算法素养和人工智能素养等概念。算法素养是指具备感知、理解和使用算法的能力，能够正确使用以算法为驱动力的产品并具备对算法社会的适应能力，关注人工智能底层的技术与逻辑[1]。人工智能素养要求个体能够批判性地评估AI技术，有效地与AI沟通和协作，并在在线、家庭和工作场所使用AI工具[2]，强调人工智能的工具属性。

8.1.3　AIGC数字素养的内涵

随着计算机网络技术的普及应用，人类开始步入数字化信息时代。数字素养是数字化的产物，它注重数字形式信息的创新、应用和管理能力，体现了新时代的特征。1995年，美国学者理查德·兰纳姆在《科学美国人》发表了"数字素养"，他认为，数字素养是一种由多种媒体素养组成的新素养，数字资源有可能变成不同形式的信息，如文本、图片、声音等。2012年，美国图书馆协会将数字素养定义为利用信息与通信技术检索、理解、评价、创造并交流数字信息的能力，并强调这个过程需具备认知技能及技术技能。2018年，联合国教科文组织在《数字素养全球框架》中将数字素养分为7个部分：操作、信息、交流、内容创作、安全、问题解决和职业相关。2021年，我国在《提升全民数字素养与技能行动纲要》中将数字素养与技能定义为"数字社会公民学习工作生活应具备的数字获取、制作、使用、评价、交互、分享、创新、安全保障、伦理道德等一系列素质与能力的集合"。2022年，欧盟发布的《欧盟公民数字素养框架》（2.2版）将数字素养划分为五个方面：信息与数据素养、通信与协作素养、数字内容素养、安全素养、问题解决素养。

以ChatGPT为代表的大语言模型的出现，让人们真切地感受到人工智能时代已经到来，每一个人都不得不面对人工智能，学会与人工智能和谐相处和共同发展。由此，学者们从不同角度出发提出了人工智能素养框架。

（1）人工智能素养的三维框架。大多数研究从三维目标角度构建人工智能

---

① 吴丹，刘静．人工智能时代的算法素养：内涵剖析与能力框架构建[J]．中国图书馆学报，2022，48（6）：43-56．

② LONG D，MAGERKO B. What is AI Literacy? Competencies and Design Considerations[C]//Proceedings of the 2020 CHI Conference on Human Factors in Computing Systems. New York：Association for Computing Machinery，2020：1-16．

素养框架，认为人工智能素养包括AI概念、AI应用、AI伦理三个部分[①]，其中AI概念是指基本的人工智能知识与起源，AI应用是指人工智能技术在现实世界中的应用，而AI伦理是指人工智能应用过程中所面临的道德挑战和安全问题。

（2）人工智能素养的四维框架。也有研究提出了人工智能素养的四维框架，从核心概念、技术实践、跨学科思维与伦理态度等方面构建了STEM背景下的人工智能素养框架[②]。其中，核心概念包括人工智能的基础知识、工作方式、工作流程与典型应用等，技术实践包括编程、协作、问题解决与创新等核心能力，跨学科思维包括计算思维、数据思维、批判性思维与设计思维等，伦理态度是指正确看待人工智能的优缺点及其带来的影响，并积极地规制风险等。

（3）人工智能素养的五维框架。郑勤华等[③]进一步从智能知识、智能能力、智能思维、智能应用、智能态度等方面提出了人工智能素养的五维框架。其中，智能知识主要包括人工智能的发展历程、基本概念、技术体系、应用领域及社会影响等，智能能力主要包括信息能力、数据能力、编程能力、算法能力等人机协同的重要能力，智能思维主要包括人机协同思维和主动调节思维，智能应用主要包括AI应用与AI动手能力，智能态度主要包括AI价值观、AI伦理与AI志趣。

如今，AIGC技术渗透到人类生活的方方面面，应适时而变对数字素养和能力培养提出新的要求[④]，从而促使公民更好地融入人工智能时代。AIGC数字素养是指在人工智能环境下利用生成式人工智能技术和工具，获取信息、理解信息、利用信息和共享信息的综合能力。具体来看，AIGC数字素养由AIGC知识、AIGC能力、AIGC伦理三个方面组成（图8-2），彼此之间相互联系、相互依存。

---

① WONG G K W, MA X J, DILLENBOURG P, et al. Broadening artificial intelligence education in K-12: Where to start?[J]. ACM Inroads, 2020, 11(1): 20-29.

② 杨鸿武，张笛，郭威彤.STEM背景下人工智能素养框架的研究[J].电化教育研究，2022，43（4）:26-32.

③ 郑勤华，覃梦媛，李爽.人机协同时代智能素养的理论模型研究[J].复旦教育论坛，2021，19（1）:52-59.

④ 袁磊，徐济远，叶薇.AIGC时代的数智公民素养：内涵剖析、培养框架与提升路径[J].现代教育技术，2023，33（9）:5-15.

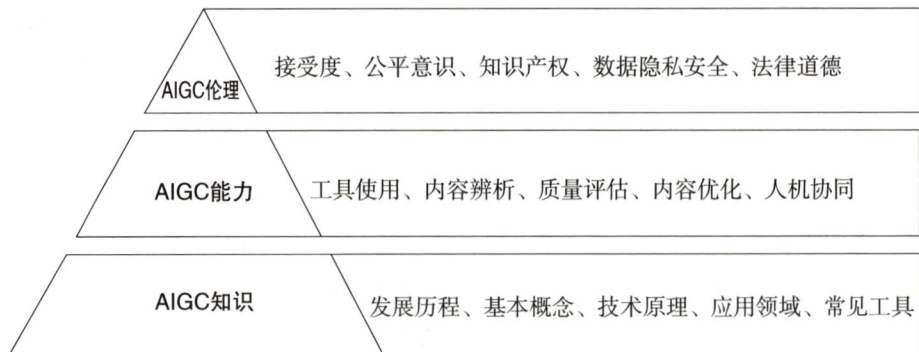

图8-2　AIGC数字素养的内涵

（1）AIGC知识。

AIGC知识是AIGC数字素养的基础，主要包括生成式人工智能的发展历程、基本概念、技术原理、应用领域和常见工具。

第一，在人工智能时代，人类和机器的智能活动仍是建立在基础科学知识上的，个体需要对生成式人工智能的重要知识有一定了解。自20世纪50年代起，人工智能经历了多个发展阶段，近年来生成式人工智能开始进入大众视野，在不同阶段具备不同的发展特点，当前仍处于快速发展与迭代更新的阶段。对于个体而言，了解生成式人工智能的发展史有助于把握人工智能时代的发展趋势。

第二，个体需要了解生成式人工智能的核心概念，如机器学习、深度学习、生成器、判别器等。同时，个人需要理解生成式人工智能的技术原理，认识到生成式人工智能是将数据、算法和算力作为重要支撑，基于自然语言处理、计算机视觉、专家协同等基础技术，实现对人类行为和思维模式的模拟，从而解决问题。并且，个体需要认识到目前技术的局限性和不足之处。

第三，个体应当认识到生成式人工智能技术正逐步深入人类社会，并广泛应用到人类工作、生活、学习的各个方面，涉及金融、医疗、教育、电商、工业等各个领域。

第四，最重要的是，个体要熟知生成式人工智能的常见工具和平台，例如ChatGPT、文心一言等，了解这些工具和平台的功能特性及获取使用途径，在遇到问题时有求助生成式人工智能的意识，并清楚应当选择哪种工具更加合适。

（2）AIGC能力。

AIGC能力是AIGC数字素养的核心，主要包括工具使用能力、内容辨析能力、质量评估能力、内容优化能力和人机协同能力。

第一，工具使用能力。使用AIGC工具解决问题，首先要具备良好的工具使用能力。一方面，要能够明确信息获取需求，选择合适的AIGC工具，生成文字、图像、视频等有价值的内容。另一方面，要能够清晰地表达需求，与AIGC工具进行高质量地交互。在使用工具获取内容的过程中，应当尽可能详尽地明确问题的范围和目标，运用简练、清晰的语言，提供必要的背景信息和语境，来帮助机器更好地理解问题，更好地生成内容[①]。

第二，内容辨析能力。在获得AIGC工具生成结果后，需要发挥内容辨析能力。尽管AIGC工具具备强大的语义理解能力和内容生成能力，但是生成结果的真实性和可信度难以得到保证。目前，AIGC的生成结果可能存在与事实不符、虚假编造等多种的错误内容，需要对此进行辨析和甄别才能加以利用。

第三，质量评估能力。对待AIGC的生成结果还需要从多个维度进行质量评估。从内容准确性出发，个体需要具备对AIGC生成内容事实准确性的核查能力，从信息来源、数据准确性、逻辑合理性、需求匹配度等方面评估AIGC生成结果的可用性。从内容创新性出发，个体要能够判断AIGC生成内容的新颖性和独特性，从而评估AIGC的价值。从内容合规性来看，个体要懂得核查AIGC的生成内容是否符合法律法规要求，确保利用该结果不会引发版权侵犯、隐私泄露等问题。

第四，内容优化能力。在进行内容的辨析和质量评估后，还需要进行内容优化，才能有效利用AIGC的生成结果。通过对生成内容的整合，使得结果不断贴合自身需求，从而解决问题。

---

① 袁磊，徐济远，叶薇. AIGC 时代的数智公民素养：内涵剖析、培养框架与提升路径 [J]. 现代教育技术，2023，33（9）：5-15.

第五，人机协同能力。在与AIGC工具进行交互的过程中，对人机协同能力的要求需贯穿始终。在遇到问题时，个体要能够清晰地向生成式人工智能表达自身的诉求，并对AIGC的返回结果进行适当的反馈，注意介入的时机和方式，以帮助机器学习和改进。在人机交互的协同模式下，共同解决问题。在这个过程中，个体只有充分发挥主导作用，进行动态评估和调节[①]，才能真正利用人工智能技术来优化问题处理。

（3）AIGC伦理。

AIGC伦理是AIGC数字素养的关键，主要包括接受度、公平意识、知识产权、数据隐私安全和法律道德。

第一，接受度。面对AIGC，人们有两种态度：乐观派认为人工智能最终能够解放全人类，悲观派认为人工智能最终取代全人类。对此，正确的态度是保持理性，遵循人工智能的发展规律，接纳人工智能的合理应用，与人工智能协同走向美好的未来[②]。

第二，公平意识。公平意识要求人工智能系统在决策过程中不偏袒任何一方，平等地对待所有相关个体和群体。这意味着人工智能系统应该基于客观、公正的数据和算法进行决策，而不是受到特定利益或偏见的影响。生成式人工智能应当是服务于全人类的，在AIGC的开发和使用过程中应当保证公平公正，杜绝社会偏见、性别歧视和种族歧视等不平等现象。

第三，知识产权。版权归属问题成为关键，因为人工智能生成的内容可能难以明确其创作者，传统的版权框架主要针对人类创作者，AI的作用可能导致版权归属的模糊性。因此，需重新审视AI系统的开发者或使用者对生成内容的权利归属。并且，AI生成的内容通常基于大量的数据进行训练，这些数据可能包含受版权保护的作品，从而可能无意中重复或变形已有作品。这可能引发侵权纠纷，尤其是在内容创作过程中对现有材料的使用不当，可能会侵犯原作者

---

① 郑勤华，覃梦媛，李爽.人机协同时代智能素养的理论模型研究[J].复旦教育论坛，2021，19（1）：52-59.

② 张银荣，杨刚，徐佳艳，等.人工智能素养模型构建及其实施路径[J].现代教育技术，2022，32（3）：42-50.

的权利。现有的法律和政策框架需不断调整，以明确AI生成内容的版权保护方式，以及制定相关政策以平衡创新与知识产权保护之间的关系。

第四，数据隐私安全。在生成式人工智能环境中，大量的个人数据被用于训练和学习模型。这些数据可能包括个人身份信息、行为习惯、健康状况等敏感信息。如果这些数据被不当使用或泄露，将对个人的隐私造成严重侵犯。因此，保护个人数据隐私是生成式人工智能伦理的关键之一。

第五，法律道德。针对AIGC的生成结果，应当谨慎使用，避免发生侵权行为。目前，关于人工智能生成内容的版权归属仍没有明确的法律规定，直接将AIGC的生成结果作为个人成果是否属于抄袭或剽窃行为仍没有定性。因此，在一些特殊场景（如学术创作等）中，应当谨慎小心使用AIGC生成结果，必要时注明内容是由人工智能生成的。

8.1.4 AIGC数字素养与信息素养的比较

AIGC数字素养是信息素养外延的一部分，与计算机素养是相似的，都是有关信息的技术技能。AIGC数字素养包括信息素养，在当今所处的人工智能时代，任何素养都离不开人工智能技术，在未来AIGC将渗透到社会生活的方方面面。在一些场合，AIGC数字素养和信息素养这两个概念可互换使用[①]。

（1）AIGC数字素养可以看作人工智能时代的信息素养，是新时代对个体信息素养水平提出的更高要求。

信息素养是所有相关素养的基础，随着社会发展和时代进步，尤其是数字信息资源的迅速增长和人工智能技术的蓬勃发展，以纸质信息资源为主的信息社会已转变为数字资源和智能技术齐头并进的数智社会，由此产生了AIGC数字素养。AIGC数字素养与信息素养在内涵上存在交叉，两者都涉及对信息的辨析、评估和应用能力，以及对信息伦理和法律的遵守。同时，AIGC数字素养和信息素养都致力于提高个体的数字素养和信息处理能力，以适应人工智能时代的发展需求。

---

① 潘燕桃，肖鹏.信息素养通识教程[M].北京：高等教育出版社，2019：15-16.

（2）AIGC数字素养和信息素养存在不少差异。

在内涵方面，信息素养强调培养个体基本的信息意识和信息知识，在信息社会中获取、处理、评价和应用信息的能力，以及对信息伦理和法律的遵守。而AIGC数字素养更关注个体在人工智能时代运用生成式人工智能解决问题的相关能力，包括对人工智能概念和原理的了解，对人工智能技术和工具的掌握，以及对人工智能生成内容进行辨析、评估和利用的能力。在应用领域方面，信息素养的范围较为广泛，囊括社会生活中与信息相关的方方面面；而AIGC数字素养针对范围相对有限，主要涉及生成式人工智能技术能够应用的领域。在思维模式方面，信息素养强调对信息的主动思考和分析，培养批判性思维、问题解决和信息可信度判断的能力；而AIGC数字素养侧重于培养创新思维、解决问题的策略，以及对生成式人工智能技术的创造性应用。AIGC数字素养与信息素养的比较如表8-1所示。

表8-1 AIGC数字素养与信息素养的比较

比较维度	信息素养	AIGC数字素养
内涵	基本的信息意识和信息知识，获取、处理、评价和应用信息的能力，以及对信息伦理和法律的遵守	对生成式人工智能概念和原理的了解，对人工智能技术和工具的掌握，以及对人工智能生成内容进行辨析、评估和利用的能力
应用领域	社会生活中与信息相关的方方面面	生成式人工智能技术能够应用的领域
思维方式	对信息的主动思考和分析，培养批判性思维、问题解决和判断信息可信度的能力	培养创新思维、解决问题的策略，以及对生成式人工智能技术的创造性应用

8.2 AIGC数字素养与创新思维

AIGC时代是创新的时代，AIGC数字素养将极大地提高人类的创造力，将用户从烦琐重复的劳动中解放出来，聚焦到真正地创造中去。

8.2.1　创新思维

创新思维是指以新颖独特的方法解决问题的思维过程。它强调突破常规思维的界限，以超常规甚至反常规的方法和视角去思考问题，提出与众不同的解决方案，最终生成新颖独到的思维成果。创新思维的本质在于将创新意识的感性愿望上升到理性的探索上，实现创新活动由感性认识到理性思考的飞跃。在长期的实践活动中，人们总结和提炼了许多不同的创新思维方法，下面介绍其中常用的四种方法[①]。

（1）质疑思维。

质疑是探索未知，开辟新领域的思维活动，是许多新事物、新观念的起源，也是创新思维最基本的方法之一。质疑思维是指创新主体在已有事物的条件下，通过"为什么"的提问，综合运用多种思维方法改变原有条件，从而产生新事物、新观念、新方案的思维。它要求个体对前人的想法加以质疑，提出自己的疑问，通过独立思考发现前人的不足之处。

过去，哥白尼敢于质疑，指出"地心说"存在的问题，才有了"日心说"的诞生。爱因斯坦发现了牛顿力学的局限性，才产生了对相对论的思考。美国特斯拉公司通过质疑传统汽车行业的经营模式和技术瓶颈，创新地运用电力驱动和智能技术，推出了高性能的电动汽车和充电解决方案。特斯拉的成功不仅改变了汽车行业的发展方向，也推动了电动汽车技术的进步。

（2）逆向思维。

逆向思维是指用与常规相反的方式来思考问题。一般情况下，人们习惯沿着事物发展的正方向去思考问题并寻求解决办法。然而，对于一些特殊问题，从结论往回推，倒过来思考或者从结果的反面出发，打破思维定式，可能会激发出新的灵感。

蒙牛乳业目前是中国领先的乳制品集团，其创始人牛根生的创业思路充分体现了逆向思维。按照传统"先建工厂，再建市场"的商业模式，首先要建厂

---

① 蒋祖星 . 创新思维导论 [M].2 版 . 北京：机械工业出版社，2021:5.

房、进设备、生产产品，然后打广告、做促销，产品才会有知名度，才能有市场。牛根生却反其道而行之，提出了"先建市场，再建工厂"的思路，把有限的资金集中用于市场营销推广之中，然后把全国的工厂变成自己的加工车间。通过这种逆向运作，在短短的两三个月时间内，牛根生盘活了近8亿元的企业外部资产，完成了一般企业几年才能完成的扩张。

（3）联想思维。

联想思维是指将一种事物的形象与另一种事物的形象相互联系起来，通过寻求二者共同的或相似的规律，从而得到解决问题的思路。通过联想思维，可以将不同领域的概念和思想进行结合，产生新的创意。联想思维通常包括接近联想、相似联想和对比联想三种方法。

美国工程师斯潘塞在做雷达实验时，发现口袋里的巧克力由于雷达电波的影响而融化了。由此，他联想到可以运用电波来加热食品，进而发明了微波炉。苹果手机创始人史蒂夫·乔布斯把移动电话与苹果公司已有的iPod音乐播放器进行联想，创造了一款集音乐播放、电话通信和互联网浏览等功能于一体的革命性产品iPhone。日本发明家中田藤三郎运用对比联想法，将圆珠笔的油墨减少到1.5万字的书写容量，从而解决了圆珠笔笔珠材料漏油的问题。

（4）发散思维。

发散思维是从不同角度、不同层次、不同方向对同一问题进行探索，从而产生新思路、新发现、新的解决方案的过程。它表现为创造性地扩展问题的解决空间，不拘泥于传统思维模式，从而激发创意。

电商公司拼多多运用发散思维很好地占领了市场份额。在初创时期，拼多多面临着淘宝和京东等成熟的电商平台竞争。然而，拼多多运用逆向思维，从低端市场和下沉市场入手，通过社交电商的模式，将用户需求和社交场景结合，成功地开辟了新的市场空间。

上述的创新思维方式可以单独使用，也可以相互结合，根据问题的具体性质和实际需求灵活应用。创新思维有助于打破固有的思维模式，激发创意，促进创新，从而在不同领域和情境中找到新的机会和解决方案。

8.2.2　AIGC数字素养与创新思维的关系

AIGC数字素养和创新思维相互关联且相互促进。AIGC数字素养为创新思维提供了基础和支持，而创新思维是AIGC数字素养的实际应用和体现。通过不断培养AIGC数字素养，并将其与创新思维结合，我们可以更好地应对未来的挑战，推动人工智能社会的进步和创新。

（1）AIGC数字素养为创新思维提供支持。

第一，AIGC数字素养包括了利用AIGC技术进行信息获取、处理和应用等重要能力，能够提供知识储备和技术支撑。创新思维的发挥需要知识和技术来充当原材料，从而用创新的方案解决问题。因此，具备AIGC数字素养能够更加便捷地获取丰富的信息，更加轻松地利用先进技术，从而产生新的创意和想法。

第二，AIGC数字素养与信息获取密切相关。信息管理是创新思维的重要环节，在运用创新思维的过程中，需要对信息资源进行组织、分析和总结，从而生成新的解决方案。通过培养AIGC数字素养，个体可以更好地实现信息管理，为创新过程提供支持。

第三，具备AIGC数字素养能够高效解决实践活动中烦琐费时的工作，从而将宝贵的时间和精力聚焦到更有价值的创新活动中。

（2）创新思维是AIGC数字素养的实际应用。

创新思维是在AIGC数字素养的指导下将信息转化为解决方案的过程，是AIGC素养的实际应用。

一方面，创新思维不仅要求高效地获取信息，更需要创造性地将信息用于解决问题、创造价值以及应对变革。在掌握基本信息的同时，创新思维强调要灵活地应用各种技能，获取新知识和创造新方法来解决新问题。从这个角度看，创新思维是AIGC数字素养在更深层次的延伸。

另一方面，AIGC数字素养需要在创新思维的引导下应用到实践活动中去，其价值才能得到体现。仅仅掌握AIGC工具和技术的使用，而没有创新意识，在面临实际问题时是难以发挥作用的。此外，AIGC数字素养对个体的信息质量的甄别能力有一定要求，这与创新思维不谋而合。在创新的过程中，个人往往需要用质疑的态度去看待问题，发现现有解决方案的局限性，提出新的思路。因此，AIGC数字素养也意味着要具备质疑思维，挑战传统思维，跳出思维定式，提出新的解决方案。

案 例

AIGC画作《太空歌剧院》

2022年8月，美国科罗拉多州博览会艺术比赛结果揭晓。获奖作品中有一幅画作名为《太空歌剧院》（图8-3），它结合了古典与科幻的元素，将17世纪欧洲的歌剧院场景与极具科幻感的太空融合在一起，画中身穿华丽服饰的贵妇们站立于穹顶之上，漫游于太空之间，极具魔幻色彩。令人惊叹的是，这幅作品出自AI工具之手，是由新型AI绘画工具"Midjourney"创作而成。

游戏设计师杰森·艾伦（Jason Allen）具备良好的AIGC数字素养，通过对AIGC工具的灵活应用，发挥创新思维，让Midjourney按照自己的期望，创作出了这幅兼具艺术性和科技感的画作。这幅画作可以称为是AIGC数字素养与创新思维的艺术结晶。

图8-3　AIGC画作《太空歌剧院》[①]

---

①　来源：https://baike.baidu.com/item/%E5%A4%AA%E7%A9%BA%E6%AD%8C%E5%89%A7%E9%99%A2.

8.2.3　基于AIGC数字素养的创新思维

（1）信息层面：多源多维信息互补。

在信息层面，AIGC数字素养强调内容获取和辨析的能力。处于复杂情境下，单一来源和维度的信息可能无法解决问题。创新思维要求从多个来源，获取不同维度的信息，从而对问题形成全面且准确的认知。在人工智能时代，具备AIGC数字素养的个体完全有能力利用各项工具来获取不同渠道、多种形式、各个维度的信息，并利用处理工具对内容进行综合分析，为解决问题做好铺垫。

例如，针对某个特定问题，我们既可以通过向AIGC工具提问，获得常规的文字信息，还可以用文字信息来提问，要求生成3D模型图片（图8-4）等表现力更强的信息。由此，可以充分融合文字和图片提供的信息来认识问题，由文字来提供详细描述和分析，由图片进行事物形态的形象展示，二者相互结合，有助于全面客观地看待问题，形成创新的思考结果。

图8-4　AI生成3D模型图片

（2）方法层面：不同方法综合应用。

在方法层面，AIGC数字素养能够培养个体运用各种分析工具来解决问题的能力，但单一工具往往不够应对复杂问题。创新思维要求综合应用不同的分析方法，如理论分析与实证分析结合、定量分析和定性分析结合、人工分析与智能分析结合等，来挖掘更深层次事物之间的联系，以支持创新方案的提出。

例如，针对教师教学水平的评估，可以采用多种方法来获取信息并进行分析。首先，可以采用传统方法，例如量表法和访谈法，以获取教师的教学成果和他人评价。其次，还可以引入新方法和新工具，例如引入智能课堂评价系统，来实时记录教师的课堂状态，以进一步了解教师的日常表现。针对上述获取的信息，可以采用传统的分析方法得到对教师的评估结果，也可以利用平台的数据分析功能对教师行为进行评价。综合传统方法和创新工具，可以获得多维度的、更全面的评估结果。

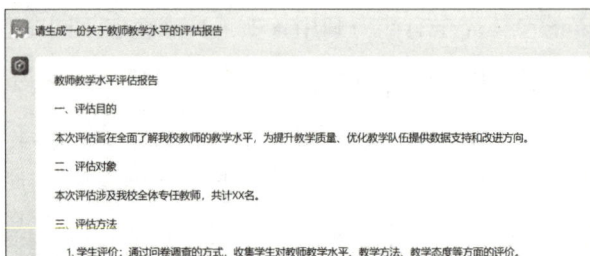

图8-5　利用文心一言生成教师教学水平评估报告

（3）应用层面：多平台比较选择。

在应用层面，AIGC数字素养强调内容的可靠性和可用性，创新思维进一步要求针对具体任务的实际需求，对不同渠道、各个维度的内容进行评估和选择，筛选其中相关性和创新性最高的内容。同时，在众多平台中通过比较，厘清不同内容之间的联系和区别。

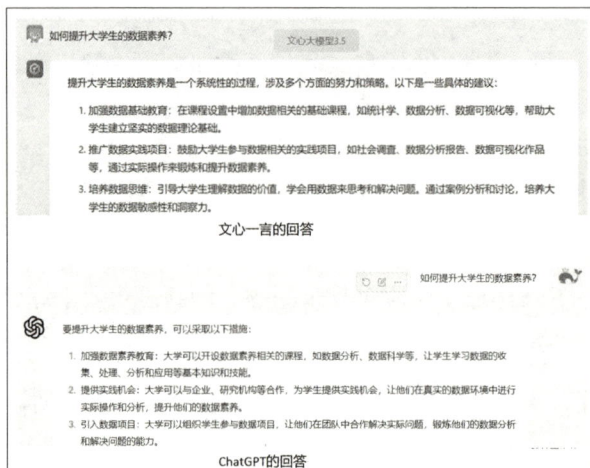

图8-6　文心一言和ChatGPT对同一问题的不同回答

例如，在编写一份课程设计时，为了获取不同类型和层次的信息，需要综合各个AIGC工具的特性和目标信息的特征来选择不同的平台。例如，需要获取文字信息，可以使用Notion AI来充当文案写作助理，这个工具能够根据主题撰写文案，满足不同写作风格的要求；需要获取图片信息，可以使用Midjourney来充当智能绘画机器人，生成各种各样的精美配图。通过对各个平台的比较选择，形成一个适用性强的产品方案，以满足个人需求。

8.3 AIGC数字素养实例展示

8.3.1 如何与AIGC工具进行初次对话？

本案例将让ChatGPT介绍Artificial Intelligence Generated Content的含义，以此演示如何与AIGC工具进行对话，并管理对话记录。

步骤1：输入问题。

进入浏览器，输入以下网址：https://chat.openai.com。登录ChatGPT后，进入开启新对话的界面。如图8-7所示，在界面底部文本框中输入要让ChatGPT回答的问题，再点击右侧箭头按钮或按Enter键提交问题。

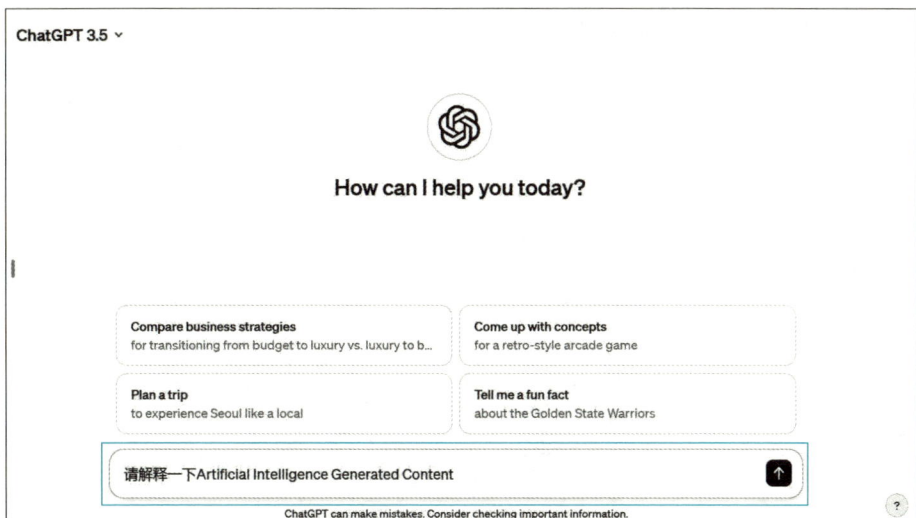

图8-7 在ChatGPT中输入问题

步骤2：查看回答。

如图8-8所示，等待一定时间，界面将以"一问一答"的形式依次显示用户输入的问题和ChatGPT给出的回答。

图8-8　查看ChatGPT的回答

步骤3：重新生成回答。

如果觉得回答的质量不高或者不符合要求，可以让它重新回答。如图8-9所示，点击回答左下方的第四个按钮，即可让ChatGPT重新回答。旁边的三个按钮分别表示复制回答、对回答感到满意、对回答感到不满。

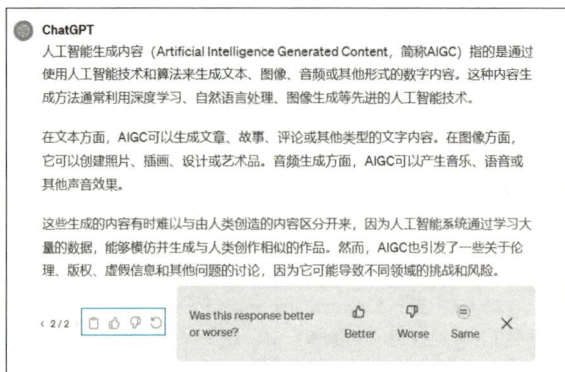

图8-9　让ChatGPT重新生成回答

步骤4：修改问题。

如果发现问题的描述可能不够准确，还可以修改问题描述，使其更具体、更准确，从而获得更好的回答。如图8-10所示，将电脑光标放在问题上，点击下方浮现的"✐"按钮，进入编辑状态，修改问题内容，然后点击"Save & Submit"按钮保存并提交更改。如图8-11所示，ChatGPT会根据修改后的问题重新生成回答。

图8-10　修改向ChatGPT提出的问题

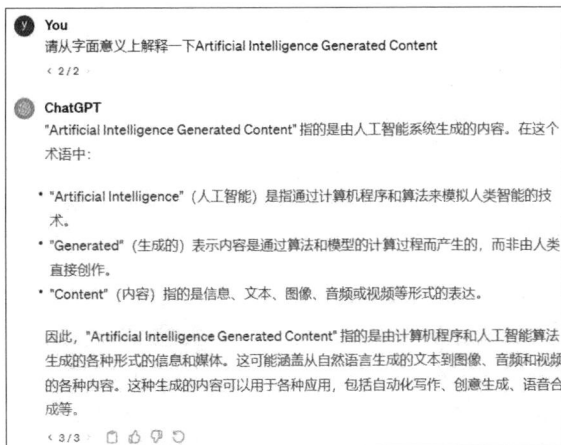

图8-11　查看ChatGPT重新生成的回答

步骤5：进行追问。

与其他聊天机器人相比，ChatGPT的一项重要优势在于它具有一定的记忆上下文能力，用户可以根据ChatGPT的回答调整提问的方式，从而得到更满意的回答。

在本案例中，继续向ChatGPT提问，指定内容的目标受众。如图8-12所示，ChatGPT在新的回答中减少了专业术语的使用，尽量用举例的方式来说明，语气也更有亲和力。同时，ChatGPT还理解了提问中"上面的含义"所指代的内容，围绕上一轮对话的要点来生成新的内容，没有跑题。

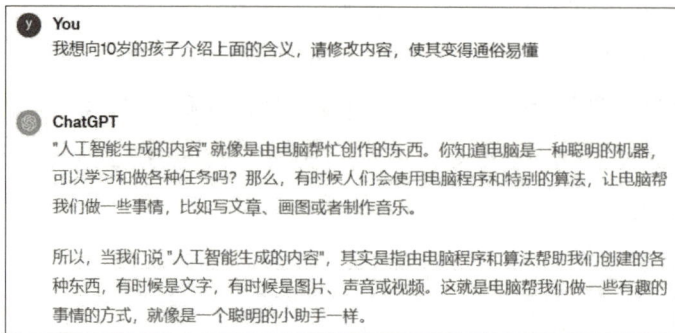

图8-12　向ChatGPT进行追问

步骤6：查看和管理对话记录。

在完成回答后，界面的左侧边栏中会出现对话的记录。如图8-13所示，对话记录的标题是根据对话内容自动生成的。点击"New chat"按钮可以开启新的对话。如果要修改对话记录的标题，可以点击标题右侧的"…"按钮，再点击"Rename"按钮进行修改。如果要删除对话记录，可以点击"Delete chat"按钮进行操作。此外，还能点击"Share"按钮，将对话记录分享给他人。

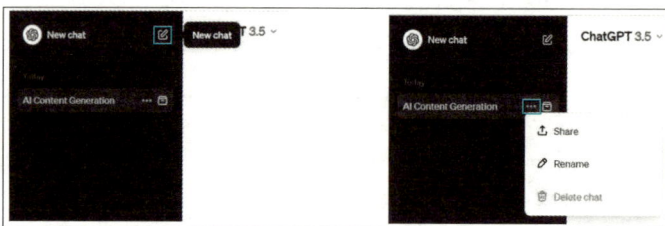

图8-13　对话记录管理

8.3.2　如何通过优化提示词提升AIGC问答质量？

与ChatGPT等AIGC工具进行对话，用户提交的问题被称为提示词（Prompt），它是人工智能和自然语言处理领域的重要概念。提示词是与人工智能模型交流的语言，用以告诉人工智能想要生成信息的特征。提示词会影响模型处理和组织信息的方式，从而影响模型的输出。采用清晰且准确的提示词可以帮助模型生成更准确、更可靠的输出。

（1）提示词的基本设计原则。

和生成式人工智能模型进行交互，提示词应当遵循以下基本设计原则，以确保机器能够更好地理解用户的意图并给出相应的回答：

①提示词应当没有错别字、标点错误和语法错误。

②提示词要简洁、易懂、明确，使用常用词汇，避免使用生僻词汇和复杂句式，尽量不使用模棱两可或容易产生歧义的表达。

③提交提示词时，应当考虑语境和上下文，以便机器能够从语言环境中获取更多的信息来理解用户的意图。

④提示词应当包含完整的信息。如果提示词包含的信息不完整，就会导致需要用多轮对话去补充信息或纠正ChatGPT的回答方向。一般而言，提示词包含的要素可由表8-2所示的四个基本要素组成。

表8-2　提示词的四个基本要素

名称	含义	示例
指令	希望ChatGPT执行的具体任务	请对以下文字进行改写
背景信息	任务的背景信息	读者是10岁的小学生
输入数据	需要ChatGPT处理的数据	文字内容
输出要求	对ChatGPT输出内容的类型或格式要求	改写后的文字不超过600字

（2）提示词的编写步骤。

在了解提示词的基本设计原则后，可以遵循以下步骤进行提示词的编写。

①确认对话的目的和重点。

在编写提示词之前，必须清楚希望通过对话想要实现的目的，是想提供信息、回答问题还是进行随意的交谈。通过确定对话的目的和重点，可以编写制作一个具体且相关的提示词，从而与ChatGPT进行更具吸引力和信息量更大的对话。

②使用具体且相关的语言。

为确保ChatGPT理解提示词并提供准确的回答，使用具体且相关的语言至关重要。避免使用可能引起混淆或误解的行话或模棱两可的语言。应当使用与手头主题相关的语言，力求语言清晰和简洁。

③避免使用开放式或过于宽泛的提示。

尽管提出开放式的问题，能够获得更全面的答复，但也会导致与ChatGPT的对话脱节或重点模糊。因此，提示词的选择要尽可能具体，为对话定义明确的目的和重点。

④检查和修改提示词。

在将提示词发送到ChatGPT之前，需花时间进行检查和修改，以确保提示词清晰易懂。考虑语言是否具体、相关，提示词是否能突出重点，避免歧义[①]。

示 例

英语发音助手

提示词：请你充当中国人的英语发音助手。我会给你写英语句子，你需要回答相应的英语发音。回答的不是句子的翻译，而是用汉语拼音进行的谐音注释。我的第一句话是"What is the weather like in Guangzhou？"

在这个例子中，ChatGPT被用作中国人的英语发音助手，提供特定句子的发音。提示词是具体和有针对性的，清晰地概述了ChatGPT的作用和对话的期望。

（3）优化提示词的有效技巧。

在设计提示词时，还可以使用一些技巧来进行优化。

①使用特殊符号分隔指令和输入数据。

在翻译、内容总结、信息提取等应用场景中，提示词会包含指令和待处理文本。为了便于ChatGPT进行区分，可以使用"###""""""""特殊符号将输

---

① Lucas. 一篇学会 |ChatGPT 超强提示词指南 [EB/OL]. (2023-03-15) [2024-01-22].https://zhuanlan.zhihu.com/p/614326779.

入数据括起来，如图8-14所示。

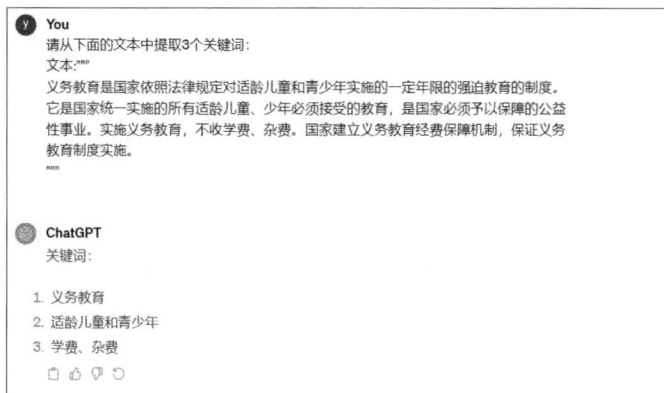

图8-14　使用特殊符号分隔指令和输入数据

②提供示例。

如果有些需求难以用简洁的文字进行表达，可以通过提供示例的方式，来帮助ChatGPT更好地理解需求，如图8-15所示。

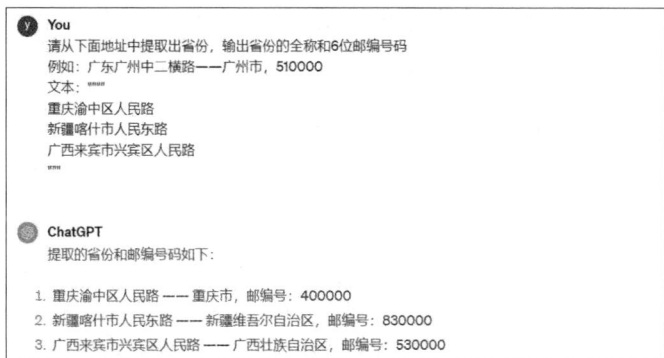

图8-15　在提示词中提供示例

③设定身份角色。

为了让ChatGPT按照我们期望的方式工作，可以在提示词中为ChatGPT设定一个身份角色，可以在提示词的开头进行设定，如图8-16所示。

图8-16　在提示词中设定角色身份

8.3.3　如何用AIGC工具生成办公文案?

在教育场景下，AIGC工具可以轻松生成各种类型的办公文案，例如课程教案、招生宣传文案等。下面将介绍3种应用于办公文案生成的工具。

（1）ChatGPT。

在本案例中，将ChatGPT的角色设定为小学教师，要求设计一份关于乘法口诀表的教案，并输出上课的讲稿。

步骤1：输入提示词。

如图8-17所示，在指令框中输入提示词，设定角色身份和主题，要求ChatGPT提供课程教案。

图8-17　输入提示词

步骤2：查看回答。

如图8–18所示，ChatGPT针对提示词，生成了一份包含教学目标、教学内容和教学形式的课程教案，内容完整，逻辑清晰。

You
你现在是一名小学数学老师，需要为二年级的学生介绍乘法口诀表，帮助他们理解并掌握这个知识点。请设计一份教案，包括教学目标、教学内容、教学形式。

ChatGPT
教案设计：

年级： 二年级

科目： 数学

单元： 乘法口诀表

教学目标：

1. 理解乘法口诀表的概念。
2. 掌握2乘法到9乘法的基础口诀。
3. 能够运用乘法口诀表解决简单的乘法问题。

教学内容：

1. **引入：** 通过生活中的例子介绍乘法的概念，如购物结账、分组等，引起学生对乘法的兴趣。
2. **探究：** 利用彩色图表或卡片展示2乘法到9乘法的口诀表，引导学生发现规律，并与他们一起默念口诀。
   例子：
   - 2乘法表：2 × 1 = 2, 2 × 2 = 4, …… 一直到2 × 9 = 18。
3. **操练：** 制作乘法口诀表的小抄，让学生在课堂上多次默念和写出口诀表。
4. **应用：** 提供简单的乘法问题，让学生运用所学的口诀表解决实际问题。
   例子：
   - 小明有3本相同的书，每本书有5页，一共有多少页?
   - 有4个篮球队，每队有5个队员，一共有多少队员?

教学形式：

1. **小组合作：** 学生分成小组，通过小组合作的方式一起探讨乘法的概念，并共同制作口诀表。
2. **互动讨论：** 引导学生参与课堂互动，分享他们对乘法的理解和发现。
3. **游戏：** 制作乘法口诀表游戏，让学生在游戏中巩固口诀表，增加学习的趣味性。
4. **练习册：** 分发练习册，让学生在课后巩固乘法口诀表的记忆，完成相关练习题。

通过这样设计的教案，学生将在愉快的氛围中理解和掌握乘法口诀表，同时培养对数学的兴趣。

图8–18　ChatGPT生成的课程教案

步骤3：撰写上课讲稿。

如图8–19所示，在生成教案的基础上，要求ChatGPT生成一份教学讲稿，为教师上课讲解做准备。生成的讲稿思路清晰，语气自然，符合角色身份。

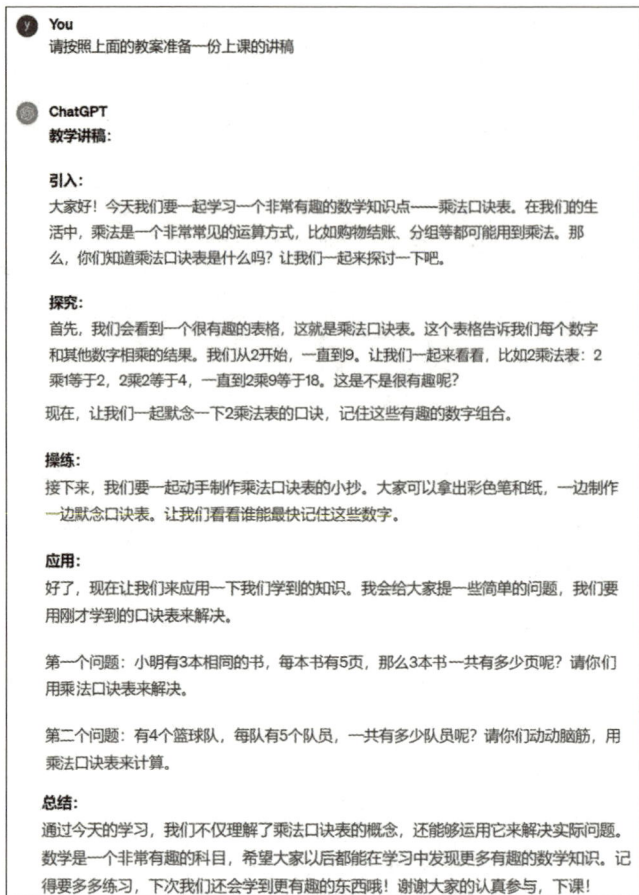

图8-19　ChatGPT生成的教学讲稿

（2）Notion AI。

Notion是一款功能强大的综合性软件，具备了知识管理、任务管理和项目管理等多种功能。在GPT出现后，Notion也发布了基于GPT模型的AI功能，称为Notion AI，主要用于撰写新闻稿、博客、邮件等文案，能够实现文字的校对、润色、改写、总结和翻译等功能。

本案例将使用Notion AI撰写课程的介绍文案，以帮助教师进行课程宣传。

步骤1：注册和登录账号。

进入浏览器，输入以下网址：https://www.notion.so。如图8-20所示，进入Notion网页版后，可以通过电子邮箱、谷歌（Google）账号或苹果（Apple）账号进行注册登录。

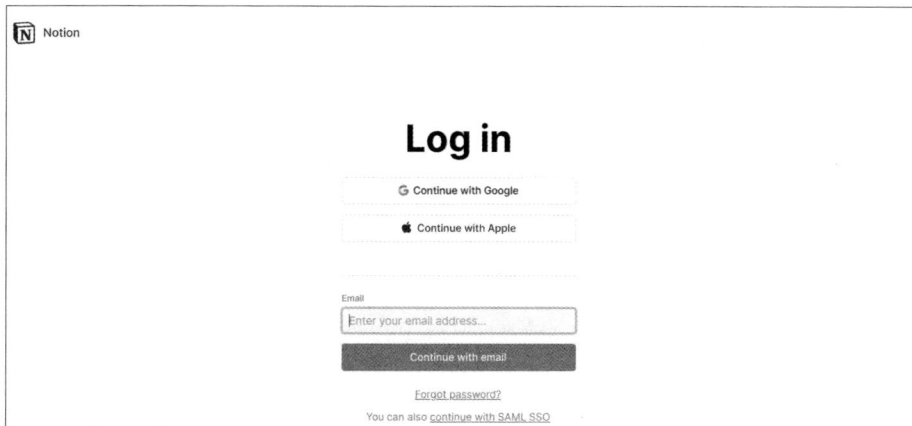

图8-20　注册登录Notion

步骤2：创建新页面。

如图8-21所示，在Notion工作界面中，点击左侧的"Add a page"按钮，创建一个新页面。

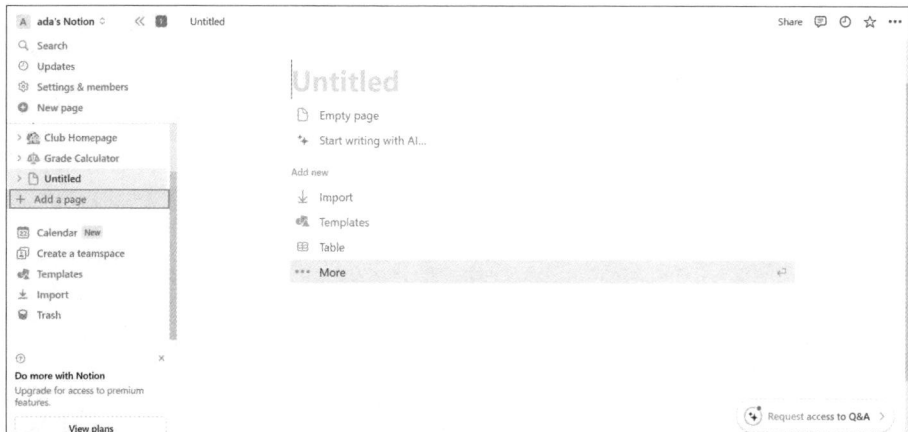

图8-21　在Notion中创建新页面

步骤3：唤醒Notion AI的写作功能。

如图8-22所示，在新页面的编辑区中，点击"Start writing with AI"选项，唤醒Notion AI的写作功能。

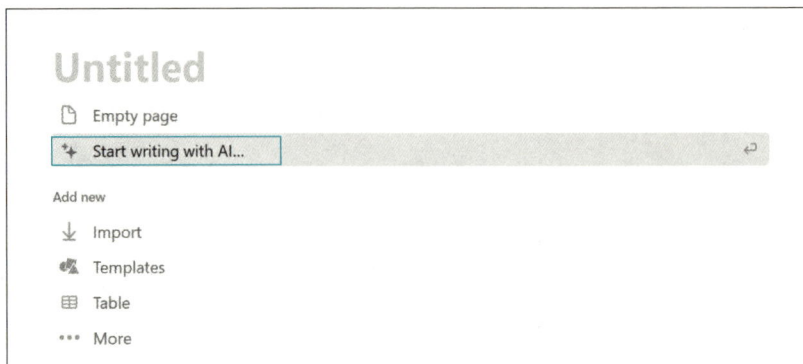

图8-22 唤醒Notion AI的写作功能

步骤4：设置文案类型。

如图8-23所示，这里需要写一份介绍文字，需要用通俗易懂、生动有趣的语言风格，因此选择"Blog post"类型。

图8-23 设置文案类型

步骤5：说明文案主题。

如图8-24所示，选择文案类型后，提示词的输入框会自动生成开头部分"Write a blog post"，输入文案主题"用中文向大学生介绍'信息检索'这门课程，包括课程目标、课程内容、课程意义和特色等"。由于Notion AI默认生成英文内容，因此需要在提示词中说明用中文进行输出。最后，点击右侧的发送按钮进行提交。

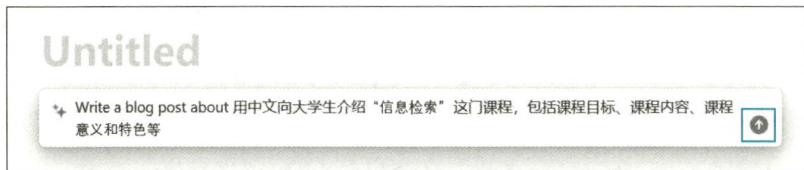

图8-24 说明文案主题

步骤6：选择后续操作。

等待片刻，Notion AI就会生成一篇结构完整、内容清晰的博客文章。如图8-25所示，如果对内容比较满意，点击下方的"Done"选项，即可完成写作；如果觉得内容字数不够或者质量没有达到要求，可以点击"Continue writing"或"Make longer"选项，继续进行撰写；如果对内容不满意，可以点击"Try again"选项，重新撰写文本内容。

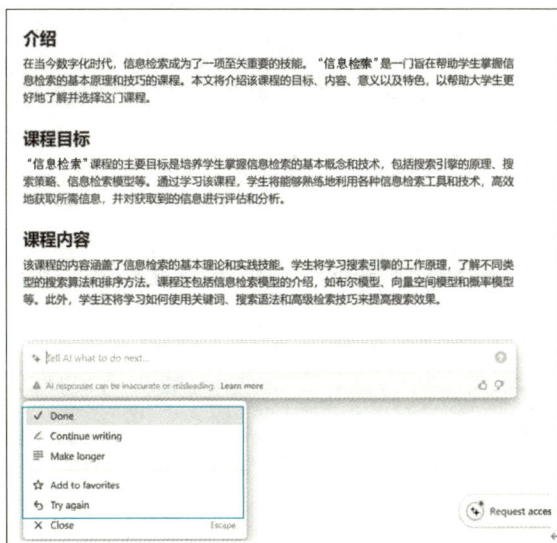

图8-25 查看Notion AI生成结果

（3）文心一言。

文心一言是百度研发的全新一代知识增强大语言模型，是文心大模型家族的成员之一，能够与人对话互动、回答问题、协助创作，高效便捷地帮助人们获取信息、知识和灵感。文心一言在数万亿数据和数千亿知识中融合学习，得到预训练大模型，在此基础上采用有监督精调、人类反馈强化学习等技术，具备知识增强、检索增强和对话增强的技术优势。基于百度在中文搜索领域多年的积累，文心一言在中文内容的语义理解、内容生成能力等方面表现优于其他AIGC工具。下面将介绍如何用文心一言撰写院校的招生宣传方案。

步骤1：登录百度账号。

进入浏览器，输入以下网址：https://yiyan.baidu.com/welcome。如图8-26所示，进入"文心一言"首页，点击"开始体验"按钮，根据页面提示，登录百度账号后，即可进入体验界面。

图8-26　进入文心一言

步骤2：输入文案主题。

如图8-27所示，在页面下方的输入框中输入撰写招生宣传方案的提示词，点击发送图标或按Enter键，即可与文心一言对话。

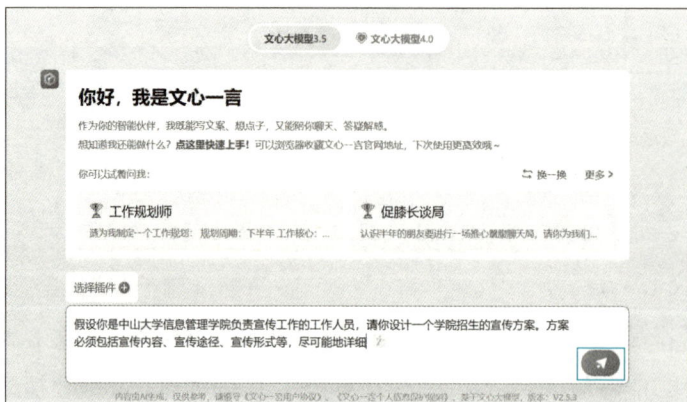

图8-27　输入文案主题

步骤3：查看生成结果。

如图8-28所示，文心一言会按照提示词要求生成文本内容。如果对内容不满意，可以点击回答下方的按钮，重新生成回答。

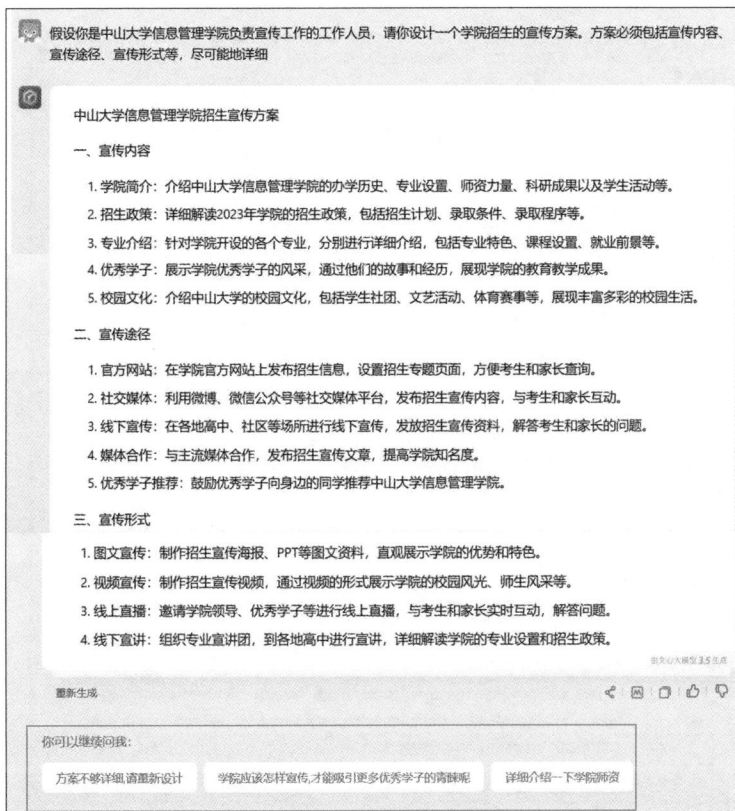

图8-28 查看文心一言生成结果

步骤4：进行追问。

文心一言在给出的回答下方还设置了追问的提示，可以点击提示或者按照自身实际需求进行追问。如图8-29所示，这里进一步追问在社交媒体上的宣传方案设计。

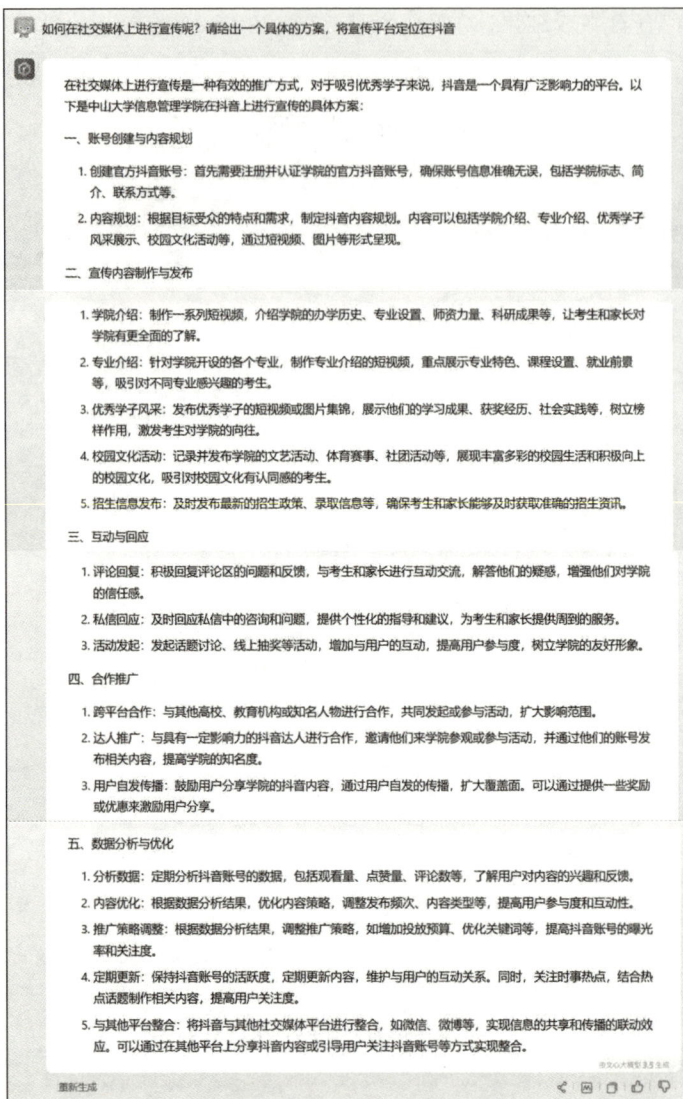

图8-29 对文心一言展开追问

8.3.4 如何用AIGC工具一键生成演示文稿？

传统模式下，制作演示文稿需要收集大量的图文素材，在初稿环节拟写大纲，在设计环节反复调整版面布局，在预演环节协调页面元素的动画效果……整个流程费时费力，而且不一定能够达到令人满意的效果。AIGC时代下，新技术新工具能够轻松地实现PPT制作。下面将重点使用3种AIGC工具一键生成演示文稿。

（1）ChatPPT。

ChatPPT允许用户通过自然指令创建演示文稿。换言之，用户不再需要费时费力地拟定大纲、安排内容、调整布局、设计动画，只需要提供主题和想法，即可获取美观、专业的演示文稿，用户后续只需要对细节进行调整即可。ChatPPT有在线体验版和Office插件版两种版本，下面将分别介绍两种版本的应用。

①在线体验版。

步骤1：登录在线体验版。

进入浏览器，输入以下网址：https://chat-ppt.com。如图8-30所示，进入ChatPPT在线体验版页面，按要求登录注册后，即可开始体验服务。

图8-30　登录ChatPPT

步骤2：输入演示文稿的主题。

点击页面中的"在线体验"按钮，进入操作区域。如图8-31所示，该界面模拟了PowerPoint等演示文稿制作软件，下方指令框会显示一些示例指令。在指令框中输入"生成一份中山大学信息管理学院招生宣传的PPT"，点击右侧"发送"按钮。

图8-31　输入演示文稿的主题

步骤3：等待AI生成演示文稿。

如图8-32所示，ChatPPT会立即开始演示文稿的设计与生产，指令框会显示进度。稍等一段时间，即可得到一份关于招生宣传的演示文稿。

图8-32　AI生成演示文稿

步骤4：下载生成的演示文稿。

ChatPPT在线体验版目前只支持免费预览前4页内容，全部内容需要下载文档查看。如图8-33所示，点击"下载PPT文档"按钮，即可将演示文稿保存到计算机中进行阅览。

图8-33　下载生成文稿

　　ChatPPT在线体验版生成的文档只有基础内容，没有设计特效和动画交互，且免费体验次数有限，次数用完后需要安装ChatPPT插件进行使用。

　　②Office插件版。

　　ChatPPT的Office插件版支持微软Office和WPS Office两款常用办公软件，它能够提供完整的演示文稿生成功能。目前ChatPPT开放了五类指令，包括文档级（演示文稿生成、风格渲染等）、页面级（生成与排版）、元素级（表格、图片、图表、文字云等）、属性级（颜色、字体、字号等）、动画级（幻灯片切换动画、元素动画等）。演示如下。

　　步骤1：登录账号。

　　如图8-34所示，安装插件后，进入PowerPoint功能区，点击"Motion Go"选项卡，按照页面提示进行登录。

图8-34　登录账号

步骤2：输入生成指令。

如图8-35所示，在"Motion Go"选项卡下的"Motion实验室"组中点击"ChatPPT"按钮，打开指令框。如图8-36所示，在指令框中输入生成演示文稿的指令，按Enter键执行指令，开始生成演示文稿。

图8-35　进入ChatPPT

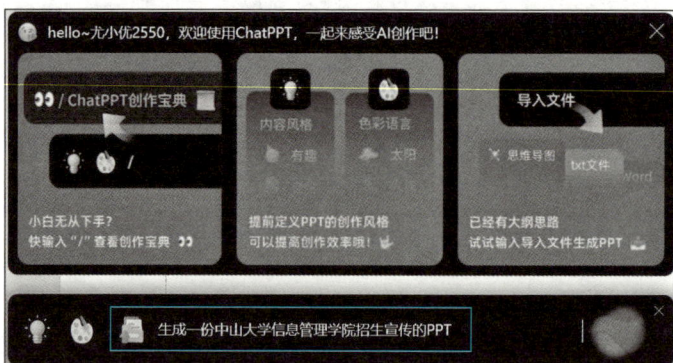

图8-36　输入指令

步骤3：选择主题。

如图8-37所示，ChatPPT会根据输入的指令生成若干个主题供用户选择。将鼠标移至任意主题上，右侧会显示编辑栏，可以对主题文字进行修改。如果不满意当前给出的主题，也可以点击左下角的"AI重新生成"按钮，重新生成主题内容。

步骤4：选择内容丰富度。

如图8-38所示，确定标题后，需要进行PPT内容丰富度的选择，有普通、中等、复杂三种程度，不同丰富度的内容，其生成速度和复杂度不同。

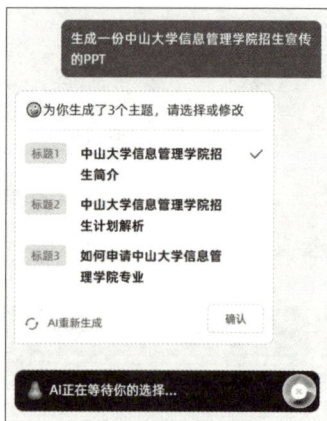

图8-37　选择主题

步骤5：确认目录大纲。

如图8-39所示，选择内容丰富度后，需要确认生成PPT目录。如果对当前结果不满意，可以重新生成。

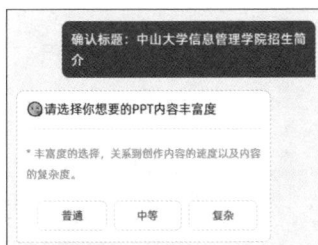

图8-38　选择内容丰富度

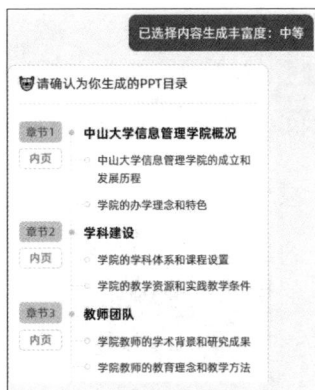

图8-39　确认目录大纲

步骤6：选择主题风格。

如图8-40所示，确认目录大纲后，ChatPPT会根据内容，生成若干个主题设计，以供用户选择。

步骤7：选择图片/图标等的生成模式。

如图8-41所示，确认所选主题风格后，需要进一步选择图片/图标等的生成模式。目前，ChatPPT提供了快速和高质量两种模式：快速模式基于AI实时语义搜索关联页面内容与资源，图片来源于AI预生成图库和无版权图库，快速无风险；高质量模式基于对应页面内容，全部采用AI实时进行绘制，可以满足语义化内容图片的输出需求，生成的质量和效果更好。

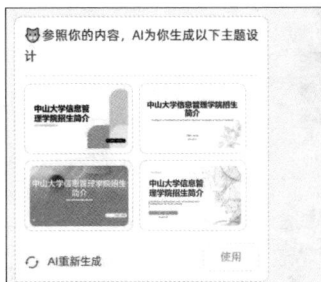

图8-40　选择主题风格

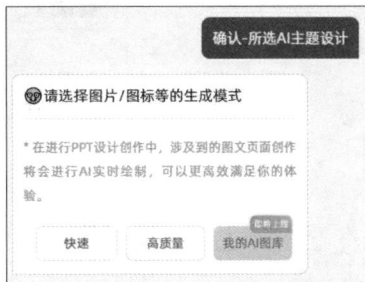

图8-41　选择图片/图标等的生成模式

步骤8：生成演讲稿。

至此，ChatPPT已经基本完成演示文稿的创作，基于已生成的内容，ChatPPT能够生成演讲稿（图8-42），结果输出在演示文稿每一页下方的备注中。

步骤9：生成演示动画。

如图8-43所示，ChatPPT还能够添加动画效果，丰富演示文稿。

图8-42　生成演讲稿

图8-43　生成演示动画

步骤10：修改主题配色。

如图8-44所示，针对已经生成的演示文稿，ChatPPT提供主题颜色的调整功能，可以根据文稿内容自动调整，或者直接输入颜色描述、色值等进行操作。

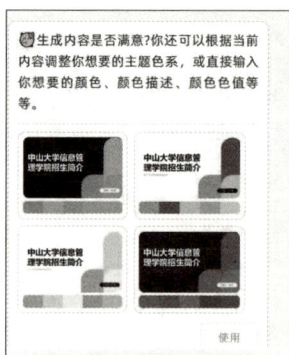

图8-44　修改主题配色

步骤11：查看生成的演示文稿（图8-45）。

上述11个步骤的操作已经实现了演示文稿的创作，之后可以随时通过下方的指令框，要求ChatPPT进行内容或者格式上的调整。

图8-45 查看生成的演示文稿

扩　展

讯飞智文

基于讯飞星火认知大模型，科大讯飞推出了智能文档创作平台——讯飞智文（图8-46，访问网址：https://zhiwen.xfyun.cn）。该平台同样能够进行PPT创作，能够将主题或长文本一键生成演示文稿，能够实现图文快速切换、AI自动配图和演讲稿自动生成的全流程自动化。

下面采用主题生成的方式，简单介绍讯飞智文工具的使用。如图8-47所示，在指令框中输入演示文稿的主题"中山大学信息管理学院招生宣传"，点击"发送"按钮后，平台会逐步生成目录大纲、主题配色方案，最终输出一份完整的演示文稿（图8-48）。讯飞智文的生成速度相对较快，内容质量也满足期望，但目前平台本身功能较少，仍有待开发。

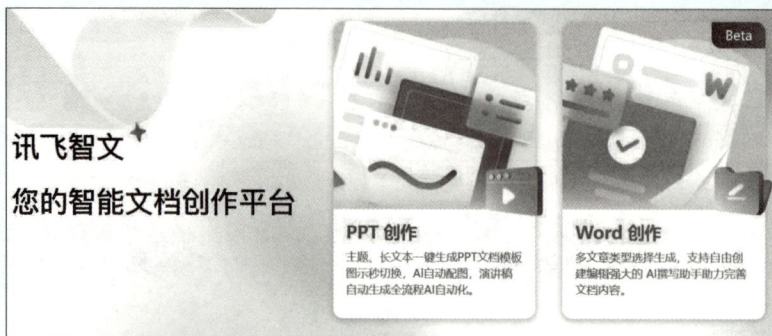

图8-46　讯飞智文平台

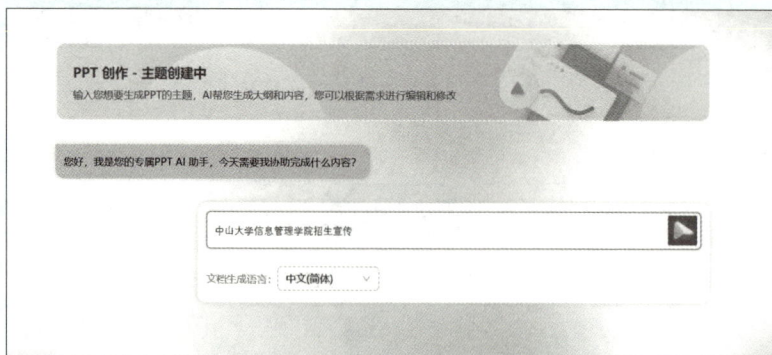

图8-47　输入主题

图8-48　讯飞智文生成结果

（2）Tome。

与ChatPPT一样，Tome也是一款演示文稿智能生成工具。用户只需输入简单的标题或描述，Tome就能快速生成一份完整的演示文稿，包括标题、大纲、内容、配图。它的特色功能包括：

①支持多种内容块的组合和排版，并能自动调整相邻内容块的大小；

②内置DALL·E（OpenAI开发的AI模型），能根据描述生成图片，有效解决幻灯片配图的问题；

③集成了Figma、Airtable、Giphy等工具，用户不必进行复杂的格式转换操作，就能直接在幻灯片中插入内容。

下面将使用Tome操作主题为"植物的光合作用机制"的演示文稿。

步骤1：创建新文档。

进入浏览器，输入以下网址：https://tome.app。进入Tome网站后，用户完成注册和登录，然后就可以选择模板或创建新文档。如图8-49所示，点击页面右上角的"创建"按钮，创建新文档。

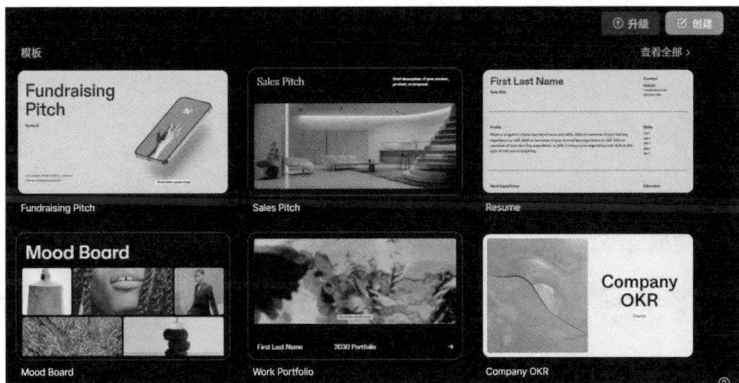

图8-49 创建新文档

步骤2：输入主题。

进入New Tome页面，如图8-50所示，在下方的指令框中输入主题"植物的光合作用机制"。因为Tome默认生成的是英文内容，因此需要加上"正文内容用中文"的指令。接着，在指令框上方弹出的多个选项中，选择创建演示文稿。

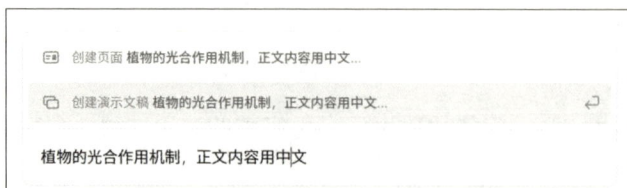

图8-50　输入主题

步骤3：生成目录大纲。

如图8-51所示，确定标题后，Tome会据此生成目录大纲。如果对当前输出内容不满意，也可以点击"重新生成"按钮。

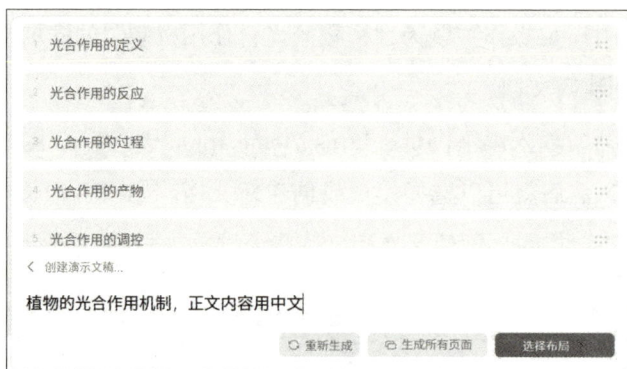

图8-51　选择目录大纲

步骤4：选择布局。

如图8-52所示，针对已生成的目录大纲，进行布局的设置，可以逐页选择，也可以直接一键生成所有页面。

图8-52　选择布局

步骤5：修改主题。

如图8-53所示，演示文稿会按照注册时用户选择的默认主题智能生成，用户可以根据需要进行调整。点击页面右侧的"调色盘"按钮，展开"设置主题"面板，在"Tome"选项卡的对应项目下拉列表框中选择一种主题，即可更改整个文稿的主题。在该面板下，还能对标题演示、段落样式等进行调整。如果只想更改当前幻灯片的主题，可以切换至"页面"选项卡进行设置。

图8-53　修改主题

步骤6：智能改写内容。

如图8-54所示，用鼠标选中任意文字，在弹出的浮动工具栏中可以设置文字属性，包括段落类型、项目编号、粗体、斜体、下划线、删除线、字距、超链接及引用等。点击最右"AI编辑"的下拉按钮，展开的列表中有改写、调整语气、修正拼写和语法、缩减、扩展5个选项，可以对文本内容进行不同层次的改写。

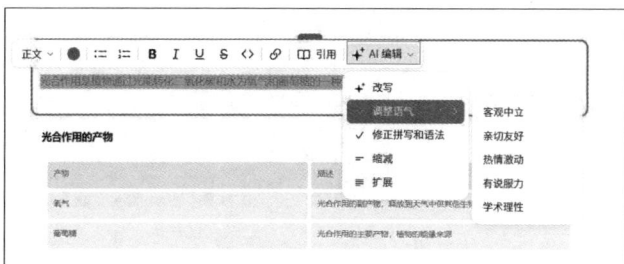

图8-54　智能改写内容

步骤7：用DALL·E生成配图。

如图8-55所示，在演示文稿页面的任意区域，在右侧菜单栏中选择"插入媒体"，点击生成图片，在指令框输入提示词后，Tome会调用DALL·E来生成图片。需要注意的是，该模块对中文文本的理解能力较弱，用英文提示词效果更佳。

图8-55　用DALL·E生成配图

步骤8：插入配图。

如图8-56所示，稍等片刻，面板中会显示4幅AI生成的图像以供选择。点击任意图像，即可添加到幻灯片中。

图8-56　插入配图

步骤9：修改幻灯片。

如图8-57所示，和其他演示文稿的创作工具一样，Tome具备幻灯片编辑修改的基本功能，包括插入幻灯片、新增幻灯片、布局设置等。

图8-57　修改幻灯片

步骤10：分享演示文稿。

如图8-58所示，用户可以通过链接和二维码两种方式分享演示文稿。点击页面右上角的"分享"按钮，在展开面板中选择"二维码"或"复制链接"按钮，即可进行分享。

图8-58　分享演示文稿

Tome在文字和图像的生成方面具有强大功能，且提供了iOS移动设备的App，方便用户随时进行演示文稿的创作，但它的不足之处在于没有动画和特效功能，生成内容的展示效果不佳。

扩　展

Gamma

　　Gamma是一款能够一键生成演示文稿的工具，可以帮助用户轻松创建内容丰富且布局美观的演示文稿（访问网址：https://gamma.app）。它提供了直观的用户界面和简洁的操作流程，内置多种演示文稿模板和设计风格，还可以根据用户提供的内容，个性化生成幻灯片元素。同时，Gamma支持在Windows、Mac、iOS和Android等多种操作系统或设备上使用，用户可以随时随地创建和编辑演示文稿。

　　本案例将利用Gamma一键式生成以"植物光合作用机制"为主题的演示文稿。如图8-59和图8-60所示，在平台的指令框中输入主题后，Gamma会生成目录大纲，之后要求用户设置文本内容（内容丰富度、受众、语气等）、幻灯片生成模式（一键生成所有幻灯片、逐页生成幻灯片）和主题风格，Gamma即可输出完整的幻灯片内容。如图8-61所示，针对已经生成的演示文稿，Gamma还提供了AI编辑功能，能够用AI助手来辅助优化演示文稿。总体而言，Gamma生成演示文稿的速度较快，且输出质量高，但采用积分付费机制，有一定门槛。

图8-59　输入主题

图8-60 生成设置

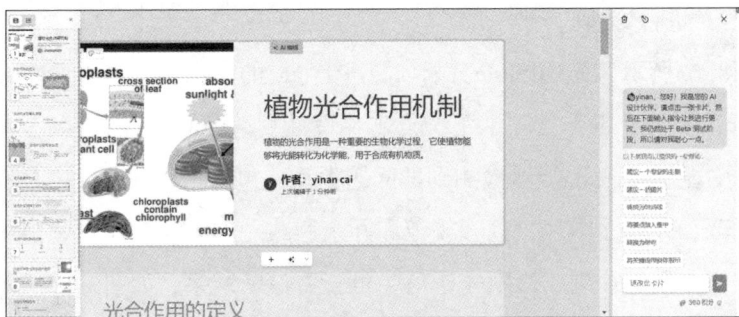

图8-61 AI编辑

（3）iSlide。

iSlide是一款辅助演示文稿设计的插件，支持微软Office和WPS Office。iSlide主要解决文稿设计中存在的效率不高、专业度不够、素材欠缺等问题，主要有以下特色功能：

①诊断演示文稿中存在的问题，并给出优化方案；

②提供便捷的排版设计工具，能快速统一字体格式和段落格式、快速调整元素的尺寸和布局、快速对齐元素等，让用户不再需要徒手拖动排版；

③提供丰富的素材资源库，包括主题、配色、图示、图表、图标、图片等。

本案例将使用iSlide对ChatPPT生成的"中山大学信息管理学院招生宣传"演示文稿进行优化。

步骤1：登录账户。

进入浏览器，输入以下网址：https://www.islide.cc，下载并安装好iSlide。如图8-62所示，用PowerPoint打开原始文件，切换至"Slide"选项卡，点击"登录"按钮，在弹出的界面中完成账号的注册和登录。

图8-62　登录账户

步骤2：进行诊断。

如图8-63所示，先用iSlide分析ChatPPT生成的演示文稿，看看存在哪些方面的问题。在"iSlide"选项卡下，点击"设计"组中的"PPT诊断"按钮，弹出对话框中显示了iSlide能够检测到的问题类型，包括字体规范、占位符规范、参考线规范、大尺寸图片、色彩规范和冗余版式。如图8-64所示，点击"一键诊断"按钮，稍等片刻，诊断完毕后，可查看诊断结果，如图8-65所示，存在问题的下方"优化"按钮会变为可用状态。

图8-63　进行PPT诊断

图8-64　PPT诊断内容

图8-65　查看诊断结果

步骤3：字体优化。

点击"当前使用了6种字体"下方的"优化"按钮，弹出"统一字体"对话框，中文字体默认为"微软雅黑"，英文字体默认为"Arial"，点击"应用"按钮，即可完成字体优化，如图8-66所示。

步骤4：版式优化。

点击"未开启参考线设计布局"下方的"优化"按钮，弹出"智能参考线"对话框。在"设置参考线"下拉列表框中选择预设的"标准（推荐）"选项，即可完成参考线设置。点击"存在未使用的冗余版式"下方的"优化"按钮，弹出"PPT瘦身"对话框。勾选"无用版式"，点击"应用"按钮，即可删除勾选项目，如图8-67所示。

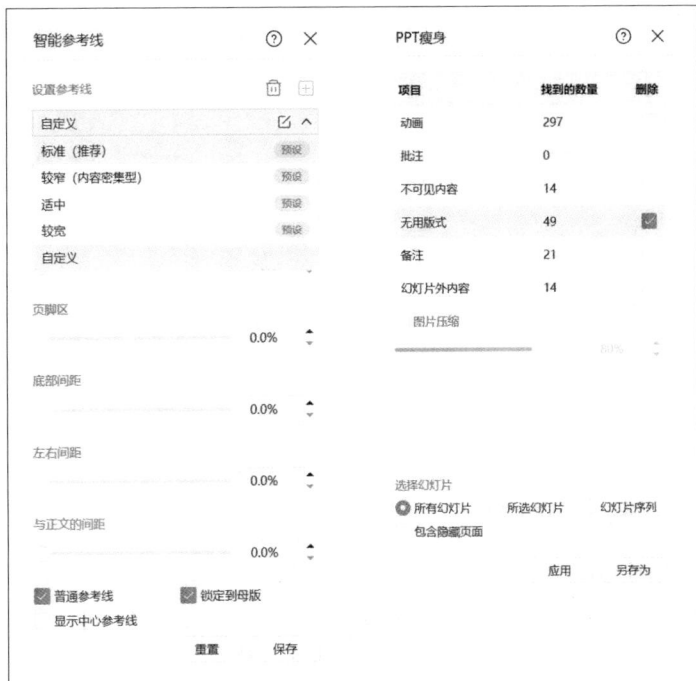

图8-66　字体优化

图8-67　版式优化

步骤5：统一段落格式。

点击"设计"组中的"一键优化"按钮，在展开列表中选择"统一段落"选项，弹出"统一段落"对话框，设置"行距"为1.25，"段前间距"和"段后间距"为1，默认应用于所有幻灯片，点击"应用"按钮，即可完成优化设置，如图8-68所示。

步骤6：文本转化。

在演示文稿的第二页，选中"目录"文本框，在右侧设计工具中的"拆合"选项组，点击"拆分单字"按钮，将"目录"二字拆分为两个单独的文本框。如图8-69所示，在"矢量"选项组中，点击"文字矢量化"按钮，将文本转换为矢量图形。点击"联合"按钮，合并图形，再插入合适图片进行填充。

图8-68　统一段落格式

图8-69　文本转化

步骤7：智能选择图形。

如图8-70所示，选中第一个图形，在"设计工具"窗格中点击"选择"组中的"智能选择"按钮，在弹出的对话框中勾选"相同形状"和"相同填充"复选框，点击"选择相同"按钮，当前幻灯片中与所选图形具有相同形状和填充属性的图形都会被选中。

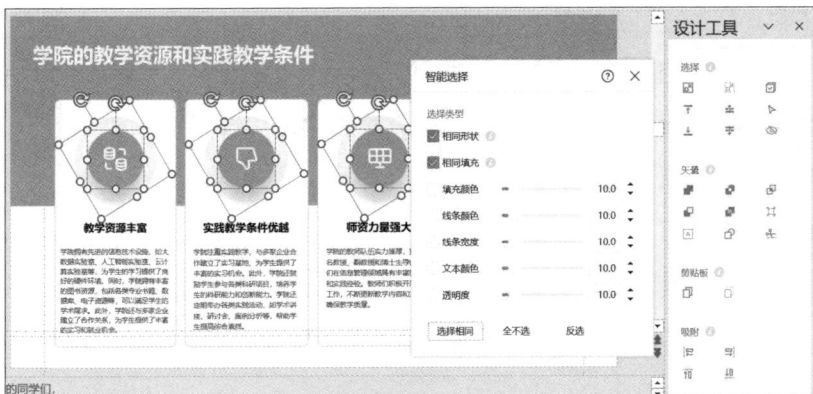

图8-70　智能选择图形

步骤8：将所选图形替换为资料库中的图标。

如图8-71所示，在"iSlide"选项卡中点击"资源"组中的"图标库"按钮。在"图标库"窗格中，点击某个图标，即可将所选图标进行替换。

图8-71　图标替换

步骤9：将文本框对齐到参考线。

如图8-72所示，在幻灯片中选中正文内容文本框，点击"设计工具"窗格中"参考线布局"组的"对齐到参考线区域的水平中心"图标，即可将文本框对齐到参考线。

图8-72　文本框对齐

步骤10：通过资源库替换图片。

如图8-73所示，选中幻灯片中的图片，在"iSlide"选项卡下点击"资源"组的"图片库"按钮，在"图片库"窗格中用关键词检索到合适的图片，点击图片即可完成替换。

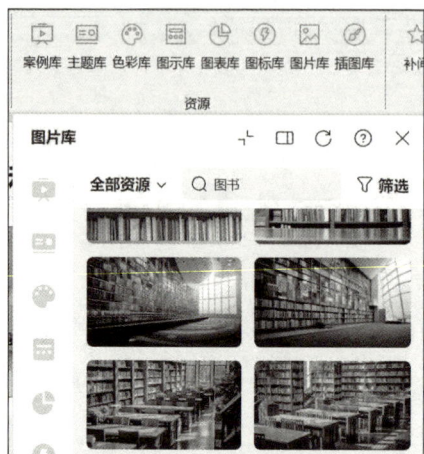

图8-73　替换图片

9

AIGC助力教育公平

9.1　AIGC与教育公平的耦合

　　技术的发展和应用虽然能够直接提高生产效率和生活水平，但人们依然关心技术的伦理问题，例如技术如何促进或阻碍社会公平。AIGC等人工智能技术也不例外，尽管这些技术的不恰当使用会产生新的社会鸿沟，阻碍社会公平，但是对其进行合理使用仍然能够助力教育公平，创造良好的社会价值。AIGC等人工智能技术的使用能够助力教育过程中平等性公平、差异化公平和包容性公平的实现。[①]

9.1.1　AIGC与平等性公平

　　从教育资源分配的视角上看，平等性公平是确保基础教育资源得到基本均等配置或普及化的关键。在我国的教育体系中，九年义务教育的实施是确保所有公民能够平等享受教育资源的重要举措，它代表了实现教育起点公平中"有学上"这一历史性的进步。然而，平等性公平不仅仅停留在资源的分配层面，它还深入课程活动或内容设计的层面，强调每个学习者都应享有平等的学习机会，例如参与互动交流的机会，以及保障学习权利，如参与权和发言权。此外，对于弱势群体或个人，平等性公平还要求在教育过程中提供适当的差异性

[①]　郝祥军，顾小清. 技术促进课程创新：如何走向教育公平 [J]. 中国电化教育，2022(6)：71-79.

补偿，如提供课外辅导等，以确保他们能够与其他学习者一样获得公平的教育机会。这些方面共同构成了从教育资源角度探讨课堂公平的核心要义。

显然，基于包括人工智能在内的多种信息技术的数字化教育有力地促进了教育资源分配的公平。数字化课程和工具在教与学方面的变革潜力正受到全球各国的重视。为了扩大学习机会和改善教师实践体验，很多国家正在积极开发数字化课程。

从教育公平性的角度来看，数字化课程具有明显的优势，能够显著扩大优质教育资源的覆盖范围，使得更多学生有机会接触和共享这些资源。我国在《中共中央关于全面深化改革若干重大问题的决定》中，明确提出了要大力促进教育公平，构建利用信息化手段扩大优质教育资源覆盖面的有效机制，逐步缩小区域、城乡、校际差距的目标。2022年3月上线的"国家智慧教育公共服务平台"[①]正是我国在教育信息化领域取得的显著成果，它充分展示了如何利用信息化手段建立数字化教育资源的共建共享机制与平台。此外，AIGC等人工智能技术不仅促进了区域、城乡、校际的资源共享和互联互通，还通过异地远程同步的混合研修、同步课堂、专递课堂等多种活动形式，有效地推动了教育的交流与合作，朝着实现教育公平的目标迈进。

9.1.2　AIGC与差异化公平

教学过程中尊重学生间的差异同样是实现教育公平的重要路径，即实现差异化公平。[②]差异化公平是指从学生个体的兴趣、性格、习惯等学习品质差异出发，致力于实现个性化教育。教学过程中，实现差异化公平的关键在于提供个性化的教学支持，确保每位学生都能获得与其自身能力和需求相匹配的教学内容，从而使所有学生都能达到预期的学习成果。差异化公平的内涵在于将差异化教学的理念贯穿于课程设计的始终，这要求教师需要根据不同学生的特点和需求，对课程的内容、时间安排以及教学方法进行灵活调整，以提供多样化

---

① 来源：https://www.smartedu.cn/。

② 徐果. 基于信息技术的差异教学助力教育公平发展研究 [J]. 中国现代教育装备，2023(20)：18–20.

的学习选择，从而充分发挥每个学生的才能和潜力。

显然，在实现差异化公平的过程中，基于学生真实数据分析与智能推荐的AIGC等人工智能技术具有先天的优势。大数据、人工智能等技术能够迅速处理和分析教师和学生的行为、表情、姿态等多元数据，进而挖掘潜在的多元需求和教学规律。这些技术为教育过程注入了新动力，使得课程设计、考核评价以及教学资源推荐等更加个性化。个性化教学以学生为中心，尊重并接纳他们在学习方式、学习需求、学习效率以及知识、技能、态度和价值观等方面的个体差异。它允许学生根据自身的特点和需求，在一定程度上自主选择和调整学习方式，从而更好地适应学习内容。个性化教学的创新之处在于，它不仅借助技术让学生在任意时间、任意地点、以任意方式自由学习，还考虑到了学生的先前知识和兴趣，为他们提供个性化的指导和反馈。

9.1.3　AIGC与包容性公平

差异化公平意味着教育应该根据学生的个性特点进行定制，以满足他们的不同需求。与此同时，课程设计中的包容性则强调为所有学生群体提供高质量的课程，不论他们的身份背景（如贫困生、少数民族学生、留学生等）如何或者是否存在生理差异（如特殊教育学生）。这种包容性旨在消除文化和身体障碍，包括偏见和歧视，确保每个学生都能享有公平的课程待遇。因此，包容性教育不仅承认和重视学生群体之间的差异，还将这些差异纳入教学设计之中，尊重并包容不同群体学生之间的多样性。这样的教育理念让每个学生都能从学校生活中获得丰富多彩的教育体验。

AIGC等人工智能技术同样能够针对不同群体学生的差异助力提供丰富的教学工具。例如基于AIGC的信息智能转换及生成技术，能够便利不同语言文化背景学生或视听障碍等特殊学生在受教育过程中的信息获取和交流，基于AIGC的交互机器人也可以对来自偏远地区具有沟通障碍或心理障碍的学生提供心理疏导和交互陪伴，在帮助不同群体学生平等地接受教育方面具有很大作用。

9.2 AIGC助力教育资源分配公平性

9.2.1 优质教学资源的共享使用

城乡之间的教育资源分配不均一直是影响教育公平性的重要问题。在许多地区，城乡之间的教育资源差距导致了学生的学习机会和质量存在显著的差异。然而，随着人工智能技术的不断发展，这种城乡间的教育资源分配界限正在逐渐被打破，为提高教育公平性带来了新的可能性。[①]

远程教育是人工智能技术在教育领域的一个重要应用，也是最早致力于教育公平的应用之一。通过远程教育，城乡学生不再受地理上的限制，都可以获得高质量的教育资源。这为打破城乡间资源分配界限，促进教育公平性提供了有力支持。例如，成都市第七中学（简称成都七中）通过全日制网络直播课，将优质教学资源带到偏远地区，让很多贫困偏远山区的广大师生受益。自2002年开办全日制远程直播教学网校以来，全日制网络直播课的覆盖范围已经辐射到了中国11个省、2个自治区和重庆市，为全国309所学校、近10万名学生提供了优质的教育资源，每天有接近10万名学生与成都七中的学生同堂上课，其中部分受教育的高中学生被北京大学、清华大学等知名高校录取。通过同时备课、同时授课、同时作业、同时检测这"四个同时"，让贫困偏远地区的教师仿佛亲临成都七中最真实的教学环境，实现了优质教育资源的共享，增加了不同学生接受优质教育的平等机会。

除了能够缩小教育的城乡差距外，优质教学资源的开放共享还能够促进校际资源使用，并打破教学时间限制。2012年开始，大规模开放在线课程（MOOC）这一新型开放式教育形态的兴起和发展，对互联网教育产业产生了深远的影响。MOOC凭借其丰富的教育内容、灵活的教学形式、创新的教学方法，以及满足个性化、多样化的发展需求的能力，受到了广泛的关注。随着"互联网+教育"模式的普及，国内涌现出了多种形式的教育实践，如微课、

---

① 邱利见，刘学智. 人工智能时代的乡村教育振兴：机遇、挑战及对策 [J]. 教育学术月刊，2023(5)：47−53.

视频公开课和慕课等，这些教育实践覆盖了教学的全过程，包括教学、学习、测试、评估、练习和教务管理等全业务链。借助数字教育资源和教育服务平台，我们正在积极探索网络化教育的新模式，旨在扩大优质教育资源的覆盖范围。这种新模式可以使不同背景的学生都能享受到同样优质的学习资源，而且不受传统教学的时间限制，可以随时随地进行学习。这不仅促进了教育公平，还使得学习变得更加便捷和高效。

9.2.2　虚拟交互技术提升学习体验

除了可能无法共享课程教学资源外，偏远地区的学校往往会因教育经费、教学场地、实验设备等配置不足，无法按计划开设课程和开展教学实验。虚拟现实等技术在远程学习领域有着巨大的潜力，借助虚拟现实技术有助于弥补偏远地区学校课程开设与教学困难、场馆教育资源短缺等方面的不足，保障学生获得公平的教育。虚拟现实在远程教育中的应用案例表明其支持的远程教学为偏远地区学生的学习机会获得、通识能力与综合素养提升提供了有力帮助。

AIGC凭借其强大的信息搜索、语义分析、逻辑推理、数据分析等能力，对城乡教育共同体在课堂教学与组织、课后辅导、教学评价等未来的混合式教学将产生深刻影响。在教师发展层面，基于AIGC的智能教学代理等技术手段解决了乡村教师结构性缺编的问题，通过AIGC+元宇宙技术范式构建虚拟教研室，支持城乡教师协同专业发展；在学生学习层面，以AIGC仿真多重角色作为镜像主体，可以创设平等的学习环境，减小因身份带来的心理不平衡。

例如，浙江省利用教育魔方等平台积累和串联了基础性数据，在此基础上迭代AIGC的应用价值，开发智能元宇宙学习平台，让城乡师生能在同一个虚拟学习场景中进行科学实验和实时教研。AIGC数字虚拟教师可以根据数据训练，24小时提供个性化教学服务。除此之外，乡村教师通过利用AIGC智能建模能力挖掘乡村的生产环境、自然景观和人文资源等案例，满足了城市师生调用乡村特色资源的需求，破除知识"城本"的价值取向，重建农村教育文化自信，在去中心化环境中实现城乡共生型的知识共创。

此外，基于AIGC的智能交互还可以为乡村孩子提供更贴心的心理关怀。

随着工业化和城镇化的快速发展，大量劳动力外出使得留守儿童问题愈发严重。由于缺乏父母的陪伴，这些留守儿童心理需求往往无法得到及时满足。由于儿童身心发展尚未成熟，他们容易产生各种不良情绪和行为问题。AIGC在关注学生心理健康方面能够发挥重要作用。通过智能化数据库，可以全面记录和分析儿童的学习和生活情况，有效的数据记录有助于及时了解其心理状况，促进家长、教师与孩子之间的沟通交流。利用语音交互功能，AIGC可以扮演孩子的智能导师和伙伴的角色，在一定程度上缓解留守儿童因父母无法陪伴而产生的孤独感。当儿童出现心理孤僻、不爱与人交流的问题时，人工智能技术能够从他们的表情和生理特征中察觉出异常状况，并从资源库中调用相关知识进行心理干预，引导儿童保持积极健康的心态。

9.3 AIGC赋能教育过程公平性

9.3.1 客观数据分析减少对学生的偏见

基于客观数据评价的智能数据分析技术为减少教师对不同学生的偏见、实现教育公平提供了新的可能性。在传统教育中，教师往往依靠个人经验和直觉来评价学生，容易导致主观偏见的产生。例如，教师可能因为学生的外貌、家庭背景、学习成绩等因素而对他们产生偏见。这种偏见会影响教师的教学态度和方法，进而影响学生的学习成果。

基于客观数据评价的智能数据分析技术可以有效地减少教师对不同学生的偏见。通过收集和分析学生的客观数据，如学习成绩、课堂参与度、作业完成情况等，教师可以更加全面地了解学生的学习状况和发展趋势。这种基于数据的评价方式减少了教师的主观臆断，从而降低了教师对学生产生偏见的可能性。通过收集的客观数据，AI技术可以生成一个全面的学生画像，这个画像不受教师主观偏见的影响，而是基于实际数据形成的。

智能数据分析技术还能帮助教师发现隐藏在学生群体中的优秀人才。智能数据分析可以帮助教师收集、整理和分析学生的各种数据，如学习进度、知识点掌握情况、学习风格等，为教师提供更全面的学生情况，帮助他们做出更公正、更客观的决策。一方面，无论学生的背景和成绩如何，智能分析技术使得每个学生都有机会展示自己的才华和能力。另一方面，通过数据分析发现的教育问题可以为政策制定者提供依据，推动教育改革和资源分配的优化，从而进一步实现教育公平。

9.3.2　个性化教学尊重学生差异

一直以来，在教学实践中，许多教师采用统一的教学目标、教学内容、教学方法、教学进度以及评价方式，学生的差异很容易被忽视，或教师把差异看成教学负担甚至力图消除差异，又或者教师虽承认差异但不知如何对待差异。长此以往，学优生更优秀、学困生则会越落越远。教育公平的实现离不开教育质量的保证，而尊重学生差异、实施差异化教学是提升教学质量的重要途径。

随着教育的普及，学生结构日益多样化。传统学习中无差别的课堂教学内容和任务，难以满足不同学习速度学生的需求，导致部分学生感到"吃不饱"，而另一部分学生则"吃不消"，严重制约了学生的发展。为了实现高效的课堂，教育应始终以学生为中心，确保每个学生都能得到充分的发展。学生的差异不仅是差异教学的起点，更是其最终目标。教师可以通过教学经验或数据分析，全面了解学生在学习品质、认知准备和学习动机等方面的差异，进行针对性的学情分析，确保教学的有效性。智能数据分析技术可以迅速识别学生的个体差异，实现基于学生学习情况的教学，从而激发学生的内在学习动机，促进他们的全面发展。

例如，利用人工智能技术的在线学习平台能够根据学生的学习进度、学习风格和能力水平等要素，为其智能推荐相应的课程和学习资料。此外，该平台还能依据学生的学习数据和行为，提供实时的学习反馈和评估报告。这不仅有助于学生及时了解自己的学习状况，还为其提供了改进建议和学习指导。对于学习进度落后的学生，系统可以提供额外的学习资源或者调整教学策略；对于学习风格独特的学生，系统可以推荐相应的学习方法和资源。这种个性化教学有助于满足不同学生的需求，减少因刻板印象而导致的教育不公。这种智能推荐的方式不仅能提高学生的学习效果，更能激发他们的学习兴趣和积极性，从而实现每个学生潜能的最大化发挥。

教育学家加德纳曾言：每个孩子皆为潜在的天才，只是其表现形式各异。他指出，每个人都同时拥有八种智能，每个人的优势智能都不同。在传统教学中，教师通常以语言智能和数理逻辑智能为核心进行评价。然而，那些在这种评价体系中被定义为学业失败的学生，只是表明他们的语言和数理逻辑智能并非是优势智能。如果采用多元化的评价方式，这些学生将更有可能获得更为科学的评价。因此，多元化评价拓展了学生获得成功的领域和机会，有助于促进教育的公平性。在人工智能技术的支持下，多元化评价能够使评价主体从多个维度全面了解学生个体，进而采取有针对性的教学措施，满足学生的全面发展与个性成长需求，有助于激发学生的潜能，提升他们的能力，最终实现教育的公平性。

9.4 AIGC赋能特殊教育

特殊教育一直是一个备受关注且充满挑战的领域。特殊学生由于身体、智力或情感上的缺陷，需要更加个性化和定制化的教育服务。近年来，人工智能技术的飞速发展，尤其是AIGC技术的出现，为特殊教育带来了前所未有的机遇，也是助力教育公平的重要方面。[①]

9.4.1 智能识别技术打破信息沟通障碍

AIGC等人工智能技术可以为特殊学生提供智能辅助教学，通过不同形态信息的智能转换，帮助他们克服学习中的困难。AIGC技术可以为他们提供语音识别和语音合成等功能，帮助他们克服沟通障碍。例如，对于听觉障碍的学生，语音识别技术可以将语音转化为文字，帮助他们理解交流的语音；而对于视觉

---

① 王正青，于天傲. 人工智能技术如何赋能特殊学生教育：基于美国中小学的实践经验 [J]. 现代远距离教育，2022(5)：42-49.

障碍的学生，利用语音合成功能，可以将文字转换为声音，帮助学生进行沟通和交流。

例如，北京联合大学特殊教育学院介绍，"手语表达传输的效率相对较低，老师边讲课边打手语，一节课能够传递的信息量非常有限，引入了人工智能语音转换之后，在授课过程中，老师同样要用手语，但是提供了多种信息接收渠道，可以让学生更加高效、准确地把握到学习的信息。"同时，人工智能语音转换功能的引入也能够照顾到个体差异，满足不同学生的需要。北京联合大学特殊教育学院为每位盲生配备了阅读终端产品，帮助盲生畅听任何电子书籍。同时为每位盲生配备一台专用电脑，并安装了读屏软件，盲生可以听到屏幕上的信息进而开始相关操作。

AIGC技术通过提供图像及视频内容识别和描述等功能，帮助具有视觉障碍的学生在一定程度上克服视觉障碍。通过使用图像机视频内容识别技术，具有视觉障碍的学生可以更好地理解图像中的内容，提高对事物的认知和理解能力。图像或视频描述生成技术可以根据图像内容生成详细的文字描述，帮助学生理解图像或视频中的内容；根据图片或视频生成详细的文字描述，帮助学生回答问题。通过使用图像描述生成技术，具有视觉障碍的学生可以更加方便地获取图像或视频中的信息，提高学习效果和知识获取的效率。

例如，美国Texthelp公司开发的Fluency Tutor "流利导师"智能辅助系统，利用文本转语音、智能词义解释和翻译工具等功能，帮助特殊学生更好地理解文本内容，使其顺利完成阅读任务，增强他们的阅读信心。自2018年以来，该智能辅助系统已被广泛应用于多所学校，在这些学校中，有24%的学生是具有特殊需求的学生。为了更好地服务这些学生，Texthelp公司还推出了"1∶1设备计划"，为每所学校的每位学生配备一台笔记本电脑，并在电脑中预装了该智能辅助系统。这一计划不仅将该智能辅助系统更普遍地融入日常教育教学之中，还为学生提供了强有力的阅读支持。此举极大地提高了特殊学生的课堂参与度，并显著提升了他们的阅读成绩。

9.4.2　智能分析技术促进精准化教学

智力障碍学生面临的主要挑战是智力发展受限，需要更加个性化和定制化的教育服务。AIGC技术可以为他们提供智能辅助教学和个性化学习路径定制等功能，帮助他们克服智力障碍。智能辅助教学可以根据学生的学习情况和需求，为他们提供个性化的教学方案和辅导支持。例如，美国Education Modified公司开发了EdMod系统①，它能够从各个地区或学校的个别化教育计划系统中自动提取特殊学生的相关信息和数据。这些信息经过整理后，以一种便于教师获取的形式呈现，有助于教师更好地了解班级中特殊学生的诊断结果、行为表现以及所采用的辅助方式。EdMod系统不仅能帮助教师制定符合学生个性化需求的教学目标，还提供了一系列工具来监控学生的学习进度。它还具备存储过程性材料并展示可视化进度的功能，为特教教师和普教教师之间的协作提供了便利，显著提高了他们的工作效率。最后，系统还提供了超过350种教学策略，使教学可以更加贴合特殊学生的学习需求。其中，纽约市帕维特许学校（PAVE Charter School）于2020年1月开始使用EdMod系统，制定所有特殊学生的数字化信息，以此作为开展特殊学生个别化教育计划的依据，更好地满足学生的学习需求和实现辅助支持和进度监控目标。

9.4.3　智能交互技术提供特殊关怀

特殊学生群体在社交和心理方面往往面临较大的挑战，需要更多的关注和支持。AIGC技术可以为他们提供有效的社交辅助与心理支持。智能聊天机器人可以作为特殊学生的社交伙伴，与他们进行互动和交流。这种交流方式可以帮助学生提高社交技能，增强他们的情感表达能力。通过与机器人交流，学生可以逐渐学会如何与人沟通、表达自己的想法和情感，从而更好地融入社交环境。交互式机器人与儿童的互动式治疗，能够训练并发展特殊儿童的社会行为。2005年以来，美国南加州大学开展了社会辅助机器人（Socially Assistive

---

① 来源：https://educationmodified.com/how-we-help/。

Robots，SAR）的开发与应用研究[①]，其主要支持对象为障碍和孤独症谱系障碍（Autism Spectrum Disorder，ASD）儿童，其目的是通过模拟社会交往模式来促进ASD儿童认知与社会能力发展。2017—2019年，该研究团队又开发了社会辅助机器人Kiwi，ASD儿童可以通过与机器人对话来锻炼表情识别能力与言语表达能力。随着增强现实与虚拟现实技术的广泛应用以及智能可穿戴设备的发展，南加州大学研究团队在已有成果的基础上研发了基于混合现实的社会互动机器人导师Kuri，用以探索机器人学习同伴在情绪与情感表达方面与人交互的新模式。

类似地，我国常熟理工学院团队也研发出了一款名为"闹闹"的人形机器人，为特殊教育带来了全新的教学体验。通过与教师的紧密配合，"闹闹"引领学生参与了多种教学活动，如"点名""听口令""看图说话"和"小组体验"等。这种新颖的教学方式成功地吸引了学生的注意力，使他们更加专注于课堂内容。更重要的是，机器人授课形式有助于特殊学生更好地融入课堂，参与学习过程。这种创新的互动教学方式有可能提高孤独症孩子的社交能力，促使他们更好地融入社会。

同时，心理辅导机器人可以为有心理障碍的学生提供个性化的心理疏导和支持。这些机器人可以根据学生的具体情况和需求，提供相应的心理辅导和建议，帮助他们缓解焦虑、抑郁等情绪问题。通过与机器人的交流，学生可以逐渐掌握应对心理压力和情绪困扰的方法，提高自我调节能力，从而更好地应对生活中的挑战。AIGC技术的社交辅助与心理支持可以为特殊学生群体提供更加全面和个性化的支持。这种支持不仅有助于提高学生的社交能力和心理能力，还可以帮助他们更好地融入社会，实现自我价值。

此外，特殊学生的教育不仅仅是学校和教师的责任，更需要家长和社区的支持与合作。AIGC技术可以为家校合作和社区支持提供更加便捷和高效的方式。例如，通过智能通信工具和在线平台，家长可以更加方便地了解孩子的学习状况和进步情况，与教师和其他专业人士进行交流和合作。同时，社区也可以为特殊学生提供更加全面的教育和支持服务，帮助他们更好地融入社会。

---

① 来源：https://rasc.usc.edu/。

10

发展建议与展望

10.1 发展建议

10.1.1 防范AIGC的潘多拉效应

在探讨AIGC技术巨大潜力的同时，我们也必须正视其可能带来的潘多拉效应，即一旦技术被滥用或不当管理，可能产生一系列难以预测和控制的负面后果。

在AIGC教育应用的安全风险上，学者们大多关注人工智能教育应用面临的传统信息安全攻击风险，如信息泄露、网络攻击等。AIGC在教育中的应用需要收集和分析大量的学生数据，包括学生的学习习惯、成绩表现和个人信息。教育机构对第三方在未经同意的情况下如何正确地使用学生数据表示担忧。在人工智能教育的伦理问题上，有不少学者表达了对人工智能与教育融合创新所带来的道德失范与伦理失常问题的担忧。首先，学生可能会依赖AIGC技术，学业诚信将遭到质疑。在体验过快速获得答案和解决方案后，学生的批判性思维和解决问题的能力可能会下降。其次，AIGC生成的教学内容可能存在错误信息或内含偏见，这些问题源自训练数据的选择和算法设计。错误的信息或含有偏见的内容可能会误导学生，影响他们的世界观和价值观[①]。

①　王佑镁，王旦，梁炜怡，等."阿拉丁神灯"还是"潘多拉魔盒"：ChatGPT 教育应用的潜能与风险 [J]. 现代远程教育研究，2023，35（2）：48-56.

防范的措施随之而来。2023年4月11日，国家互联网信息办公室发布《生成式人工智能服务管理办法（征求意见稿）》[①]，该办法是国内生成式人工智能领域的首份监管文件。同一天，美国也传来考虑出台措施监管人工智能的消息。据《华尔街日报》报道，美国商务部就人工智能问责措施正式公开征求意见，包括有潜在风险的新人工智能模型在发布前是否应该通过认证程序。此外，英国、意大利、加拿大等国也先后宣布收紧人工智能的监管政策。

除国家层面出台针对安全和伦理的相关政策文件外，教育活动的参与者在将AIGC用于教学时也应该有针对不同问题的对策。比如面对学术不端，一些教育机构和出版社已经开始限制这些工具的使用。但是，与其限制，不如引导。教育界需要集中精力制定有效的应对策略。一方面，应加强学生的诚信教育，引导他们认识到学术诚信的重要性及违背学术诚信所带来的严重后果，同时鼓励学生坚持原创。另一方面，教师应更新教学方法，设立清晰的目标和指引，监控学生的学习进程，并定期检查学生的作业，以及时发现并解决问题。同时，研究机构和企业也应致力于开发和完善用于检测学术诚信的工具，以识别出那些借助ChatGPT等工具撰写的作业。例如，Turnitin已承诺将在2023年引入新的AI生成文本检测功能，以帮助应对学术不诚实行为。

此外，教师也必须明确自身与生成式人工智能在教育环节中的角色和职责，要明确AIGC仅仅是教学的辅助手段，而教育的核心是人。教师依然要在教育活动中起到一定的主导作用。学生可以将生成式人工智能视作学习的辅助工具，但必须避免过度依赖。这需要教师、家长对其进行正确地引导。必要时，教育机构也应对教师和家长展开培训，最大限度地利用AIGC给教育带来优势，同时避免损害学生的批判性思维。

10.1.2　AI与碳排放及绿色可持续发展

AI模型的训练消耗大量算力，造成惊人的碳排放。马萨诸塞大学阿默斯特

[①]　国家互联网信息办公室.国家互联网信息办公室关于生成式人工智能服务管理办法（征求意见稿）公开征求意见的通知 [EB/OL].（2023-04-11）[2024-02-19]. http://www.cac.gov.cn/2023-04/11/c_1682854275475410.htm.

分校的研究人员对几种常见的AI训练模型进行了生命周期评估。他们发现该过程可排放超过626000磅（约283949千克）的二氧化碳当量，相当于美国普通汽车生命周期排放量的5倍[①]。在对Transformer、ELMo、BERT、GPT系列训练过程碳排放的研究中，人们发现，模型计算和环境成本与模型大小呈正比，以GPT-3为例，其训练所排放的二氧化碳当量为552吨。据估计，目前AI的能源消耗约占全球能源消耗的3%，而据此推断：直到2025年，AI将消耗15%的全球电力供应，这意味着AI的快速发展将对能源消耗和环境产生巨大的影响。此外，除了硬件开发所必须投入的"固定碳成本"以外，对于人工智能日常环境的维护投入也不容小觑，而随着AI算力的提升，这一问题将会更加严重。目前针对人工智能高碳排放的问题，有以下解决的方案和建议：

（1）提升模型训练效率。

模型训练过程中影响碳排放的因素包括：模型参数数量、模型架构、模型量化（数字精度）、所用GPU或其他硬件的效率、所用电力的碳强度[②]。

首先，针对模型参数和结构造成的碳排放，可采取的方案包括调整模型参数数量和优化模型架构。模型参数数量和模型架构对计算密集度具有显著影响，因此在人工智能系统的碳排放减少策略中，采用更为简洁的模型架构可能是最为有效的途径之一。尽管基于GPT的Transformer在性能上表现卓越，但对多数应用场景而言，简化版的模型已经能达到良好的效果。比如，ChatGPT等被视为"通用型"模型，广泛适用于多种应用领域。然而，在特定任务场景下，采用复杂模型可能并非必要，针对特定任务定制的模型，通过更加简单和精简的架构，也能实现所需性能目标，并相应降低碳排放。此外，模型微调也是一种有效手段[③]，不仅能够提升模型的准确率，还能显著降低计算成本。在

---

① STRUBELL E, GANESH A, MCCALLUM A. Energy and Policy Considerations for Deep Learning in NLP[EB/OL]. (2019-06-05)[2024-02-16]. https://arxiv.org/abs/1906.02243.

② LUCCIONI A S, HERNANDEZ-GARCIA A. Counting Carbon: A Survey of Factors Influencing the Emissions of Machine Learning[EB/OL]. (2023-02-16)[2024-02-16]. https://arxiv.org/abs/2302.08476.

③ LIU H K, TAM D, MUQEETH M, et al. Few-Shot Parameter-Efficient Fine-Tuning is Better and Cheaper than In-Context Learning[EB/OL]. (2022-05-11)[2024-02-16]. https://arxiv.org/abs/2205.05638.

追求AI技术性能优化的同时，通过选用恰当的模型架构和训练方法，可以有效地减少人工智能系统对环境的影响。

其次，模型量化（Model Quantization）也是减少生成式人工智能在训练和使用过程中碳排放的有效方案之一。在深度学习领域，模型量化是一种减小模型大小和加速模型推理（即模型执行）的技术。通过量化，可以将模型中的权重和激活从浮点数（如32位的float）转换为更低精度的格式（如8位或16位的整数）。这种转换能显著减少模型在存储和计算上的需求，同时还可以在不显著降低模型准确度的情况下，提高模型运行的速度和效率。尽管模型量化会牺牲一定的准确性，但采用这种方式能让模型在配置较低的硬件上运行。此外，还有一些技术，比如"蒸馏"，即使用一个大模型来训练一个小模型，使其在特定任务上有出色表现。从技术上看，蒸馏需要训练两个模型，因此可能会增加模型训练相关的碳排放，但它能够通过减少模型使用时的碳排放来补偿这一点，对已训练好的模型进行蒸馏也是一个减少碳排放的不错的方案。针对特定任务，蒸馏和模型量化也可以结合使用，以创建一个更高效的模型。

（2）硬件的进化和可持续利用。

随着大语言模型训练和部署需求的增长，对处理器的要求也日渐提高。传统的CPU由于能效低、计算速度慢等原因在大语言模型训练和部署的过程中会产生大量能耗。如今处理器技术日趋专业化，专业的图形处理单元（GPU）和张量处理单元（TPU）在AIGC领域得到了大量应用，不仅提高了模型训练的效率，还能够降低能耗。比如Google Cloud提供的TPUv4和使用了A100 GPU的BLOOM模型训练证明，通过采用最新的硬件，可以在保持模型计算能力的同时降低能耗和碳排放，其数据中心达到了90%的无碳能源供电。

除了依赖处理器的进化外，还可以采用其他针对硬件的措施来降低碳排放。例如，实现硬件设施的循环利用。尽管使用最新的硬件可以提高能效，但频繁更换硬件也会导致供应链排放高和产生电子垃圾的问题。因此，重要的是要在提升效率和延长硬件使用寿命之间录求平衡，比如通过硬件再利用、回收或者在更换前充分利用现有硬件的生命周期。避免出现类似比特币挖矿行业的电子废物问题，确保技术进步的同时，也要保证环境的可持续发展。

（3）使用清洁能源。

数据中心由电力驱动，而不同的电网所产生的碳排放会有很大差异。举例来说，BLOOM是在一个拥有大量清洁能源资源的地区（法国）进行训练的，因此，虽然它所需的能源几乎与Llama一样多，但其所产生的碳排放仅为Llama的十分之一[①]。随着全球向更清洁的资源过渡，某些地区的去碳化速度可能会比其他地区更快，因此持续跟踪这一快速发展的领域非常重要。比如，"东数西算"是我国的重要战略，其是利用中国东西部地区的资源优势而提出的战略，东部地区拥有丰富的数据资源和发达的互联网应用场景，而西部地区有着较低的能源成本和土地成本，适合建设大型数据处理中心。"东数西算"战略鼓励使用可再生能源（如水电、风电、太阳能等）的数据中心，从而实现数据处理的绿色化、低碳化。

（4）提高碳排放透明度。

制定严格的透明度要求来监控人工智能模型训练及使用过程中的碳排放，有助于模型开发者与最终用户基于人工智能的碳排放量做出知情决策。同时，人工智能相关碳排放应被纳入温室气体账目和实现净零排放的目标之中，这也是其提高人工智能的碳排放透明度的重要举措。这一举措可以通过制定相关政策来实现，以法国最近通过的法律为例，该法律要求电信公司就其可持续性努力提供人工智能的碳排放透明度报告。借鉴此类政策，可以要求包含人工智能系统的产品向消费者报告其碳排放情况，并要求模型供应商在其应用程序接口中集成碳排放数据。此外，衡量碳足迹的方法也正在被研究，比如来自微软、卡内基梅隆大学和耶路撒冷希伯来大学的研究团队正着手研究这一方法。一个非营利组织正在开发名为"碳强度"的软件，使用该软件可以将微软在其云服务Azure上训练的人工智能模型的碳排放映射到能源网格上。该团队能够量化人工智能日益增长的环境影响，并为AI从业人员提供思路，以遏制碳排放。当然，提升碳排放透明度离不开头部企业的支持，比如微软、谷歌和亚马逊都有

---

① GAMAZAYCHIKOV B. Reducing the Carbon Footprint of Generative AI[EB/OL]. (2023-07-24)[2024-02-14]. https://www.linkedin.com/pulse/reducing-carbon-footprint-generative-ai-boris-gamazaychikov/.

碳负增长或碳中和承诺。谷歌在一份声明中表示，到2030年，其预计将实现运营的净零排放，目标是完全依靠无碳能源运行其办公室和数据中心。该公司还使用人工智能来提高其数据中心的能源效率[①]。

综上所述，通过技术创新与政策引导，降低AI训练的碳足迹不仅可行而且必要。这要求从模型设计到硬件选择，再到能源使用和政策监管的各个层面，共同努力以实现AI技术的可持续发展。

10.2 未来展望

10.2.1 元宇宙打造沉浸式学习体验

从元宇宙的英文名称来看，Metaverse是由"meta"和"universe"构成的，其中"meta"表示超越，"universe"表示宇宙。从概念上看，元宇宙是一个由虚拟现实、增强现实和互联网融合而成的虚拟世界。它可以被视为一个平行于现实世界的虚拟空间，人们可以在其中进行社交、娱乐、工作、学习等活动。与元宇宙相关的技术主要有虚拟现实（VR）和增强现实（AR）技术，还包括混合现实（MR）、3D游戏和全息技术等。这些技术目前被广泛应用于医疗、制造、娱乐以及教育等领域。

将元宇宙技术应用于教育领域有利于打造受教育者和教育者的沉浸式学习体验。沉浸式学习是一种教学方法，它通过将学习者置于虚拟或现实的环境中，让他们通过亲身体验来学习。比如使用虚拟现实或增强现实技术创建虚拟环境，让学习者进行交互。目前已有的将元宇宙技术用于沉浸式学习体验的应用包括虚拟教室、模拟培训和虚拟实验室等[②]。

新冠疫情期间，学校实行线上化教学模式，绝大多数学校和教育机构都

[①] MCCROSKY J, HASTIE S. Managing the Carbon Emissions Associated with Generative AI[EB/OL]. (2023-09-01)[2024-02-16]. https://www.infoq.com/articles/carbon-emissions-generative-ai/.

[②] 李袁爽，王运武.元宇宙赋能在线教育：沉浸式学习的新方向[J].中国医学教育技术，2022，36（4）：384-389.

从线下教学转为远程教学。随着元宇宙的发展，人们开始思考创建一个全新的教育生态系统，不受物理空间和时间的限制，用传统课堂无法实现的沉浸感和互动性能的方式吸引学生。教育工作者可以根据每个学生的需求和学习风格，为他们设计个性化的学习路径，以确保每个学生都能获得成功所需的支持和指导。在这种新的教育生态系统中，教师将不再单独监督学习和教学过程。取而代之的是，技术和数字设备将促进和加强元环境中的学习过程。通过采用这种创新的教育方法，我们可以创造出一种充满活力、引人入胜的学习体验，让学生为未来做好准备[①]。

基于现状，我们可以畅想一下未来元宇宙赋能的教育会是什么模样。首先，我们期待在未来，可穿戴式设备有长足的进步。2024年2月2日，苹果Vision Pro头显正式发售，随后第一批体验者也在社交媒体上分享了自己的使用感受。尽管作为初代产品，它存在一些缺陷，但它带来的跨时代意义和潮流已势不可当。它具有比之前出现的VR设备更高的显示分辨率和刷新率、更强的计算能力、更轻便的设计、更开放的生态系统。体验者认为Vision Pro特别适合用于营造一种人们进行繁重工作时所需的"沉浸"状态。在Vision Pro中，人们可以过滤掉现实世界中的所有视觉干扰，完全沉浸在工作内容中——不论是图像、日志、代码、模型都可以。而这可能只是一个起点。在未来，也许会出现更加完善的可穿戴设备，使学习更加突破空间和时间的限制，更加具有沉浸感。

此外，由于元宇宙具有"去中心化"的特点，元宇宙赋能教育会提高教育的公平性。传统的教育模式是由中心化的机构控制的，使得教育资源的分配不均衡。在去中心化的元宇宙中，教育资源将变得更加开放和可访问，任何人都可以平等地获得教育机会。此外，在传统的教育模式中，教师与学生之间的互动往往是单向的。在去中心化的元宇宙中，教师可以通过虚拟现实技术与学生进行更加沉浸式的互动，这将增强学生与教师的互动和合作。

社会的稳定需要一个长治久安的环境，我们期待未来的元宇宙，会同现实

---

① ONU P, PRADHAN A, MBOHWA C. Potential to use metaverse for future teaching and learning[J]. Education and Information Technologies, 2023, 29（7）: 8893-8924.

社会一样，有一套健全的经济法律体系，可以为元宇宙的长远发展提供最基本的保障，以保证元宇宙的和谐与稳定。

图10-1　畅想中的元宇宙赋能的生物课（由DALL·E生成）

10.2.2　脑机接口实现人脑与电脑深度融合及知识传输

脑机接口（Brain-Computer Interface，BCI）是一种能够将大脑信号转换为计算机指令的技术。它可以用于控制外部设备、增强人体功能、治疗神经系统疾病等领域。脑机接口工作原理涉及三个关键步骤：首先，通过脑电图（EEG）、脑磁图（MEG）、功能性近红外光谱（fNIRS）等技术采集大脑活动信号。然后，将采集到的信号通过机器学习或深度学习等方法进行处理，转换为计算机能识别的指令。最后，这些指令被用来控制外部设备，如机械臂、假肢，或用于增强人体功能，比如增强注意力和记忆力。这一过程实现了人脑与计算机或其他电子设备之间的直接通信。

近年来，许多公司都在积极探索脑机接口技术，比如美国的Precision Neuroscience、Neuralink，以及中国的BrainCo等。总体而言，虽然脑机接口具有了广阔的前景，但目前的脑机接口技术还处于早期发展阶段。

脑机接口技术多用于医疗，在人脑中植入电极，捕捉人的意念，经过算法解码，实现人机交互，让瘫痪已久的肢体"复活"。2024年1月29日，马斯克在社交媒体上宣布，其旗下公司Neuralink完成首例脑机接口设备人体移植手术。在 2 月 20 日，这位接受手术的人类受试者"似乎已完全康复，没有出现不良反应。受试者只需要思考就可以在电脑屏幕上移动鼠标"。马斯克仍在畅想脑机接口能在哪种程度上造福人类，比如"只需思考即可控制你的手机或计算机，并通过它们来控制几乎任何设备。最初的使用者将是那些失去四肢的人。可以想象一下，如果史蒂芬·霍金的沟通速度比打字员或拍卖师更快，这就是我们的目标"。

脑机接口在教育领域的应用还处于非常早期的阶段，不过我们依然可以畅想一下在不久的未来，脑机接口可在以下方面提升教育和受教育者的体验：

（1）数据传输：学习者可以直接从计算机中下载学习资料，然后通过脑机接口将这些资料"上传"至大脑。这种方式能够大大提高学习效率，使学习者在短时间内掌握大量信息和知识。

（2）实时反馈和调整：通过监测学习者的大脑活动，教师和教育系统可以获得实时反馈，即时了解学生对教学内容的理解和吸收情况。这使得教师能够及时调整教学方法和内容，甚至在学生遇到困难之前就进行干预，从而提高教学效果。

（3）个性化学习路径：脑机接口技术能够实时监测学习者的认知状态和学习效率，为提供个性化学习路径创造了条件。例如，系统可以根据学生的注意力集中程度、记忆能力和理解速度来调整教学内容的难易度和呈现方式，确保每位学生都能以最适合自己的节奏学习。

（4）增强互动体验：利用脑机接口，学习平台可以更加灵活地响应学生的反应，实现更自然的交互方式。在虚拟现实或增强现实环境中，学生可以通过思维指令直接与教学内容互动，比如在历史课上通过想象来"旅行"到古罗马，或在生物课上通过意念操纵查看细胞结构，这种沉浸式学习体验能够极大提高学习动力和效率。

（5）特殊教育的支持：对于有特殊需要的学生，如有身体残疾或学习障碍的学生，脑机接口技术提供了新的沟通和学习方式。例如，无法使用传统输入设备的学生可以通过脑电波来控制计算机或其他学习工具，使他们能够更有效地参与学习活动，享受平等的教育机会。

（6）终身学习的促进：随着脑机接口技术的进步，学习将不再局限于传统的教室环境。成年人可以通过这项技术继续进行个性化和灵活的学习，无论是职业发展还是兴趣探索，都能够获得支持，从而实现终身学习的目标。

脑机接口技术的应用于教育领域也可能会引发一系列伦理挑战。首先，隐私保护成为人们担忧的主要问题，涉及如何安全地处理和存储敏感的脑波数据，避免未授权访问或滥用。其次，技术的普及可能加剧社会不平等现象，因为高昂的成本可能使得只有少数学生能够享受个性化学习和增强体验的好处。此外，对于学生的自主性也是一个重要考量，使用脑机接口可能会对学生的自由意志和选择权产生影响。因此，随着脑机接口技术在教育中的应用逐渐成形，必须谨慎对待这些伦理问题，并制定相应的法律法规和指导原则，确保技术的发展与应用既促进学习效果的提高，也保障学生的权益不受侵犯。

总之，脑机接口技术在教育领域的应用展现出巨大潜力，从提高学习效率到支持特殊教育需求，为教育领域带来创新和变革。然而，伴随而来的伦理挑战和实施障碍亦不容忽视。未来的发展需在技术创新和伦理考量之间寻找平衡，确保技术应用能够在促进教育公平和质量提升的同时，保护学生的权益。

图10-2　畅想中的脑机接口赋能的历史课（由DALL·E生成）